Pl. III.

ESSAIS
HISTORIQUES
ET POLITIQUES
SUR LA RÉVOLUTION
DE L'AMÉRIQUE
SEPTENTRIONALE.

ESSAIS
HISTORIQUES
ET POLITIQUES
SUR LA RÉVOLUTION
DE L'AMÉRIQUE
SEPTENTRIONALE.

Par M. HILLIARD D'AUBERTEUIL.

TOME SECOND.
PREMIÈRE PARTIE.

A BRUXELLES;
Et se trouve
A PARIS,
Chez l'AUTEUR, rue des Bons-Enfans-
Saint-Honoré.

M. DCC. LXXXII.

TABLE DU TOME SECOND.

PREMIÈRE PARTIE.

LIVRE SEPTIÈME.

Réunion *des forces anglaises à Staten-Island,* prise *de Long-Island & de New-York ;* les Anglais pénètrent dans le Jersey.

Table des Chapitres, ou ordre des matières du Livre VII.

(Carte des Provinces du sud-ouest.)

Chap. I.er Juin 1776.

Les flottes anglaises s'engagent dans la baie de Boston, ignorant que cette ville était évacuée. pages 1
Composition de l'armée de Washington. Affection des peuples pour ce général. 3
Découverte d'une conjuration contre l'autorité du Congrès & la personne de Washington. 4

Amours secrettes de Washington & de Marie Connor. pages 6

Réunion des flottes de l'amiral Howe, de l'amiral Shuldham & des commodores Hotham & Parker à Staten-Island. Assemblée de toutes les troupes anglaises dans la même isle. 10

Le lord & le général Howe cherchent à occuper une partie des peuples par des négociations. 12

Les maladies & la désertion s'introduisent dans la nouvelle armée du chevalier Howe. 13

Le gouverneur Tryon va joindre William Howe à l'isle de Staten. 15

La Nouvelle-York forme une convention pour instituer un nouveau gouvernement. 16

Projet de Dunmore. Il est chassé du repaire qu'il s'était formé dans l'isle de Givin. Ibid.

Arrêté du Congrès contre William Franklin, gouverneur du Nouveau-Jersey; sa condamnation & celle de tous les conjurés. 20

Prise de Long-Island. 23

Attaque de l'isle Manahatan, débarquement des Royalistes & prise de New-York. 26

Incendie de New-York. 29

Estampe: (Dans leur désespoir elles veulent tout embraser...) Ibid.

Etrange traitement fait aux prisonniers Américains. 31

Confédération générale des Etats-Unis. 32

Affaire de Kings-Bridge, prise des forts Lée & Washington. 37

Howe pénètre dans le Jersey; il projette d'aller jusqu'à Philadelphie; Washington est abandonné de son armée. 41

Il écrit au Congrès, qui se hâte de rassembler de nouvelles troupes. Ibid.

Allarmes & découragement à Philadelphie. Éloquence utile des Ministres de l'Evangile. 43

Le Congrès publie un manifeste pour encourager les peuples. 46

Le chevalier Howe s'empare de Rhod-Island. 51

Les sauvages, excités par les royalistes, font des incursions dans la Caroline. 52

Le Congrès demande aux sauvages la neutralité; ceux des six nations veulent qu'elle soit gardée. 54

Plusieurs nations s'arment pour les Américains, mais les Onéidas refusent de prendre parti. 55

Les royalistes contrefont le papier monnoie. 56

Silas Deane, député du Congrès à la cour

de France, arrive dans cette cour. Caractère de Caron de Beaumarchais, pages 57
Services qu'il rend aux infurgens. Ibid.
Arrivée du docteur Franklin en France; impreſſion qu'il fait ſur le peuple de la capitale. 60
(Portrait de Franklin, pag. 61.)
Opinion du cabinet de Londres ſur les ſecours que les Américains pouvaient trouver en Europe. 65

LIVRE HUITIÈME.

Le général Lée eſt fait priſonnier. L'armée de Waſhington étant diſperſée, les Anglais menacent Philadelphie, mais les nouvelles troupes continentales arrêtent leurs progrès. Combats de Trenton & de Princetown. Waſhington repouſſe les Anglais juſqu'à la rivière d'Hudſon; réflèxions générales ſur la révolution. 67

Chapitres ou ordre des Matières.

Chap. I.er hiver 1776.

Situation de la guerre dans le nord de l'Amérique. Arnold quitte le ſervice du Congrès. Ibid.
Bourgoyne retourne à Londres. Sujets de

division entre lui & le gouverneur Carleton. Différence de leurs systêmes. Pages 68
Succès des royalistes dans la campagne de 1776. 71
Le général Lée est fait prisonnier le 13 Décembre. 72
Washington fait ses dispositions pour forcer les armées anglaises. 74
Harangue du colonel Roberdeau. 76
L'eloquence anime le courage & forme les guerriers. 81
Victoire de Trentown. Ibid.

Année 1777.

Washington évite une bataille rangée, pour ne pas compromettre ses forces & conserver le fruit de sa victoire. 83
Détour habile de Washington. Déroute de Princetown. 84
Il prend les quartiers d'hiver à Moristown. Ibid.
Les détachemens & les convois de l'armée anglaise sont sans cesse battus, dispersés ou pris. 86
Beaux combats particuliers des colonels Scott & Dinenton. Ibid.
Howe demande une suspension d'armes qui lui est refusée. 88

Ce que faisait alors Carleton dans le nord. Pages 88

Affaire de Pecks'hill. Le Congrès fait faire à Macdongal des remercimens publics. 89

Arrivée de l'Amphitrite & plusieurs vaisseaux européens. 92

Débats du parlement; motion de William-Pitt. 93

Pitt veut qu'on déclare la guerre à la France. 94

La motion du lord Chatam est soutenue par l'opposition; mais le parti de la cour la fait rejeter. 97

La séparation des Colonies & de la métropole était achevée. 100

Réflexions sur tous les faits précédens. 101

Corruption de l'Angleterre. 103

LIVRE NEUVIÈME.

L'Angleterre elle-même avait éclairé les Américains sur le parti qu'ils devaient prendre. 106

Nouvelles constitutions des Etats-Unis.

Discussions qui avaient précédé la déclaration d'indépendance.

Quelles formes de gouvernement & quelles loix les peuples adoptèrent après cette déclaration. 107

Chapitres ou ordre de Matières.
CHAP. Ier.

Washington n'avait pas compté sur une révolution aussi prompte. Pages 107
Lettre de Washington, du 24 Juin 1776. 108
Comment les peuples furent entraînés à l'indépendance. 110
Débats en Pensilvanie au sujet de l'indépendance. 114
Comment il faut juger de la prospérité future des Américains. 118
Constitution de la Caroline du Sud. 121
Gouvernement du Mariland. 123
Déclaration des droits populaires. Ibid.
Remarques sur cette déclaration. 130
Constitution. Remarques qu'elle entraîne. 131
(Carte de la Virginie & du Mariland.) p. 136
Gouvernement de la Virginie. 136
Déclaration des droits, & remarques auxquelles elle donne lieu. 137
Constitution & remarques particulières de l'Auteur. 149
Emblêmes ingénieux du sceau de la Virginie. 152
Gouvernement du Jersey & de la Nouvelle-York. 153
Constitution de la Nouvelle-York. 154
Gouvernement de l'Etat de Delawarre. 158

Déclaration des droits comparée à celle de la Virginie & du Mariland. Pages	158
Constitution, législature.	165
Impôts.	169
Pouvoir éxécutif du gouverneur ou président.	170
Du conseil privé.	172
Justice distributive.	173
Sermens.	176
Remarques.	179
Gouvernement de Pensilvanie.	180
Déclaration des droits.	Ibid.
Constitution.	183
Remarques.	188
Réflexions générales sur tous ces nouveaux gouvernemens. Avantages qu'ils procurent aux peuples.	192
Comparaison de quelques gouvernemens européens & de ceux des nouvelles républiques de l'Amérique.	193
Défauts des constitutions de ces républiques.	194
Révocation des juges.	195
Continuation du droit commun & du droit criminel de l'Angleterre.	199
Comment il faut considérer ces nouveaux règlemens.	205
Projet d'un chef d'œuvre de législation politique & civil.	206

Fin de la Table de la troisième Partie.

ESSAIS

CARTE
DE LA NOUVELLE YORK
y-compris
les Terres cédées du N. Hamp-Shire,
sous le nom
D'ÉTAT DE VERMONT.

Échelle.

ESSAIS HISTORIQUES ET POLITIQUES SUR LA RÉVOLUTION DE L'AMÉRIQUE SEPTENTRIONALE.

LIVRE SEPTIÈME.

RÉUNION *des forces anglaises à Staten-Island, prise de Long-Island & de New-York; les Anglais pénètrent dans le Jersey.*

LA Cour de Londres ignorant l'évacuation de Boston, avait destiné pour cette ville les premières troupes qu'elle avait fait partir.

ANNÉE 1776.

Les flottes anglai-

Tome II.   A

Année 1776.

ses s'engagent dans la baie de Boston, ignorant que cette ville était évacuée.

Quatre vaisseaux de transport, qui portaient un bataillon du 71ᵉ· régiment, s'engagèrent dans la baie de Boston & furent pris le 16 Juin par les corsaires américains; les troupes voulurent faire quelque résistance, mais leur major ayant été tué, le lieutenant-colonel Campbell, qui commandait le bataillon, se rendit prisonnier. Le régiment du lord Murray fut plus heureux, une frégate qui l'escortait, ayant remarqué qu'il y avait peu de vaisseaux dans le port, força un pêcheur, qu'elle rencontra dans la baie, de venir à son bord, & apprenant l'évacuation de Boston, elle fit virer tout le convoi au moment même où il allait être pris par une flotte de corsaires. Les corsaires sortirent pour lui donner la chasse; mais ayant rencontré neuf vaisseaux venant de la Jamaïque, chargés de sucre, ils préférèrent de s'en emparer & les conduisirent à Rhode-Island, ce qui donna le temps au convoi de se mettre hors de poursuite. Le général Howe & l'amiral Shuldham, avaient cependant envoyé des bâtimens armés pour prévenir les flottes, & leur donner rendez-vous à Staten-Island, à l'embouchure de la rivière d'Hudson. C'était là que devaient se rassembler toutes les forces britanniques.

ANNÉE 1776.

MALGRÉ la puissance des armemens de l'Angleterre, Washington ne voulut composer sa grande armée que de vingt-huit mille hommes. Des troupes qui ne sont conduites à la guerre que par le courage se nuisent réciproquement, quand elles sont en trop grand nombre, & il faut trop de précautions pour leur procurer des subsistances. Il avait dispersé dans tous les corps les braves guerriers qui l'avaient suivi depuis le commencement de la révolution, il ne voulait pas les mêler à un plus grand nombre d'hommes nouveaux, qu'ils n'en pouvaient animer & soutenir par leur exemple. A l'arrivée de ce Général à New-York, le Congrès provincial avait chargé le président de lui faire des remercimens au nom de la province, pour tous les services qu'il avait déjà rendus : le peuple s'assemblait sur son passage. Cette reconnoissance publique était pour lui le triomphe le plus

Composition de l'armée de Washington. Affection des peuples pour ce Général.

A ij

doux; il en avait joui à Boston, elle le suivait à New-York : il était généralement aimé des citoyens & de l'armée, & l'université de Cambridge l'avait proclamé, par un diplôme daté du 3 Avril 1776, docteur ès droits de la nature, des gens & de la société civile. Lui seul, peut-être, entre tous les guerriers, ne viola jamais aucun de ces droits chers à l'humanité. Il ne cessa point de regarder la guerre comme un malheur, & de se comporter, même envers ses ennemis, comme le meilleur & le plus généreux des hommes.

Découverte d'une conjuration contre l'autorité du Congrès & la personne de Washington.

LE chevalier Howe se hâtait de quitter Hallifax; de pressans motifs l'appellaient aux environs de New-York. A son approche le maire de cette ville & un grand nombre de ceux qu'on appellait *Torris*, avaient résolu d'enclouer les canons pour faciliter le débarquement de ses troupes & lui livrer la ville; ils devaient au même instant massacrer tous les officiers supérieurs, faire sauter les magasins & s'assurer des principaux passages. Cette conjuration avait été concertée avec le gouverneur Tryon &

William Franklin, gouverneur de Jersey.

Année 1776.

Il y avait aussi un complot particulier contre la personne de Washington. Deux des gardes de ce Général étaient séduits, & sa perte paraissait inévitable ; mais l'attachement des peuples veillait à sa conservation : son courage & sa prudence inspiraient une confiance universelle. Les femmes, les enfans, les vieillards bénissaient son nom, tandis que les hommes & les jeunes gens s'empressaient à chercher sur ses pas les dangers & la gloire. Plusieurs particuliers ayant prévenu le Comité de sûreté de New-York que les Torris méditaient une trahison, on s'assura d'un armurier appellé Gilbert Forbes, que l'on apprit avoir des intelligences avec la frégate la Duchesse de Gordon, sur laquelle était le gouverneur Tryon. Cet homme avoua que le maire lui avait donné de l'argent pour lui payer des carabines qui avaient été distribuées à des sujets affectionnés au service du Roi ; ne pouvant tirer de lui de plus grandes lumières, on prit le parti de visiter ses papiers ; on y trouva le plan de la

Année 1776.

Amours secrettes de Washington & de Marie Connor.

conjuration. Il contenait cinq articles, & par le cinquième les conjurés s'engageaient, dans le cas où ils seraient soupçonnés, détenus en prison, condamnés & exécutés, de ne révéler aucun secret, de quelques moyens que l'on se servît pour l'arracher.

UNE pareille résolution ne permettant plus de douter que l'on n'eût tramé les projets les plus sinistres, on fit arrêter le maire de New-York, tous les amis de Forbes, & tous ceux que l'on sut entretenir quelque correspondance avec le gouverneur Tryon. Un garçon de la taverne du Sergent vint avertir que les conjurés avaient coutume de s'assembler dans cette taverne, qu'ils étaient en grand nombre, & qu'il y avait une femme dans le complot : il en dénonça plusieurs, qui furent arrêtés sur le champ. Il paraît que le général Washington, comme tant d'autres héros, cédait à l'amour, & que cette aveugle passion pensa lui coûter la vie *. Il subissait

---

* *Si non amplexus gustasset, Sanson amoris,*
Dalila non vires eripuisset ei.

la loi commune à tous les humains. On n'est point encore sage quand on n'a point senti sa faiblesse & la violence de ses passions. Comment se défier de ses forces quand on n'a point encore combattu? Le sort avait conduit ce guerrier jusqu'au bord de l'abîme, pour lui en montrer la profondeur sans l'y laisser tomber. Quoique tout atteste les égards & le respect qu'il avait pour son épouse, les conjurés déclarèrent qu'il était épris d'une belle femme de New-Jersey, appellée Marie Connor; elle était veuve d'un Irlandois, nommé Gibbon, qui lui avait laissé peu de bien. Ses manières étaient engageantes, & sa physionomie remplie d'agrémens; il régnait dans ses traits, qui sans être réguliers étaient parfaitement beaux, un air de sensibilité qui ne nuisait pas à ses graces & à sa vivacité naturelles. On dit que Washington l'entretenait élégamment dans une maison près de la rivière d'Hudson, & qu'il se rendait souvent à cette maison, déguisé & pendant la nuit. Mais cette femme aimait en secret un jeune homme nommé Clayford: elle lui faisait des présens

& lui rapportait tout ce que disait le Général. Quelques-uns des conjurés ayant découvert cette double intrigue, firent si bien qu'ils mirent Clayford dans leurs intérêts. Non-seulement cet indigne favori rapportait tout ce qu'il avait pu découvrir à l'assemblée des conjurés, il leur communiquait même des lettres & des papiers que la fragile Gibbon tirait des poches de son bienfaiteur, & qu'il copiait à la hâte. Les conjurés, après en avoir pris lecture, en remettaient une seconde copie au maire, qui les faisait passer au gouverneur Tryon. William Savage ajouta que beaucoup d'autres papiers étaient communiqués par un officier d'un grade supérieur, qui approchait le Commandant général, & était dans sa confidence; qu'il ignorait le nom de cet officier, mais que ces lettres étaient remises par un des conjurés. On fit à ce sujet beaucoup de recherches, mais on ne put découvrir quel était ce traître. Tout cela n'était encore qu'une partie du complot; de nouveaux témoins déposèrent qu'on avait déterminé Clayford & plusieurs de ses compagnons à s'emparer de la personne de Washington. Ils se proposaient de le mettre sur un bateau, & de le conduire où l'on voudrait. On n'attendait qu'un moment favorable pour exécuter ce dessein. Comme la publicité de ces dépositions pouvait compromettre le Général, les juges crurent devoir lui communiquer ce qui se passait, pour en délibérer avec lui. Néanmoins on se hâta de déconcerter de si funestes projets. Après s'être assuré de Mathews, maire de New-York, de la veuve Gibbon & de Clayford, on découvrit & on fit arrêter cinq autres conjurés, & le capitaine Willet fut chargé d'aller, avec quelques cavaliers, en enlever une troupe que l'on savait être cachée à Long-Island. Les conjurés, au nombre de dix-huit, s'étaient retirés dans un bois, sur le haut d'une montagne, où ils étaient résolus de résister jusqu'à la dernière extrémité. Willet fut obligé de prendre du renfort pour investir leur retraite : ils rendirent feu pour feu, & se défendirent en désespérés, mais un d'entr'eux ayant été tué & plusieurs autres blessés, ils succombèrent & furent emmenés prisonniers à New-York. Le Congrès traita cette affaire avec beaucoup de ménagemens & le plus grand secret.

ANNÉE 1776.

En même temps que les royalistes faisaient attenter aux jours de Washington, ils publiaient en Europe que ce Général avait abandonné la cause de ses compatriotes; on montrait des fragmens de ses lettres, où il se plaignait amèrement du Congrès & du peu d'influence qu'il avait dans la nomination des emplois de l'armée. Ces petits artifices, ouvrages de la crainte & de la faiblesse, ajoutent maintenant à la gloire de Washington. On avait commencé par lui faire des ouvertures pour une négociation secrette; il en avait aussi-tôt averti le Congrès, & c'était cette conduite qui avait mis en mouvement la vengeance du parti ministériel, & toutes les trames ourdies pour le faire périr.

Réunion des flottes de l'amiral Howe, de l'amiral Shuldham.

LE commodore Hotham, qui était parti d'Angleterre le 7 Mai, était arrivé à Hallifax à l'instant où le général Howe venait d'en partir pour Staten-Island. Sa flotte

SUR L'AMÉRIQUE SEPTENTRIONALE. 11

était chargée de la première division des Hessois & de la brigade des gardes anglaises; elle était destinée pour Boston, dont les ministres ignoraient l'évacuation. Si les Américains avaient eu une marine de gros vaisseaux, il leur aurait été bien facile de s'emparer de toutes ces flottes aux atterrages de la Nouvelle Écosse, de les détruire, ou d'empêcher leur réunion. La division du lord Howe était arrivée peu de jours après celle d'Hotham, & avait pris terre à Hallifax le 23 Juin: il en repartit le premier Juillet pour rejoindre son frère & l'amiral Shuldham à l'Isle des États. L'escadre du chevalier Parker, désemparée au fort Sullivan, vint aussi se réunir sous le commandement de l'amiral Howe. On dit que dans un combat livré par le commodore Hopkins à la frégate le Glascow, le capitaine se voyant en danger d'être pris, jetta à la mer les paquets que le chevalier Howe avait expédiés avant d'évacuer Boston, au chevalier Parker & à l'armée de Clinton, pour leur faire changer leur marche du sud au nord. S'ils avaient reçu ces

Année 1776. & des commodores Hotham & Parker à Staten-Island. Assemblée de toutes les troupes anglaises dans la même isle.

ANNÉE 1776.

dépêches, ils n'auraient point attaqué Charles-Town, & Parker n'aurait point été battu à l'isle Sullivan. Cet évènement doit faire réfléchir aux inconvéniens des guerres lointaines; le défaut de concours entre le Cabinet & les Généraux de terre & de mer, suffit pour assurer la ruine des nations qui osent entreprendre de semblables guerres. Le succès de leur correspondance est aussi fragile que les vents, aussi incertain que les dangers de la mer sont multipliés.

Le lord & le général Howe cherchent à occuper une partie des peuples par des négociations.

LA grande armée destinée à subjuguer l'Amérique, se trouvait complette. Les deux frères Howe, comptant sur les amis qu'ils avaient dans les terres, voulaient entamer des négociations qui auraient occupé une partie des peuples, tandis que la force des armes aurait subjugué le reste. Mais les Américains connaissaient trop bien le prix du temps pour perdre en négociations infructueuses les momens dont leurs ennemis profiteraient pour les vaincre. Le ministère avait mis son espérance dans les divisions qu'il cherchait à semer parmi les membres du Congrès, dans les moyens de corruption qu'il avait mis entre les mains des deux frères, & enfin dans les mesures des Torris : il avait cependant éprouvé déja plus d'une fois l'impuissance de ces moyens. L'amiral ayant envoyé le capitaine & le lieutenant de son vaisseau l'Aigle, vers l'armée américaine, & une lettre avec cette suscription : *à Georges Washington, écuyer*, l'Adjudant général leur déclara qu'il ne pouvait se charger d'une lettre où l'on ne donnait point à Washington son titre de Général en chef de l'armée confédérée des Etats-Libres de l'Amérique septentrionale. Ce refus fut approuvé du Congrès, qui ordonna qu'aucun message ne pourrait être reçu par le Commandant en chef ou aucun autre commandant, à moins qu'il ne leur fût adressé sous leurs qualités respectives.

Année 1778.

CEPENDANT soixante hommes portant quelques armes vinrent trouver le Général Anglais à Staten-Island, & lui demandèrent du service ; ils l'assuraient que cinq cens de leurs compatriotes se préparaient à suivre leur exemple. Sir William Howe les

Les maladies & la désertion s'introduisent dans la nouvelle armée du Chevalier Howe.

ANNÉE 1776.

reçut avec la plus grande joie ; son armée était remplie de malades & avait besoin de repos & d'encouragemens. Il ne mettait pas autant de confiance que les ministres dans des troupes allemandes recrutées à la hâte, embarquées par force, & qui avaient supporté trois mois de navigation sur de mauvais bâtimens, où les soldats étaient entassés les uns sur les autres. Le ministère avait eu beaucoup de peine à se procurer des transports ; ils étaient si mal équipés, que les vaisseaux du roi avaient été obligés d'en prendre plusieurs à la remorque pendant la traversée. L'armée entière était effrayée des retranchemens & des forts qui garnissaient par-tout les côtes ; les soldats mouraient par centaines, de la fièvre & de la dyssenterie, & l'on regardait comme impossible d'arrêter la désertion. On apprit bientôt que les soixante hommes passés comme transfuges à Staten-Island, & dont l'arrivée avait fait un sujet de réjouissance, étaient des émissaires envoyés par les Américains pour engager les soldats à déserter. Au bout de quatre jours il ne fut

SUR L'AMÉRIQUE SEPTENTRIONALE. 15

pas possible au Général Anglais d'en retrouver un seul ; mais il circulait dans l'armée un grand nombre de billets imprimés qu'ils avaient répandus, & qui contenaient tous les avantages dont jouiraient ceux qui prendraient le parti de la liberté.

ANNÉE 1776.

La petite isle de *Staten*, où toutes les forces de l'Angleterre étaient alors réunies, n'a que quatre lieues de long sur environ deux lieues de large ; on n'y trouve qu'un seul village, appellé Richemont-Town : le terrein est montueux & rempli de marécages. Il n'y a qu'une seule plaine, & elle n'est habitée que par quelques Hollandais, descendans de ceux qui furent chassés de la Nouvelle-Amsterdam, lorsque les Anglais s'en emparèrent. Le gouverneur Tryon y était venu joindre le chevalier Howe, avec toutes les instructions qu'il s'était procurées au moyen de la conjuration de New-York. Il assembla à Richemont-Town la milice de cette isle ; elle se montait à trois cens hommes, qu'il passa en revue, & à qui il fit prêter serment de fidélité.

Le gouverneur Tryon va joindre William Howe à l'isle de Staten.

Le Comité général des ville & comté de New-York conservait sa fermeté au milieu des allarmes & des conspirations. Il fit une déclaration pour inviter les francs tenanciers & hommes libres, possesseurs de biens & propriétés en leur nom, jusqu'à la somme de quarante livres, à se former en assemblée le lundi 17 Juin, pour former une convention chargée de régir la province & d'instituer un nouveau gouvernement, ainsi qu'il avait été recommandé par l'arrêté du Congrès continental.

Le lord Dunmore avoit écrit au général Howe pour l'avertir du dessein qu'il avait de faire une incursion dans la Virginie chez le général Washington, dont il espéroit enlever aisément la femme & les domestiques. La plus grande partie des plantations de Washington étant situées sur une rivière navigable, il était facile de les dévaster, mais ce projet échoua. Dunmore forcé par les évènemens de suspendre ses courses, s'était retiré dans la petite isle de Givin, avec une frégate qui portait son nom, les frégates le Fowey & le Roebuck;

Année 1776.
La Nouvelle-York forme une convention pour instituer un nouveau gouvernement.

Projet de Dunmore. Il est chassé du repaire qu'il s'était formé dans l'isle de Givin.

buck, le sloop l'Otter qui avait servi à l'embrasement de Norfolk, plusieurs autres vaisseaux armés en guerre, un grand nombre de prises & environ douze cens Torris & Nègres armés, qui lui servoient de volontaires & de troupes de débarquement. C'était de-là qu'il était parti plusieurs fois pour infester & ravager les côtes de la Virginie & du Mariland. Les Américains entreprirent de l'attaquer & de le chasser de cette isle, & y arrivèrent sur des chaloupes & des batteaux armés. Ils trouvèrent Dunmore campé sur une des pointes de l'isle, couverte par une batterie de quatre pièces de canon & un parapet fort étendu. Ils n'avaient que deux batteries flottantes, l'une, composée de canons de petit calibre, attaqua le camp, tandis que la seconde, qui n'était formée que de deux canons de dix-huit, tirait sur les vaisseaux, qui répondirent pendant quelques temps de toutes leurs bordées. Dunmore se décida à évacuer l'isle, & se rembarqua avec toute sa troupe: un boulet qui entra par la hanche de son vaisseau, alla frapper une grosse pièce de bois, dont les éclats le blessèrent à la cuisse. On dit que cet homme, tout à la fois cruel & voluptueux, manquait de courage, & qu'il s'écria : » Ciel ! pouvais-je prévoir une pareille destinée»? Il n'attendit pas que son vaisseau fût totalement désemparé pour faire couper les cables & gagner le large ; les frégates le Fowey & le Roebuck furent démâtées ; le sloop l'Otter résista plus long-temps ; mais bientôt il fut obligé de s'échouer, & une grande partie de l'Équipage fut faite prisonnière : tous les autres vaisseaux ayant reçu des boulets à fleur d'eau, se virent réduits à couper leurs cables & à prendre la fuite. Dans le même temps deux cens Américains débarquaient dans l'isle, avec autant de promptitude que la petitesse des bâtimens pouvaient le permettre. Ils furent saisis d'horreur en voyant sur la terre des corps morts, des malades expirans à côté de cadavres infects, & ne pouvant faire connaître leurs souffrances que par des signes. C'étaient les prisonniers que le barbare Dunmore avait faits dans ses courses.

Entassés dans la cale des vaisseaux, la petite vérole & les maladies pestilentielles les avaient attaqués. Dunmore avait transporté cette peste en l'isle de Givin; plus de cinq cens hommes y étaient morts depuis peu: le colonel M^e. Clanahan, qui commandait le détachement Américain, compta cent trente fosses creusées nouvellement, & à peine couvertes de terre. Une de ces fosses, qui était au milieu, était couverte de gazon, il supposa qu'elle renfermait le corps du Lord Gosport, mort depuis peu de temps. Plusieurs des malades avaient été brûlés tout en vie dans des cabanes formées de broussailles, auxquelles Dunmore venait de mettre le feu en se retirant. Il n'y eut jamais de spectacle plus affreux de misère & de cruauté.

Dunmore, en évacuant l'isle, avait fait échouer les prises & y avait fait mettre le feu. Les Américains trouvèrent dans le camp un canon de fonte de neuf livres de balles, plusieurs tentes & marquises, beaucoup de meubles, de chevaux, de bétail

& trente-cinq nègres appartenans aux Roya-listes, qui n'avaient pas eû le temps de les embarquer. Ils s'emparèrent de trois pataches qui étaient dans le port, avec leurs canons & menues armes, & des ancres & des cables des vaisseaux qui avaient coupé leurs amarres.

Le chevalier Howe avait toujours compté sur les effets de la conjuration, & le Gouverneur Franklin lui avait promis de le seconder de son côté, en soulevant le Nouveau-Jersey contre l'autorité du Congrès. On avait souffert jusqu'alors que ce Gouverneur restât dans la province, parce qu'étant né dans l'Amérique, & fils unique du célèbre docteur Franklin, on ne croyait pas qu'il préférerait l'avantage frivole & passager de conserver son autorité quelques jours de plus, à la liberté de son pays. Mais ayant osé convoquer une nouvelle assemblée au nom du Roi, malgré la déclaration d'Indépendance, tous ses mouvemens furent découverts ; on sut qu'il avait employé toutes sortes d'intrigues,

Année 1776.

Arrêté du Congrès contre William Franklin, gouverneur du Nouveau-Jersey ; sa condamnation & celle de tous les conjurés.

& qu'il était en correspondance avec le général Howe, le Gouverneur Tryon & le perfide Maire de New-York. Le Congrès le déclara ennemi de son pays, & ordonna de l'enfermer dans un lieu sûr, à moins qu'il ne s'obligeât par écrit de se confiner lui-même dans un district de six milles ou deux lieues d'étendue. Il refusa de signer l'obligation qu'ils appelaient *parole écrite*, & il fut mis en prison. Les principaux conjurés ne tardèrent pas à être jugés. Un des gardes du Général Washington fut pendu dans un champ auprès de New-York. Jacques Clayfort fut condamné le 3 Juillet, & exécuté peu de temps après. Clayfort, à peine dans sa vingt-cinquième année, était doüé d'une figure douce & séduisante ; ses longs cheveux blonds & tressés semblaient destinés à relever l'élégance de sa taille ; il était adroit aux exercices du corps & rempli de graces dans tous ses mouvemens ; il possédait les talens qui rendent agréable, & le soin qu'il mettait à se parer l'embellissait encore ; mais son éducation avait été négligée du côté des sciences & des arts utiles ; il avait même peu d'esprit, & son caractère indolent & facile, le rendait capable de céder à toutes sortes d'impressions. Tour à tour instrument & victime de toutes les séductions, il n'avait point, pour ainsi dire, d'ame à lui ; elle était toute entière au charme des passions & à la volupté. Malgré la grandeur de son crime, il inspirait encore de l'intérêt après sa condamnation : les femmes émues par son extérieur aimable & touchant, ne purent lui refuser des larmes au moment de son supplice.

David Mathews, Maire de New-York, & plusieurs autres des conjurés, furent condamnés à mort, mais il fut surcis à l'éxécution de leur sentence. William Franklin étant convaincu d'avoir comblé la mesure de la trahison, fut aussi condamné & envoyé dans la prison de Wallingfort, dans la province de Connecticut : les autres furent envoyés en différentes prisons de la même province, pour être jugés dans des momens plus tranquilles.

SUR L'AMÉRIQUE SEPTENTRIONALE. 23

A l'égard de la belle Marie Connor, elle se défendit d'avoir formé le projet de livrer le Général à ses ennemis; mais son intrigue avec Clayfort étant évidente, elle aurait risqué de perdre la vie, si les égards qu'on doit, même aux foiblesses d'un grand homme, n'avaient fait préférer le parti de la reléguer dans un canton peu fréquenté de la Nouvelle-Angleterre, où elle alla se cacher à tous les regards.

SIR William Howe ayant attendu inutilement l'effet des promesses qui lui avaient été faites, & se trouvant trop resserré dans Staten-Island, résolut d'attaquer l'Isle-Longue. Cette isle a environ trente lieues de longueur sur huit de largeur, & n'est séparée de New-York que par un canal d'un mille environ, d'une pointe à l'autre. Il n'y croît pas un seul arbre dans la partie orientale, c'est un vrai désert; mais vers son extrémité occidentale, elle est riante & fertile : les négocians de la Nouvelle-York y entretenaient des jardins & des maisons de plaisance, qu'ils habitaient pendant l'été. Le Congrès avait fait élever

Année 1776.

Prise de Long-Island.

B iv

ver des retranchemens & des redoutes, vers les différens points de la côte où l'on pouvait craindre un débarquement. Le chevalier Howe s'y étant jetté le 26 Août avec quinze mille hommes, poursuivit de poste en poste les Corps Américains ; & si malgré la supériorité de ses forces sur celles qui se trouvaient dans cette Isle, il ne remporta pas une victoire bien éclatante, il eut le bonheur de faire un grand nombre de prisonniers. Forcé de prendre, du courage des Américains, une idée bien différente de celle que les Ministres voulaient suggérer au Parlement, il précipita son débarquement, & fut ouvrir ses tranchées à six cens verges de leurs redoutes ; il avait recommandé à ses officiers de ne rien hazarder : les troupes se tinrent cachées dans les bois. Le général Sullivan & le Lord Stirling, qui commandaient environ dix mille provinciaux chargés de la défense de l'Isle, s'avancèrent pour les repousser. Le Général Sullivan prit les devants avec quatre mille hommes pour se rendre à l'endroit où l'on avait indiqué que le débarquement se faisait, il n'y trouva point l'ennemi ; quatre soldats seulement sortirent d'un buisson & s'enfuirent au premier coup de fusil : un piquet de quarante hommes s'avança ensuite, & disparut de même. Alors les Américains persuadés qu'ils avaient affaire à un détachement peu considérable, marchèrent vers le rivage pour couper la retraite à l'ennemi ; mais aussi-tôt il partit du bois une décharge d'artillerie qui les prenait en flanc, & cinq mille hommes qui sortîrent au même instant de l'embuscade, profitant de leur surprise, les dispersèrent sans peine. Le lord Stirling arrivant avec le reste de ses troupes, se trouva rompu par les fuyards : la déroute devint générale, & il y eut des Corps entiers d'Américains massacrés par les Allemands, avec une barbarie atroce. Howe ne perdit dans cette conquête qu'environ trois cens hommes, mais les Américains eûrent plus de neuf cens tués ou blessés. Ils n'étaient à la vérité que dix mille hommes contre quinze, & ils avaient été surpris. Si dans ce moment Howe avait

ANNÉE 1776.

poursuivi sa victoire, il aurait pu détruire toutes les troupes qui étaient à Long-Island, ou les forcer à mettre bas les armes. Il aurait pu anéantir les forces du Congrès dès le commencement de la campagne; mais il ne sut pas leur couper le passage, & Washington, par une retraite habile, évacua l'Isle pendant la nuit, & fit rentrer à New-York toutes les troupes Américaines.

La perte de Long-Island devait être suivie de celle de New-York. Tous les préparatifs faits pour défendre cette ville ayant été découverts par la perfidie des Torris, il avait fallu changer de plan. Pendant que le général Howe se consumait à Staten-Island, Washington prévoyant qu'il serait difficile de faire une longue défense à New-York, & qu'il pourrait dans un autre temps reprendre cette ville toute ouverte du côté de la terre; avait employé l'été à fortifier le poste de Kings-Bridge, ou le Pont-du-Roi, & à rassembler toutes ses principales forces dans ce poste qui joint par un passage étroit

Année 1776.

Attaque de l'isle Manahatan, débarquement des Royalistes & prise de New-York.

l'ifle de New-York à la terre ferme. Le chevalier Howe fit débarquer fes troupes le 15 Septembre à l'ifle Manahatan, dans la baie de Kep, à une lieue de la ville, fous la protection de deux vaiffeaux & de trois frégates, & à la faveur d'une diverfion que trois autres vaiffeaux avaient faite dans la rivière d'Hudfon. Les Américains n'avaient laiffé dans cette baie qu'un petit nombre de troupes, qui furent difperfées par le feu des vaiffeaux. Les Heffois marchant à New-York, furent rencontrés par un gros d'Américains, il y eut de part & d'autre quelques hommes tués & bleffés. Un autre corps de l'Armée Anglaife attaqua un corps d'Américains qui occupait une hauteur du côté de Kings-Bridge, & qui fe replia fur le gros de l'Armée, dans les hauteurs de Norris; le jour même toute la garnifon Américaine évacua New-York, & dès le foir une brigade Anglaife prit poffeffion des ouvrages. Les Américains avaient enlevé leurs munitions & leur artillerie, fans faire aucun dommage dans la ville. Sans doute ils croyaient que le che-

Année 1776.

valier Howe ſerait tenté de ſéjourner dans cette Place, & ils eſpéraient l'y combattre avec plus d'avantage que dans tout autre poſte; mais Howe connut le danger, & ne s'y arrêta que pour faire prêter ferment aux habitans qui y étaient reſtés.

Dès le lendemain il y eut une action. Des détachemens Américains pénétrèrent par des bois dont les ſentiers leur étaient connus, juſqu'aux poſtes avancés de l'Armée du Roi, l'infanterie légère les repouſſa vers leurs retranchemens; mais ils en ſortirent au nombre de trois mille, & l'infanterie Angleiſe aurait été enveloppée, ſi le Commandant n'avait fait marcher promptement le corps de réſerve avec deux pièces de campagne; alors les Américains furent repouſſés une ſeconde fois, & obligés de ſe renfermer dans leurs Ouvrages.

Les Américains, tant à New-York que dans les poſtes abandonnés, perdirent quinze cens hommes, ſoixante-huit pièces de canon & un obuſier. La flotte Angleiſe fût de peu de ſecours dans cette conquête, il ne put même reſter dans la rivière d'Hudfon que deux frégates & un brigantin pour soutenir l'aîle gauche de l'armée, que le général cherchait à étendre autant que les circonstances le lui permettraient vers la côte occidentale de New-York.

Année 1776.

La prife de cette ville était un sujet de joie pour ceux qui précédemment y avaient exercé quelqu'emploi à la nomination du Roi, & l'avaient perdu par la révolution. Elle ne découragea point les véritables patriotes, ils regardaient New-York comme un pofte extérieur qu'il étoit impoffible de conferver. Les négocians mêmes qui y perdaient beaucoup, changèrent fans regret le lieu de leur commerce; mais ce fut un malheur très-fenfible pour ceux dont la fortune confiftoit en maifons dans cette ville, ils ne la virent point fans défefpoir paffer au pouvoir des Anglais. Plufieurs tentèrent de la réduire en cendres par des mêches combuftibles. Un vent forcé s'étant élevé le 21 Septembre, les flammes menacèrent d'embrafer toute la ville. Les foldats furent diftribués dans tous les quartiers pour éteindre l'incendie, mais plufieurs perfonnes empê-

Incendie de New-York.

chaient que le feu ne cessât. D'autres se réjouissaient en voyant brûler leurs propres maisons; on en arrêta un grand nombre portant à la main des flambeaux & des torches ardentes. Les soldats massacrèrent sur la place dix-sept hommes qu'ils surprirent à ranimer le feu dans différentes rues, ils en précipitèrent deux dans les flammes qu'eux mêmes avaient allumées. Plusieurs des incendiaires échapèrent cependant à la vengeance des soldats, & restèrent cachés dans la ville. Un d'eux en s'enfuyant cria à ceux qui s'aprêtaient à tirer sur lui, qu'au premier moment il acheverait de la brûler.

Les femmes surtout semblaient être animées du courroux des Furies. On les voyait courir égarées, les cheveux épars & hérissés: tantôt elles fuyaient vers le rivage avec leurs enfans; puis le regardant avec horreur & regrettant leurs foyers, elles rentraient précipitamment dans la ville en frémissant & poussant des hurlemens. Dans leur désespoir elles veulent tout embraser: la flamme vole, elle dévore les maisons, les magasins, les chantiers; des tourbillons

INCENDIE DE NEW-YORK.

de fumée & de flamme s'élèvent dans les nues. Ces femmes que Virgile nous a peintes embrasant les vaisseaux Troyens, étaient encore loin de l'audace des Américaines. On raconte qu'une d'elles, le couteau levé, accusant les hommes de lâcheté remplissait l'air de ses cris. Un officier Anglais la saisit & la désarme à l'instant où elle alloit se poignarder elle-même, pour se soustraire à la loi du vainqueur. Une autre fuyait vers le camp de Washington en criant »*j'ai vu brûler ma maison, les tyrans ne l'auront pas*», une troisième est arrêtée le flambeau à la main, les soldats l'environnent & lui demandent avec colère ce qu'elle fait, »*je mets le feu à la ville* », leur répond-elle, avec fermeté. Un tiers de New-York devint la proie de l'incendie, & si le Général n'avoit pas détaché de son camp la brigade des gardes pour renforcer la garnison, cette ville aurait été entièrement consumée.

Les prisonniers faits à Long-Island ayant été envoyés en Angleterre, les Ministres voulurent en faire un éxemple capable d'effrayer leurs concitoyens. Ils offrirent aux

Année 1776.

Étrange traitement fait aux prisonniers Américains.

32 ESSAIS HIST. ET POLIT.

ANNÉE 1776.

Directeurs de la Compagnie des indes orientales de les leur donner, à condition qu'ils feraient conduits à la côte de Coromandel pour y être retenus toute leur vie en esclavage. Dans l'une des assemblées de la Compagnie, le Gouverneur Johnstone somma les Directeurs de déclarer si cette proposition n'avait pas été faite; leur Président répondit qu'elle avait eû lieu, mais qu'elle avait été rejettée. En effet, on n'avait pu s'accorder sur la question de savoir qui payerait la dépense du transport de ces malheureux. Il y en eut plusieurs qui furent exportés aux frais du Gouvernement, & dont le front courbé sous un joug d'airain, arrose encore de sueurs le pays des Marates. J'en ai vû un à Paris qui s'était sauvé de cette servitude affreuse.

Confédération générale des Etats-Unis.

PENDANT que les troupes Anglaises s'emparaient de New-York, le Congrès travaillait sans relâche à affermir l'indépendance des Colonies. La confédération, qui jusqu'alors avait existé entr'elles, n'était en quelque sorte que tacite; les articles de cette confédération n'étaient point écrits;

&

& ce n'était point une entreprise facile que de les rédiger. Jusqu'alors chacun des délégués au Congrès avait agi avec empressement pour l'avantage commun, mais sans mesure & sans règle tracée. Les circonstances devenaient difficiles. Le Congrès touchait au moment qui devait décider de son anéantissement ou de sa gloire. Il fallait tout à la fois résister à la puissance de l'Angleterre, & montrer aux peuples étonnés un corps politique, constitué régulièrement sur la base solide d'un intérêt commun, & qui n'eût de pouvoir qu'autant qu'il en fallait pour assurer le salut & la prospérité de ses subordonnés. Déjà chaque colonie travaillait à se donner des loix particulières & proportionnées à la situation de ses côtes, à sa fertilité, son commerce & ses besoins; déjà l'acte d'indépendance annonçait la nécessité de former un conseil d'Etat, dont chaque province pût fixer & connaître les pouvoirs; il fallait prévenir les tentatives de l'orgueil & de l'ambition, & assurer aux Américains la durée de cette liberté pour laquelle ils avaient répandu tant de sang.

Tome II.   C

Les nouvelles qui arrivaient de l'armée, le massacre de Long-Island, ni l'invasion, ni l'incendie de New-York, ni les nouveaux revers dont on était menacé, ne troublèrent point les délibérations des Sénateurs de Philadelphie, leur fermeté stoïque, supérieure aux événemens, semblait défier la fortune, & le 4 Octobre fut le jour où ils arrêtèrent les articles de la confédération générale des Etats-Unis de l'Amérique Septentrionale: monument de sagesse & chef-d'œuvre d'égalité politique entre toutes les parties de la grande République qu'ils venaient de former sous le nom des Treize Etats-Unis de l'Amérique.

Chaque Etat y réserve son administration intérieure, & laisse à ses Députés, assemblés en Congrès, la direction des affaires publiques. Aucun sujet des Etats-Unis ne peut recevoir de dons ni pensions des Rois, Princes ou Puissances étrangères; & pour conserver une égalité perpétuelle entre les sujets de l'Amérique, l'assemblée générale des Etats-Unis, ni aucun autre Etat en particulier, ne peuvent donner de titres de noblesse ; toute autre distinction que celle qui résulte des suffrages du peuple, mérités personnellement, est proscrite à jamais.

L'établissement des impôts, la direction des armées, les ambassades, les traités avec les Princes & Rois étrangers, la guerre & la paix, sont dans les mains des députés des États-Unis assemblés au Congrès ; mais ces illustres citoyens, éprouvés d'abord dans d'autres emplois par le choix des peuples, ne peuvent jamais abuser de ce dépôt terrible & sacré, parce que chaque état a plusieurs députés, & aucun État ne peut en envoyer ni moins de deux, ni plus de cinq ; ils peuvent être révoqués à toute heure & remplacés par d'autres, & doivent être renouvellés tous les ans. Chaque État, quelque soit le nombre de ses députés au Congrès, ne peut avoir qu'une voix, & les députés de chaque État nomment un d'entr'eux pour être un des treize membres du conseil d'État qui règle provisoirement les affaires publiques dans tous les momens où le Congrès général n'est pas assemblé.

AUCUN Etat en particulier ne peut entretenir de troupes ni de vaisseaux de guerre au-delà du nombre fixé par l'assemblée du Congrès. Enfin l'on ne peut craindre, ni que le Congrès usurpe le pouvoir souverain, & se rende indépendant de ses commettans, ni qu'aucun des Etats confédérés entreprenne d'asservir les autres. Il n'existe entre ceux qui gouvernent & les sujets gouvernés, aucune occasion de défiance ou de haîne ; tout est fondé sur l'équité, l'égalité, la confiance & l'estime. Il n'existe entre les différens Etats aucune occasion de faire la guerre, ni aucun moyen d'en venir à des hostilités, quand même ils en auraient l'occasion.

Les articles de cette confédération, au nombre de seize, furent proposés aux corps législatifs de tous les Etats-Unis, pour être examinés par eux, afin qu'ils pussent autoriser leurs délégués à les ratifier, pour être observés inviolablement & établir l'union à perpétuité. La plupart des Etats y accéda sur le champ, d'autres voulurent attendre, mais ils ont envoyé successivement leur ratification; le Maryland seul a tardé plus long-temps, & a laissé passer plusieurs années avant d'accéder à la confédération générale. Au surplus, le défaut d'approbation de la part de cette province n'apportait aucun obstacle aux opérations de la guerre, parce que la confédération porte: que le consentement de neuf des Etats suffit pour rendre les arrêtés du Congrès obligatoires pour les autres, & que c'est sur cette proportion que toutes les délibérations de cette assemblée ont été formées.

Affaire de Kings-Bridge, prise des forts Lée & Washington.

Après la prise de New-York les Américains, maîtres de Kings-Bridge, s'étaient établis dans un poste appellé la Cloche-Bleue, & y avaient construit une redoute sur une hauteur, à l'ouest de la rivière d'Hudson; cette redoute était soutenue de leur meilleure artillerie, leur armée garnissait des ouvrages fort étendus des deux côtés de Kings-Bridge; elle se prolongeait vers Connecticut, & bordait la rivière d'Hudson dans la partie de l'est. Howe ne pouvait pénétrer plus avant sans les repousser & s'emparer de leurs postes : tout ce qu'il avait fait précédemment ne lui ouvrait aucun accès dans le Continent. Il envoya d'abord des détachemens, qui ne firent que très-peu de progrès ; mais il les attaqua bien-tôt avec toutes ses forces, & il avait alors plus de trente mille hommes sous ses ordres. Washington n'en avait que vingt-deux mille. Le massacre de Long-Island, la prise de New-York, la fatigue d'une guerre très-active sur les bords de la rivière d'Hudson contre des ennemis supérieurs en nombre, cruels & disciplinés, avaient découragé les soldats, qui n'étaient engagés que pour six ou huit mois. Ils ne firent rien qui soit digne de l'Histoire ; ils avaient fui de New-York aux Plaines-Blanches ; malgré les habiles dispositions que le Général avait faites, ils abandonnèrent Kings-Bridge & les bords de la rivière. Ils s'enfuirent de Berghen au fort Lée ; ce fort leur fut encore enlevé, & le fort Washington tomba presqu'en même temps au pouvoir de l'ennemi. L'Allemand

SUR L'AMÉRIQUE SEPTENTRIONALE. 39

Kniphaufen se diftinguait à la tête des Heffois, & donna son nom à l'un de ces forts : la fortune femblait avoir retiré ses faveurs à la caufe de la liberté.

Lord Howe, frere du Général & Commandant de la flotte, faifit cette occasion de publier qu'il avoit à faire, au nom de la Grande-Bretagne, des propofitions tendantes à la paix & à la réconciliation, & qu'il était prêt à les communiquer. Il permit en même temps au Général Sullivan, qui était devenu fon prifonnier, de partir fur fa parole, & d'avertir le Congrès de cette nouvelle favorable : il efpérait par ces moyens femer des divifions dans cette Affemblée & dans tout le pays. Le Congrès favait bien que cet Amiral ne pouvait avoir d'autres termes de paix à offrir que ceux qui étaient fixés par l'Acte du Parlement, un pardon, à condition de fe foumettre. Mais comme le peuple pouvait imaginer autre chofe, & concevoir des inquiétudes si les propofitions n'étaient pas entendues, il députa MM. Benjamin Franklin, Samuel Adams & John Rutledge, pour conférer

C iv

avec Lord Howe. Celui-ci choisit Staten-Island pour le lieu de la conférence : cette isle était alors en la possession des troupes Anglaises. Les trois Commissaires étant arrivés à Amboy, ville située sur le rivage le plus voisin de l'isle, & dont les Américains étaient maîtres, l'Amiral envoya sa chaloupe pour les transporter, & laisser un de ses principaux Officiers en ôtage jusqu'à leur retour. Ils n'avoient point demandé d'ôtage, & exigèrent que cet Officier retournât avec eux. L'Amiral vint les recevoir à leur débarquement, & les conduisit, à travers ses gardes, dans un appartement convenable pour la conférence. Il était surpris de la confiance qui les avait engagés à ramener son ôtage, & il le fut bien davantage du peu de cas qu'ils parurent faire de ses offres de pardon, & de la promesse de faire examiner les griefs de l'Amérique. Il semblait s'être flatté, que le Congrès humilié par ses derniers revers, devait être soumis & suppliant : il vit qu'il s'était trompé. Les Commissaires lui dirent avec fermeté, que s'il n'avait rien de plus

SUR L'AMÉRIQUE SEPTENTRIONALE. 41

Ann. 1776.

à propoſer, il était venu trop tard, que les humbles pétitions du Congrès avaient été rejettées avec mépris, l'indépendance déclarée, & de nouveaux Gouvernemens formés. Alors, prenant un ton affectueux, il fit valoir ſon attachement pour l'Amérique, l'intérêt qu'il prenait à la dangereuſe ſituation de ce vaſte pays, & la peine qu'il reſſentirait de la voir précipiter ſa chûte. La perte d'un frère, diſait-il, ne me ferait pas plus ſenſible; il lui fut répondu que l'Amérique travaillerait à lui épargner ce chagrin. Les Députés s'en retournèrent & rapportèrent ces détails au Congrès, qui les rendit publics, & le Peuple, voyant qu'il ne lui reſtait de ſalut que dans les armes, ne tarda pas à raffermir ſon courage.

Howe pénètre dans le Jerſey; il projette d'aller juſqu'à Philadelphie; Waſhington eſt a-

ENTIÈREMENT maître de New-York, le général Howe réſolut de faire un mouvement ſur le Jerſey, parce que l'Iſle de New-York ne ſuffiſait pas pour fournir des quartiers d'hiver à toutes les troupes. Kniphauſen s'avança dans le pays avec ſix mille Heſſois; le général Cornwallis

ANNÉE 1776. bandonné de son armée.

le suivit, à la tête de dix mille hommes, & les armées du Roi s'emparèrent de tous les postes jusqu'à la Delaware. Il avait dessein de pousser jusqu'à Philadelphie, de s'en emparer au milieu de l'hiver, & d'y prendre ses quartiers.

Aussi-tôt après la prise des forts Lée & Washington, l'armée américaine manqua entièrement ; elle se sépara & abandonna son camp dans la nuit du 6 au 7 Décembre. Washington vit ses troupes réduites en vingt-quatre heures, à moins de trois mille hommes, avec lesquels il vint se placer sur les bords de la rivière, à dix lieues de Philadelphie, cherchant à saisir quelque poste avantageux, où il pût retarder la marche des Hessois, qu'il avait vus passer la rivière un peu plus bas que lui, & qui semblaient vouloir aller droit à Philadelphie.

Il écrit au Congrès, qui se hâte de rassembler de nouvelles troupes.

A la vue des étendars ennemis, & abandonné de ses troupes, il ne désespéra point du salut de sa patrie. Il écrivit au Congrès, & peignit sa situation sans trouble & sans faiblesse. Cette assemblée reçut la nouvelle

SUR L'AMÉRIQUE SEPTENTRIONALE. 43

de ce malheur avec une égale fermeté, & trouva dans chacun de ses membres l'activité & le courage nécessaires pour le réparer. Les engagemens étaient près d'expirer; mais on espérait que la plupart de ceux qui composaient l'armée s'empresseraient de les renouveller. Cependant on avait pris d'avance des mesures pour former de nouvelles troupes dans l'intérieur des différens Etats; elles s'avançaient lentement, & leurs marches avaient été règlées de telle sorte, qu'il ne se trouvât aucun vuide dans l'armée à l'expiration des engagemens. Les troupes ayant devancé ce terme par leur fuite précipitée, on expédia des couriers afin de hâter les marches, & trois mille hommes, qui étaient destinés à monter les frégates & les corsaires que l'on armait sur la Delaware, furent envoyés à Washington.

LE danger était grand, les circonstances étaient pressantes, & l'allarme fut très-vive à Philadelphie. En apprenant que l'armée s'était séparée, & que l'ennemi s'approchait, tout le peuple est glacé de crainte, chaque

Année 1776.

Allarmes & découragement à Philadelphie. Eloquence utile des Ministres de l'Evangile.

citoyen tremblant, interrogeant sur le malheur public le citoyen qu'il rencontre, craignait d'entendre sa réponse. Déja plusieurs des riches emportaient leurs effets; on résolut d'évacuer la ville à l'arrivée de l'ennemi, & on devait pendant la nuit mettre le feu dans tous les quartiers. Les esprits faibles commençaient à douter du succès de la révolution, il s'élevait plusieurs voix qui prétendaient que l'on s'était trop hâté de déclarer l'indépendance; mais les Ministres de l'Evangile avaient conservé un grand ascendant sur les peuples; ils se servaient de l'autorité de la foi pour consolider la liberté. « Dieu, disaient-ils, a créé l'Amérique pour » être indépendante, & ce serait de notre » part une résistance impie que de repousser » la main de l'Etre Suprême qui veut se ser- » vir de nous comme d'instrumens pour ac- » complir ses desseins. » Ces argumens entraînaient les dévots, & ils devinrent le texte de presque tous les sermons. « Dieu » nous observe, disait un des prédicateurs » de Philadelphie, dans ces momens où » nous avons besoin de courage. Il voit d'un

» seul regard le héros & le mauvais citoyen.
» Sa volonté ne s'est-elle pas manifestée par
» ses œuvres merveilleuses en faveur de
» l'Amérique, depuis qu'elle arrose de son
» sang l'autel de la liberté ? Céderons-nous
» lâchement à l'instant de l'épreuve ? Notre
» sûreté politique & notre devoir envers lui
» sont tellement liés ensemble, que refuser
» de concourir à cet ouvrage divin, c'est
» refuser d'être une nation célèbre, libre,
» religieuse & heureuse ». Ces efforts d'éloquence annoncent que le découragement avoit été prompt & pour ainsi dire général. Les exhortations étaient sur-tout nécessaires à Philadelphie. Il s'étoit formé dans cette ville une association libre pour la défense du pays, mais plusieurs des habitans ne voulaient point prendre une part directe à la guerre, à cause des principes évangéliques qui leur défendaient l'effusion du sang. Heureusement le Général Lée précipita sa marche, & arriva avec un renfort ; enfin les nouveaux corps se rassemblant auprès du Général Washington lui formèrent en peu de temps une nouvelle armée plus con-

sidérable que la première, & tous les nouveaux guerriers étaient enrollés pour trois ans.

<small>Année 1776.</small>

<small>Le Congrès publie un manifeste pour encourager les peuples.</small>

Dans ce moment de crise, le Congrès avait cru qu'il était nécessaire d'adresser aux peuples quelques paroles d'encouragement. Il publia le 10 Décembre une proclamation, dans laquelle après avoir rappellé toutes les raisons qui avaient forcé les colonies de prendre les armes pour leur défense, & de se déclarer indépendantes de l'Angleterre, il recommandoit le courage, la persévérance & la fermeté. « Il est reconnu, disait cette proclamation, que le Congrès n'a déclaré les provinces unies *Etats libres & indépendans*, que d'après le vœu général des peuples, & avec la plus sincère approbation de chaque province. Non-seulement cette déclaration était juste, elle était indispensable. Comment aurions-nous pu résister aux armées formidables destinées contre nous, tant que nous nous serions avoués sujets de l'Etat contre lequel nous soutenons la guerre ? N'avions-nous pas éprouvé qu'on ne vouloit nous accorder de termes d'accommodement qu'à titre de grace & à condition d'une soumission absolue, ce que chacun de vous a rejetté avec dédain ?»

« La résistance est maintenant accompagnée de ce courage & de cette résolution qui conviennent à un peuple libre, & a été jusqu'ici suivie d'un succès que l'on pouvait à peine espérer. Les ennemis ont été chassés de la province du nord qu'ils avaient d'abord envahie, & ils ont été repoussés dans leurs entreprises sur celles du sud, par la bravoure des habitans de ces provinces. Nous avons fait de grandes prises sur mer, nous avons suffisamment de munitions de guerre, & nous touchons au moment d'avoir assez d'habits pour toutes les troupes. »

« Ce que nous avons particulièrement en vue dans cette adresse, c'est non-seulement d'entretenir le courage & l'unanimité entre tous les Etats, mais encore d'exciter les habitans de la Pensilvanie, New-Jersey & contrées voisines, à un prompt & vigoureux effort pour s'opposer à l'armée qui menace maintenant de s'emparer de la ville principale. Vous savez que cette armée a été tenue en échec pendant toute la campagne, & que ce n'est que depuis deux semaines qu'elle a osé s'éloigner de ses vaisseaux. La résolution qu'elle prend de s'avancer dans les terres ne vient, ni d'aucune défaite considérable, ni du manque de valeur de nos troupes, mais de la diminution de leur nombre par l'expiration des enrollemens trop courts que nous avions admis d'abord pour la facilité des peuples. Beaucoup de braves gens ont déjà joint l'armée pour remplacer ce vuide, & nous sommons de la manière la plus pressante tous les amis de la liberté de s'y rendre sans délai dans cette critique occurrence. »

« Par-tout ailleurs nos armes ont été heureuses, & notre cause sacrée est dans la meilleure situation. Des puissances étrangères nous ont déjà rendu des services essentiels, & nous avons reçu les assurances les plus positives de secours ultérieurs. Une courte résistance fera effet, car le Général Lée s'avance avec un gros renfort, &

& ses troupes sont dans la meilleure disposition. »

» O Philadelphie ! ville de paix si riche & si heureuse, tomberez-vous entre les mains des ennemis, & ne saisirons-nous pas cette occasion de détruire leur principale armée, maintenant qu'elle est éloignée de ses vaisseaux de guerre qui faisaient sa plus grande force ? »

» Il serait inutile de multiplier les raisonnemens dans une telle situation ; il s'agit de tout ce qui peut intéresser des hommes libres, nos ennemis orgueilleux n'offrent pour donner la paix à l'Amérique que le terme injurieux de *pardon* pour prix d'une soumission indéfinie. »

» Quoique la prise de Philadelphie n'entraîne pas, graces à Dieu, la perte entière de notre cause, tandis qu'elle peut être sauvée, ne donnons pas à l'ennemi un pareil sujet de triomphe ; mais plutôt arrêtons-là ses progrès, & faisons voir à nos amis des pays éloignés, qu'un même esprit n'a point cessé de nous animer tous. »

Il y a une remarque bien importante à

ANNÉE 1776.

faire sur cette proclamation. C'est qu'elle annonce positivement & pour la première fois aux peuples, que le Congrès avait lieu de compter sur l'assistance de quelques puissances de l'Europe. En effet les Américains commençaient à tirer de grandes ressources du Portugal, de Livourne, du Texel & des ports de la Baltique. Les gouverneurs de la Jamaïque, de la Grenade & des autres isles Anglaises des Antilles, prenaient des mesures pour empêcher le commerce américain avec les étrangers, & travaillaient à assurer la navigation contre les corsaires Américains. Cependant les armateurs de la nouvelle Angleterre remplissaient les ports de la Martinique * & de Saint-Domingue, & continuaient d'arrêter en retournant dans leur pays les chargemens de sucre destinés pour Londres. Les ports de Nantes & de Bordeaux commençoient à donner asile aux corsaires de Boston, les riches captures que

---

* Ils allaient principalement à Sainte-Lucie, entrepôt accordé pour les étrangers aux Isles du Vent, comme le môle Saint-Nicolas à Saint-Domingue.

ces corsaires avaient faites depuis quelque temps portaient un coup fatal aux finances & au crédit en Angleterre. Les assureurs refusaient leur signature à quarante pour cent, tant on était effrayé de la multitude des corsaires qui couvraient les mers de l'Amérique. « Mes amis, j'en suis bien fâché pour vous, disait l'un d'eux à l'équipage d'un vaisseau richement chargé qu'il venait de prendre, mais les troupes du Roi ont brûlé ma maison ; j'ai voulu faire le commerce, les loix prohibitives m'en ont empêché ; j'ai voulu planter, les soldats ont ravagé mes champs, ils ont tué mon frère & ma famille était ruinée si je n'avais pris le parti de faire la course. D'autres, aussi malheureux que moi, attendent au passage les vaisseaux de la Jamaïque ; ils ne les laisseront pas échapper. »

ANNÉE 1776.

L'ISLE de Rhodes était le dépôt des prises de la plupart de ces corsaires ; le général Howe reçut ordre de la cour de s'emparer de cette isle, & il y réussit avec beaucoup d'adresse. Il envoya cinq vaisseaux de guerre & cinq mille hommes de débarquement,

Le chevalier Howe s'empare de Rhod-Island.

D ij

dans des transports & des bâtimens armés ; & pour cacher la destination de l'armement, il publia qu'il voulait faire une descente dans la Virginie. En effet, le convoi prit cette route jusqu'à ce qu'il fût hors de la vue du continent, mais il rabattit sur Rhode-Island, où il trouva peu de résistance ; les Anglais s'emparèrent de cinq mille boucauds de sucre qui étaient dans les magasins, & le commandement de l'isle fut donné au lord Percy.

Les sauvages, excités par les royalistes, font des incursions dans la Caroline.

LES royalistes se trouvaient déja maîtres de deux provinces, de la plus grande partie du Nouveau-Jersey, & menaçaient la Pensilvanie : ils excitaient sans cesse la cruauté des Sauvages contre les Américains. Stuart, intendant pour le Roi chez ces peuples, avait travaillé dès le mois de Mai à les mettre en marche pour faire une diversion favorable à l'expédition du général Clinton contre Charles-Town ; mais les Sauvages ne commencèrent leurs incursions qu'après que Clinton & le chevalier Parker eurent été forcés d'abandonner les provinces méridionales, pour se rejoindre au général Howe. Un Anglais, nommé Ratclife, à la tête de plusieurs partis de Chiroquois & de Criques, pillait des villages dans la Caroline méridionale, & emmenait des prisonniers, dont la plupart furent massacrés. Les peuples du Seneca, armés par l'Ecossais Cameron, vinrent attaquer aussi les derrières de cette province, & forcèrent les milices à la retraite ; mais le colonel Williamson repoussa à son tour toutes ces hordes sauvages, entra dans leur pays & fit cesser leurs incursions. » Nous savons, disait un des » ministres à la chambre des pairs, que le » général Carleton a rassemblé aux trois » rivières, le 24 Juin, cent chefs sauva- » ges amis du gouvernement, qui lui ont » apporté plusieurs chevelures de rebelles. » Ce traitement est horrible ! mais il est » probable qu'il fera le plus grand effet » sur les révoltés : ils sont presqu'en- » tièrement chassés du Canada, & tout » me fait croire que nous ne serons pas » moins heureux dans la partie méridio- » nale. »

54 ESSAIS HIST. ET POLIT.

ANNÉE 1778.
Le Congrès demande aux sauvages la neutralité ; ceux des six nations veulent qu'elle soit gardée.

Le Congrès, au contraire, ne demandait aux sauvages que la neutralité, & ne les a jamais employés que comme *découvreurs*. Dans le mois de Juin, les chefs des six nations assemblés à Onondaga, avaient promis au colonel Morgan de retirer du Canada tous leurs guerriers, & de prendre le parti de la neutralité. Ils envoyèrent des députés au grand conseil assemblé à Niagara, & à d'autres peuplades, pour leur persuader de ne point prendre de part à la guerre. *Kiashuta* un de ces chefs, vint trouver à son retour de Niagara, plusieurs autres chefs assemblés au fort du Quesne, & parlant au nom des six nations, déclara aux Anglo-Américains que leur intention était de rester neutres, pourvu que leur pays ne devînt pas le théâtre de la guerre. Il fut répondu de la part du Congrès qu'il ne mettrait point d'armée en marche sans avoir averti les six nations, & que ce serait dans le cas seulement où une des armées anglaises prendrait cette route pour venir à eux. » Cela n'est point à craindre, répliqua Kiashuta : les six nations se chargent d'empêcher qu'aucune armée, soit anglaise soit américaine, passe sur leur territoire. Vous, poursuivit-il en s'adressant aux autres chefs, calmez l'ardeur de vos jeunes gens, rendez-leur cette parole, & apprenez-leur que les six nations & leurs tributaires ne veulent point être en guerre. »

C'est ainsi qu'une partie de ces mesures, dont les ministres avaient espéré tant *d'effet*, se trouva déconcertée. Cependant les Américains ayant à résister à beaucoup d'autres sauvages, dont rien ne pouvait arrêter la barbarie, se virent contraints de rechercher l'amitié des nations avec lesquelles ces derniers étaient en guerre. Quelques tribus se déclarèrent pour les Américains, & envoyèrent des découvreurs à l'armée du nord; le Congrès ne voulut point employer leurs haches contre les Anglais; de telles représailles lui firent horreur : mais il s'en servit utilement contre les sauvages ennemis. Les Onéidas avaient seuls refusé de prendre aucun parti. » Vous & les sujets du grand Roi, dirent-ils, aux Envoyés du

Plusieurs nations s'arment pour les Américains, mais les Onéidas refusent de prendre parti.

Congrès, vous êtes enfans d'une même famille, & vous voulez vous faire la guerre : nos pères ne nous ont point laissé le souvenir d'un si étrange évènement. Ne soyez point surpris que nous ne prenions point part à vos querelles : nous vous défendrions si vous étiez attaqués par une nation étrangère. » Ces peuples, si modérés, sont gouvernés par des femmes : ils sont justes & paisibles, ils doivent être heureux. Dans le commencement d'une société, le meilleur gouvernement doit être celui des femmes. Tant que l'état peut être gouverné comme une famille, les regles de l'économie domestique suffisent à ses besoins. La postérité trouvera bien étrange que des nations civilisées ayent mis le couteau entre les mains de pareils hommes, pour les faire servir aux querelles de l'Europe, & que depuis cent ans, les peuples ignorans que nous appellons barbares, ayent fait sous les Français & les Anglais, l'apprentissage du meurtre & des forfaits.

Il n'y avait aucune espèce de fléau que la cour de Londres & les agens qu'elle entretenait, n'employassent pour désoler l'Amérique; ils contrefaisaient le papier-monnoie; ils en répandirent tout-à-coup une si grande quantité, qu'il en résulta des allarmes générales, & un discrédit qui causa de grands embarras dans les opérations publiques; mais on fit des arrêtés dans les provinces respectives, pour empêcher le progrès du mal, & le Congrès y remédia par de sages mesures.

Année 1776.
papier-monnoie.

Tandis que le courage de cette assemblée était soumis aux plus rudes épreuves, Silas Deane riche planteur de la Province de Connecticut, & délegué au Congrès pour sa province, était venu en France afin d'ouvrir quelque négociation avec la cour.

Silas Deane, député du Congrès à la cour de France, arrive dans cette cour. Caractère de Caron de Beaumarchais.

Il était parti de Philadelphie aussi-tôt après la déclaration d'indépendance; ses compatriotes avaient dès-lors un commerce avec les Hollandais & les Français, pour se procurer des habits & des munitions. On distinguait entre leurs correspondans Caron de Beaumarchais : cet homme aimable, actif, intelligent, dont le caractère énergique &

Service qu'il rend aux Insurgens.

l'esprit étendu ont joué tant de rôles différens sur la scène du monde, & avec un succès presque toujours égal. Le même homme qui avait attendri nos Dames sur le sort d'Eugénie, & les avait fait rire aux éclats dans un procès que ses ennemis croyaient rendre assez sérieux pour causer le malheur de sa vie, employoit ses efforts en faveur des Américains. Il avait eu l'occasion de connaître plusieurs d'entr'eux, dans deux voyages qu'il avait faits à Londres. De retour à Paris, Beaumarchais, encore plein de tout ce qu'il avait appris sur le véritable état de l'Amérique, sur ses dispositions, & la guerre que lui faisait la Métropole, s'attira la confiance de Silas Deane, qui craignait de solliciter sans succès les secours de la France. Deane était sur le point de passer en Hollande, Beaumarchais le retint. « Qu'allez-vous faire ? lui dit
» cet homme ingénieux, je connais mon
» pays. Armons pour les Américains ce qu'on
» appelle ici *le grand monde*, il n'ose pro-
» noncer encore les noms peu familiers pour
» lui d'*Hancock* & de *Washington*, de *Bun-*

» kers'Hil & de *Skenesborough*, mais il ne
» faut qu'un moment pour mettre tous ces
» noms en crédit & vous procurer de grands
» secours. « Tel fut l'effet de ce conseil, que peu de jours après on prenait à Paris le plus grand intérêt à la guerre des colonies anglaises ; on trouvait mal fondées les prétentions de la *mère patrie*, & le nom du Congrès retentit enfin dans toutes les assemblées de cette ville immense.

Une révolution soudaine se fait dans les esprits ; des réflexions sur la situation des Américains en produisent une plus grande dans le cabinet de Versailles ; il s'en fait une aussi dans la profession de Beaumarchais : spéculant sur les choses nécessaires aux Américains pour la campagne prochaine & sur l'importance qu'il y avait à les leur procurer secrettement, son caractère se décide ; il est armateur, il est négociant. Les capitalistes lui ouvrent leurs trésors. On s'occupe dans les ports des armemens de Beaumarchais. L'Amphitrite part avec un chargement complet d'armes, de munitions & d'habits, & douze autres

Année 1776.

vaisseaux sont prêts à la suivre. Un vaisseau de guerre est réformé, Beaumarchais l'achette; le fait radouber & remettre à neuf, & bientôt le fier Rodrigue sort des ports de France avec des batteries menaçantes, qui commandent à l'Angleterre de respecter le commerce de son armateur. Deane profitait de son zèle; il savait apprécier un homme qui saisissait avec art les rapports de la politique & du commerce. On a dit que Beaumarchais avoit été aidé par le gouvernement, je ne prononcerai pas sur ce qui n'est point à ma connoissance; mais il a certainement contribué d'une manière utile & grande aux approvisionnemens que demandaient les Américains, par son travail, les ressources & l'activité de son esprit, l'étendue de ses liaisons en tout genre, le libre accès que lui donnait le bonheur de plaire, & l'ascendant de son caractère sur les opinions publiques.

Arrivée du docteur Franklin.

DANS cette disposition, le Docteur Benjamin Franklin vint augmenter le crédit des Insurgens, à Paris: il étoit associé étranger de l'Académie des sciences, ce qui le mettait en liaison avec les savans de la capitale. Il étoit né à Boston en 1706 : s'étant adonné à la physique expérimentale, il avoit fait d'heureuses découvertes. Ses expériences sur le tonnerre & l'électricité lui avaient acquis une grande célébrité en Europe. Il passait dans l'Amérique pour un homme sage & prudent. Il s'était établi dans la Pensilvanie, & avait été souvent élu parmi les représentans du peuple dans l'assemblée de cette province. Dès l'année 1754, il avoit communiqué au gouverneur Shirley, les raisons qui devaient empêcher de taxer les colonies ; il avoit été interrogé à Londres à la barre du parlement sur la même question, en 1766 ; il étoit alors agent pour plusieurs colonies ; sept ans après, en 1773, il avait été chargé conjointement avec *Arthur Lée* de présenter au Roi *les humbles pétitions des bons peuples de l'Amérique*. Il avoit été président de la *convention* ou *commission générale extraordinaire* de Pensilvanie pour donner à cette province une nouvelle forme de gouvernement ; sa sagesse

ANNÉE 1776. en France; impression qu'il fait sur le peuple de la capitale.

était grande & sa santé robuste ; il avait de la réputation dans son pays, mais encore plus en Angleterre, il venait s'en créer une nouvelle parmi les français : il s'annonça d'abord comme un philosophe affligé des troubles de sa patrie, & qui détournant ses yeux de tant d'objets de désolation, venait chercher en France un séjour plus paisible ; mais il se réunissait à Silas Deane, & correspondoit avec *Arthur Lée*, & il étoit chargé avec eux des négociations du Congrès auprès de la Cour d'Espagne, du Roi de Prusse & de la Maison d'Autriche. On lui conseilla de profiter des circonstances particulières qui l'annonçaient avantageusement parmi les Français, & de se rendre peu communicatif. Ce conseil étoit fondé sur la connoissance des peuples, & sur celle en particulier de la nation françaife. Les formes extérieures sont ce qui séduit le plus aisément le vulgaire. Franklin se logea dans un village aux portes de Paris, & sur le chemin de Versailles. Il fut demeurer à Passy ; dans cette retraite il voyait peu de monde, & se tenait sur ses gardes : on se disoit à l'oreille que la haîne des ministres d'Angleterre pouvait lui faire courir de grands périls, & cette idée seule le rendait plus intéressant. Franklin ne venait à Paris qu'accompagné d'un cortège nombreux, auquel se mêlaient des hommes de génie, qui négligés & persécutés de leurs compatriotes, n'en répandaient pas moins un lustre imposant sur l'étranger à qui ils paroissaient accorder de l'estime. Tout en lui annonçait la simplicité & l'innocence de ces anciennes mœurs, que de grands philosophes ont si bien peintes, & qui malheureusement n'ont peut-être jamais été aussi parfaites que dans leurs descriptions. Franklin avoit dépouillé la chevelure empruntée, qui jadis cachait en Angleterre la nudité de son front, & l'ajustement inutile qui l'aurait laissé au niveau de tous les autres Anglais. Il montrait à la multitude étonnée une tête digne du pinceau du *Guide**, sur un corps droit & vigoureux couvert des habits les plus simples ; ses yeux

ANNÉE 1776.

---

* Peintre fameux, qui réussissait particulièrement dans les portraits de vieillards.

étaient ombragés de deux larges lunettes, & sa main chargée d'un bâton blanc ; il parloit peu ; il savoit être impoli sans rudesse, & sa fierté semblait être celle de la nature. Un tel personnage était fait pour exciter la curiosité de Paris. Le peuple s'atroupoit sur son passage ; on demandait » quel est ce vieux paysan qui a un air si noble ? « & l'on répondait à l'envi : *c'est le célèbre Franklin.* Il se rendait dans tous les lieux où les hommes peuvent être rassemblés par des motifs estimables, & par-tout il était annoncé par des applaudissemens. Aux séances publiques de l'académie des sciences & de l'académie française ; aux audiences du parlement ; à l'exposition des ouvrages de l'académie de peinture & de sculpture ; à la société libre d'émulation pour l'encouragement des arts utiles, & dans ces lieux gardés par le mystère où se trouvent la paix & la liberté au milieu des plaisirs & des arts, qu'Helvétius & Voltaire ont fréquentés, & où il étoit digne de s'asseoir avec eux *. Jamais homme

---

* La loge des Neuf Sœurs, société de Francs-Maçons
ne

BENJAMIN FRANKLIN

ne fut plus honoré sans exciter l'envie, & toutes les fois qu'il arrivait de citer le nom de Franklin, il était passé en usage d'ajouter : *il est bien respectable*. Trois mois après son arrivée à Paris on voyait par-tout son portrait gravé avec ce beau vers.

Eripuit cœlo fulmen, sceptrum que tirannis.

ANNÉE 1776.

CEPENDANT on ne pouvoit se persuader dans le cabinet de Londres que la France qui cultivent les sciences & les beaux-arts, & où l'on jouit avec discernement de tous les plaisirs qu'ils procurent. Cette société compte parmi ses membres la plupart des hommes célèbres de la France, & les étrangers les plus illustres. MM. de Lalande, le comte de Milly, Court de Gébelin, Chamfort, l'Abbé de Lille, Cailhava, Roucher, de Sauvigny, Vernet, Houdon, Piccini, &c. &c. sont de cette assemblée. MM. Greuse & Lemiere ont été reçus le même jour : il était beau de réunir le peintre fameux & le poëte qui célébra la peinture. On y conserve le tablier d'Helvetius. Voltaire s'y était fait recevoir avant sa mort. Cette réunion de savans, de poëtes & d'artistes ne se livre pas uniquement aux arts ; la sagesse est le but qu'elle se propose, & la vertu en est le fruit. Elle soulage les pauvres ; délivre des prisonniers ; éleve des enfans destinés à être artistes ; aide à l'éducation des pauvres étudians qui remportent des prix à l'université de Paris, & ajoute des encouragemens aux récompenses qu'ils obtiennent.

Opinion du cabinet de Londres sur les secours que les Américains pouvaient trouver en Europe.

Tome II.   E

& l'Espagne prissent parti pour les Américains. Les colonies françaises en Amérique, disoit le Lord Germaine dans le Parlement, sont peut-être encore plus mécontentes que les nôtres. Seroit-il donc croyable que la cour de Versailles osât encourager une rébellion voisine ; ne craindroit-elle pas que ses propres colonies ne fussent tentées de participer aux droits illimités de la liberté ? celles de l'Espagne ne trouveraient-elles pas le commerce de toutes les nations plus avantageux que celui de la Compagnie de Biscaye ; & la jouissance de leurs trésors, plus agréable que l'obligation de creuser des mines pour un Monarque Européen ? Le voisinage d'un grand Etat indépendant serait pour la France & pour l'Espagne un sujet perpétuel d'inquiétude ; & ces Cours ne peuvent pas être aveugles à ce point sur leurs propres intérêts.

LIVRE HUITIEME.

Année 1776.

Le général Lée est fait prisonnier. L'armée de Washington étant dispersée, les Anglais menacent Philadelphie, mais les nouvelles troupes continentales arrêtent leurs progrès. Combats de Trenton & de Princetown. Washington repousse les Anglais jusqu'à la rivière d'Hudson; réflexions générales sur la révolution.

LE PLAN des Américains était de faire une guerre offensive pendant l'hiver, & pendant l'été de s'en tenir à une guerre défensive: ils s'attachèrent à disposer leurs troupes de manière à regagner tout ce qu'ils avaient perdu: ils envoyèrent le général Schuyler prendre le commandement de quinze mille hommes qui formaient l'armée du Nord, & rentrer dans le Canada. Arnold avait été poursuivi de poste en poste jusques vers l'Albanie. Cet homme persévérant & infatigable avait fait une retraite

Situation de la guerre dans le nord de l'Amérique. Arnold quitte le service du Congrès.

digne d'un général habile ; mais en tout pays ce sont les succès que l'on juge & non pas les efforts. Arnold croyait avoir des sujets de chagrin & de mécontentement. Il abandonna l'armée, irrité contre quelques membres du Congrès qui le taxaient d'avarice & de vexations : ils lui reprochaient d'avoir commis des exactions à Montréal, sous le prétexte de suppléer aux besoins de l'armée, & lui avaient fait refuser le grade de Major général dû à ses services.

CARLETON, après avoir repoussé les Américains & avoir détruit leur flotte sur le lac Champlain, s'était arrêté à Crown-Point & s'en était emparé ; mais trouvant les Américains trop bien fortifiés dans le poste qu'ils occupaient vers Ticonderago, il n'avait pas cru devoir les attaquer, quoiqu'il fût à la tête de plusieurs milliers de soldats sans compter les sauvages ; il craignoit d'ailleurs de manquer de vivres dans les environs d'Albany. Il ne pouvoit plus espérer de traverser la nouvelle Angleterre, & de pénétrer dans la Pensilvanie ; il se rembarqua pour retourner à Québec, où il fixa ses quartiers d'hiver. Le

Général Burgoyne ne l'avoit pas accompagné dans cette expédition; il étoit retourné à Londres pour y faire juger ses prétentions au commandement en chef. Aussitôt après son arrivée à Québec, il s'était occupé de l'éxécution du grand projet dont il avoit flatté la Cour de Londres, c'était de traverser les lacs, & de s'enfoncer dans l'intérieur des terres pour redescendre ensuite sur la nouvelle York, en même-temps que le Chevalier Howe aurait attaqué cette province & celle de New-Jersey du côté de la mer. Ce projet de campagne avoit quelque chose de grand, mais beaucoup d'obstacles se réunissaient pour empêcher qu'il ne pût s'accomplir. Il justifiait l'invasion du Canada que le Congrès n'avait approuvée qu'avec peine. Si les Américains ne s'étaient pas emparés dans l'année précédente des forts de Chambly & de S. Jean, où ils avaient fait deux régimens prisonniers, & où ils avaient trouvé une grande quantité de munitions, ils n'auraient pas formé & agguerri pendant tout l'hiver devant les murs de Québec un corps redou-

ANNÉE 1776.

table de volontaires. Il n'y avait point de prodiges de valeur que l'on ne dût attendre de ceux qui avaient fuivi un fiège d'une fi grande importance avec autant d'intelligence, de perfévérance & d'activité. Si les Américains n'avaient point entrepris cette campagne, Burgoyne aurait peut-être éxécuté fes projets fans rencontrer d'ennemis, mais aux dangers que des hommes aguerris dans ces climats préfentaient aux troupes Anglaifes, fe joignaient ceux d'une marche de plufieurs mois dans des bois, dans des montagnes & fur des lacs, où tant d'Européens avaient été défaits avant lui. Chaque jour, à chaque inftant, il pouvait être attaqué par de nouvaux partis, maîtres de le fuivre ou de le devancer fans qu'il pût s'en garantir.

Tous ces obftacles n'avaient point échapé à la pénétration de Carleton, qui voulait fe rendre redoutable aux Américains fans jamais compromettre fes forces. Le fyftême de Burgoyne était tout-à-fait différent, & quand même celui-ci n'auroit pas eu l'ambition de commander en chef, ces deux Officiers généraux n'auraient jamais pu s'accorder.

La situation de la guerre à la fin de 1776 était telle, que de tous côtés les forces de l'Angleterre paraissaient triompher. Elle avait dans les différentes provinces trente-quatre mille hommes de troupes réglées, une flotte considérable : elle comptoit sur les secours & la fidélité de plus de cent mille Torris, entre lesquels on remarquait des habitans distingués par leurs richesses & leur considération personnelle. Elle était en possession de New-York, de Rhod-Island & de la plus grande partie du pays de New-Jersey, & avait des postes & des magasins dans plusieurs autres parties du continent. Outre les douze vaisseaux qui formaient sa principale escadre, soixante-onze frégates ou bâtimens armés, & neuf mille matelots, parcouraient toutes les côtes, & prolongeaient, pour ainsi dire, d'un seul cordon, toute l'étendue du continent. Cependant les Chefs de la confédération ne manquaient point de confiance. Ce n'est pas au milieu des succès que l'on peut calculer

1776.

Succès des royalistes dans la campagne de 1776.

E iv

les efforts & les reſſources d'un parti, c'eſt au milieu des revers. C'eſt en conſidérant la manière dont les Colonies-Confédérées ont ſoutenu leurs défaites & les ont réparées, que la politique pourra prononcer ſur la force ou la faibleſſe des Peuples les plus intéreſſans qui aient juſqu'à préſent été ſoumis à ſes jugemens.

UN évènement que l'on ne pouvait prévoir devait priver les Américains d'un de leurs Généraux. Charles Lée venait de rejoindre dans le Nouveau-Jerſey l'armée de Washington, & ſon eſprit inquiet & hardi, lui faiſait employer juſqu'aux moindres momens. Tantôt il s'occupoit à choiſir des poſitions militaires, où l'on pût établir quelques points de défenſe pour retarder la marche des Anglais vers Philadelphie; tantôt il allait reconnaître leurs diſpoſitions, ou conférer avec les principaux membres du Congrès, ſur les opérations de l'armée : il ne ſe tenait point ſur ſes gardes. Son activité, qui ne l'abandonnait jamais, ne lui permettait point de penſer au danger. Le quatrième jour

Année 1776.

Le général Lée eſt fait priſonnier le 13 Décembre.

de son arrivée dans le pays de Jersey, il s'était posté avec douze hommes seulement, à deux milles de Moristown, où il avait laissé le corps de troupes qu'il commandait. Il ne savait pas que des Partis Royalistes battaient la campagne : il coucha dans la maison d'un habitant, le 12. Décembre, accompagné seulement de son Aide-de-Camp. Il écrivit le lendemain à Moristown, à l'un des Officiers qui étaient sous ses ordres. Le Colonel Harcourt était aux environs avec un détachement de cavalerie légère ; il arrêta la lettre & l'Américain qui en était porteur. Il brisa le cachet, & trouvant la lettre fraîchement écrite, il força l'Américain en lui mettant le pistolet sur la gorge, de le conduire où était son Général. Charles Lée était avec son Aide-de-Camp ; ils s'occupaient à conférer sur un plan ; l'habitation fut investie, & les onze Américains faits prisonniers avant qu'il fût averti du danger qui le menaçait. Les domestiques sautèrent par les fenêtres aux premiers coups de fusil que les Anglais tirerent en approchant de la maison. Alors le Colonel Harcourt entra avec huit dragons dans la chambre où était Lée avec son Aide-de-Camp. Celui-ci fautant fur deux piftolets qui étaient à fa portée, les tira & fe fauva, quoique dangereufement bleffé. Un Officier Français était venu ce jour-là même fe préfenter au Général Américain ; il était forti par hafard, & fe trouvait en ce moment à quelques pas de la maifon : il vit de loin ce qui fe paffait & cherchait les moyens de s'enfuir, lorfque quatre hommes du détachement l'apperçurent ; il effaya de fe fauver par-deffus un mur voifin, mais les Anglais, après avoir tiré fur lui plufieurs coups de fufil qui ne le touchèrent pas, le joignirent & le forcèrent, à coups de plat de fabre, de fe rendre leur prifonnier. Tous deux furent conduits au Lord Cornwallis, & enfuite au Général Howe, qui les tint dans une dure captivité. Ils éprouvèrent les plus mauvais traitemens pendant la route : l'Officier Français fut attaché à la queue des chevaux, & Cornwallis ofa menacer Lée du dernier fupplice.

Mais les fuccès des Royaliftes devaient

avoir un terme. Le Général Washington, ce même guerrier qui jusques-là n'avait fait pour ainsi dire que se défendre, & n'avait point voulu confier aux hasards la cause sacrée de la liberté, se préparait à repousser l'ennemi, qu'il voyait avec chagrin occuper un grand nombre de postes dans le Nouveau-Jersey, & qui ouvrant un front large à son armée, annonçait le desir de s'avancer avec sûreté jusques devant Philadelphie. Il entreprit de resserrer l'armée Anglaise, & de forcer tous les postes avancés, sans risquer de bataille. Quoi que puissent dire les envieux de la fortune sans égale & de la réputation immortelle de Washington, un semblable dessein prouve de grandes connoissances de l'art militaire, un coup-d'œil juste sur les différentes situations que présentait l'immense étendue du pays, & un vaste génie.

Année 1776. dispositions pour forcer les armées anglaises.

Le pouvoir du Congrès était si bien établi dès-lors, & le zèle des peuples en général si ferme & si constant, que malgré les revers, malgré la déroute du 6 Décembre, la présence de l'ennemi vainqueur & la terreur de Philadelphie, en moins de dix-huit jours l'armée se trouva renouvellée. Washington qui connoissait les hommes, leur courage & leur fragilité, voulait profiter de la première ardeur de ces troupes républicaines. Il rassemblait & animait les troupes à mesure qu'elles arrivaient, & avant de se mettre en marche les Commandans de chaque corps firent à son exemple de courtes harangues à ces nouveaux guerriers qui n'avaient point encore combattu. Telle fut celle que Daniel Roberdeau adressa aux volontaires de Pensilvanie.

Harangue du colonel Roberdeau.

» Mes amis, la providence a mis depuis quelque-temps notre patience à l'épreuve pour nous rendre les dignes défenseurs de la liberté. C'est l'amour de la liberté qui nous a fait quitter le sein de nos familles pour courir les hasards de la guerre : puisque je marche à votre tête, je dois essayer de vous faire entendre ce qui me paraît nécessaire pour votre intérêt propre, & ce qui est encore au-dessus pour l'intérêt de tous. »

» Ce moment de crise était réservé pour l'âge où nous vivons ; tel est notre sort, &

il est impossible de lui résister : pour moi qui connais l'insolence des chefs de l'Angleterre à notre égard, je crois fermement que tôt ou tard ces deux peuples devaient se séparer d'une manière violente, & je me réjouis d'exister pour y prendre part. Est-il une fortune comparable à la liberté & à la paix ? pouvons-nous souhaiter de laisser un meilleur héritage à nos enfans & à notre postérité ? quant aux peines & aux fatigues de la guerre, je dois vous observer qu'une armée encore novice & qui n'est soutenue que par son courage, doit trouver d'abord d'innombrables difficultés à surmonter ; c'est une nouvelle vie pour chacun de nous, & les commencemens, en tout état, sont ce qu'il y a de plus pénible. L'épée du guerrier n'est pas à sa main un poids léger. De même qu'il affronte les dangers, il doit aussi supporter les inconvéniens de la guerre. Une vie dure & laborieuse est son partage, & il y a autant de gloire à la soutenir avec un mâle courage, qu'à tenir ferme devant le canon de l'ennemi. Il m'est venu beaucoup de plaintes au sujet des subsistances ; je vous assure que rien n'a été négligé : cependant il ne faut pas vous flatter que l'abondance vous suivra par-tout ; dans des temps difficiles, il faut savoir sacrifier à la nécessité. Si parmi vous il se trouve quelque ame assez insensible aux précieux avantages que doit nous procurer un effort de vertu, & qui vont décider du sort de nos familles, ou assez lâche pour priver sa patrie des services qu'elle exige de lui dans les instans les plus essentiels qui puissent jamais s'offrir à son zèle, c'est un sujet que nous ne craignons point de perdre, & qui n'est digne de l'attention d'aucun vrai Américain ; mais il est d'autres mécontens dont je ne puis m'empêcher de parler, de quelque douleur que mon ame soit pénétrée. L'esprit chagrin que je remarque à plusieurs d'entre vous ne leur est point naturel. Je n'ai aucun doute sur votre valeur ; mais je vous exhorte comme mes amis & mes camarades, à ne point écouter les séducteurs qui veulent jetter dans vos cœurs le trouble & l'inquiétude. On a entendu une voix s'écrier *retournons chez nous, comment tiendrons nous contre les troupes du Roi?* Quoi mes chers amis, à peine entrés en campagne vous tourneriez le dos à l'ennemi? Ne nous suivra-t'il pas dans ces maisons où vous parlez de retourner, renforcé par des multitudes de *Torris* qui le joindront de toutes parts, aussi-tôt que vous serez retirés ; *mais nous avons des femmes & des enfans qu'il faut faire vivre?* & ce sont autant de raisons de plus pour que vous restiez dans l'armée. Vous êtes ceux que le devoir empêche de partir. C'est ici qu'il faut établir vos défenses, si vous voulez garantir vos foyers de tous les affreux ravages que vous avez vu exercer dans les cantons de Jersey. Que le salut de votre patrie ne sorte pas de votre idée. Portez la vue sur l'autre bord de ce fleuve, & qu'il ne soit jamais dit pour votre honneur que des hommes qui marchent pour six sols par jour, qui sont le rebut des prisons, qui n'ont eu d'option qu'entre ce métier & la mort, qui à ce prix seul ont promis de combattre pour la plus mauvaise des causes, & pour le plus mauvais des gouvernemens; que de tels hommes ont plus de cœur que vous, & savent mieux résister aux fatigues de la guerre. Sans doute nous avons laissé derrière nous beaucoup de gens mal affectionnés, qui n'ont contribué en rien, ou que de mauvaise grace, au service du pays qui les nourrit : j'avoue encore qu'il peut y en avoir d'autres qui profiteront lâchement de votre absence pour s'enrichir; mais la bassesse de leur conduite vous servira-t'elle d'exemple? s'ils ont manqué au plus sacré des devoirs, ayons la gloire de le remplir tout entier ».

» Je ne puis trop vous recommander l'esprit d'ordre & une stricte attention aux commandemens qui vous seront faits. L'ordre est l'ame de la liberté; sans lui la bravoure peut perdre beaucoup de son prix. C'est de sa discipline que l'armée Anglaise tire toute sa force; elle lui tient lieu de vertu, & quoique notre cause soit la plus belle que jamais des hommes ayent eu à défendre, la bravoure peut être insuffisante si l'esprit d'ordre nous manque. Comme la bravoure est la partie qui abonde chez nous, ajoutons-y les avantages qui peuvent la faire valoir, & de cette union que le ciel daignera

gnera bénir, osons attendre les plus glorieux succès dans la défense de nos justes droits ».

ANNÉE 1776.

De semblables harangues sont des monumens qui consacrent dans l'histoire, la disposition & le caractère des peuples & les talens des généraux. Daniel Roberdeau était un des citoyens les plus riches de la Pensilvanie, & avait été président des hommes libres de cette province qui avaient voté pour l'indépendance & formé la convention générale pour changer le gouvernement. Il avait, comme la plupart des officiers Américains, l'estime des peuples & le talent précieux de les encourager ; mais entre tous les autres le brigadier général *Mifflin* se faisait remarquer par son éloquence naturelle & l'ardeur de son courage. Il attroupait les habitans des villages, il montait sur la première élévation qui se rencontrait, & leur parlant avec autant d'abondance que d'énergie, il les animait en faveur de la patrie ; ils le suivaient, il leur donnait des armes, & les conduisait aux combats où sans cesse il leur donnait des exemples de valeur.

L'éloquence anime le courage & forme les guerriers.

Ces soins réussirent tellement, que ces

Victoire de Trentown.

Tome II. F

bons Républicains, qui entendaient pour la première fois le bruit du canon, ne formerent plus qu'une armée de héros. Ils se cantonnerent sur le bord de la Delaware depuis Philadelphie jusqu'à *Eſt-Town* pour empêcher l'ennemi de paſſer la rivière.

Les Royaliſtes ſe virent forcés par cette manœuvre de former des cantonnemens, qui trop éloignés les uns des autres diviſerent leurs forces. Washington avec un corps de huit mille hommes paſſa la rivière dans la nuit de Noël. Le vingt dès le matin il arriva ſur les poſtes avancés de Trentown; ceux qui les défendaient ſe replierent en fuyant. Alors il partagea ſes troupes en quatre colonnes qui, ayant inveſti toutes les avenues, ſurprirent une brigade Heſſoiſe qui s'était emparée de cette ville; elle était compoſée de ſeize cens hommes. A peine quatre cens s'échapperent, les autres furent faits priſonniers, & envoyés à Philadelphie. Les fuyars ſe répandant dans tous les quartiers de l'armée angliſe juſqu'à Brunſwick y jetterent le trouble & l'allarme. Les généraux anglais commencerent à regretter de s'être

SUR L'AMÉRIQUE SEPTENTRIONALE. 83

trop éloignés de leurs vaisseaux, & d'avoir laissé jusqu'à six lieues de distance entre leurs différens postes. Plusieurs des soldats fugitifs périrent dans leur course saisis du froid, égarés dans des chemins inconnus & enfoncés dans les bourbiers. Toute l'armée anglaise évacua aussi-tôt les postes avancés, & se replia jusqu'à Brunswick, où le lord Cornwallis s'enferma avec un corps de troupes considérable, tandis que Howe avec le reste de l'armée prenait ses quartiers d'hiver à New-Yorck.

De ce moment les Américains ne cessèrent plus de vaincre, ils ne craignirent plus les effets de la discipline allemande qui les avait d'abord étonnés par la multitude & la célérité des mouvemens & des évolutions. Le vingt-huit Décembre le général Mifflin chassa les troupes du Roi du poste de *Montmouth-court* dans le Bas-Jersey, leur enleva leur bagage, & fit beaucoup de prisonniers.

Au commencement de Janvier le général Washington avait repassé la Delaware pour rassembler toutes ses troupes à Trentown. Le lord Cornwallis partit de Bruns-

ANNÉE 1777.

ANNÉE 1777.

Washington évite une bataille

F ij

wick avec tous les renforts que le général Howe avait pu détacher de New-Yorck, pour venir l'attaquer; mais ce général ne jugeant pas à propos de risquer un combat, détacha le lord Stirling avec une brigade pour engager l'ennemi & retarder sa marche. Le lord, suivant ses ordres, fit un feu très-vif en se retirant vers le bourg qu'il traversa à cinq heures du soir pour rejoindre le gros de l'armée. Les Anglais firent halte à Trentown le 6 Janvier, & les gardes avancées des deux partis se trouvèrent à cinquante pas les unes des autres. Les Anglais s'attendaient à livrer le lendemain une bataille rangée, mais le moment n'était pas venu : Washington, par des mesures sagement prises, & laissant ses feux allumés, décampa pendant la nuit du sept ; il évita par une marche précipitée une affaire décisive & meurtrière, où peut-être il auroit laissé trop d'avantage à son ennemi, & se ménagea le temps de choisir un campement plus commode.

CORNWALLIS le croyait devant lui, mais dès le point du jour le général Américain

Année 1777. rangée pour ne pas compromettre ses forces & conserver le fruit de sa victoire.

Détour habile de Washing-

tomba sur le village de Princetown qu'il espérait surprendre. Il rencontra trois régimens Anglais & un détachement des troupes Hessoisses postés à cinq cens pas au-devant du village, ils venaient d'être avertis de son arrivéee, & firent une vigoureuse défense ; mais ils furent obligés de céder & de prendre la fuite, laissant les Américains maîtres de leurs bagages & de leurs munitions.

Année 1777. Déroute de Princetown.

Washington ne s'arrêta pas à Princetown. Il avait dessein d'aller jusqu'à Brunswick où il aurait délivré Charles Lée de sa prison ; mais ses troupes étaient fatiguées, un de ses détachemens qu'il attendait ne put le rejoindre, & fut arrêté par une chaussée qu'il falloit traverser & qui s'était rompue. Après avoir affaibli & déconcerté une armée supérieure à la sienne, & l'avoir réduite à ne pouvoir rien entreprendre, il se retira à Sommerset, & gagna Moristown, où il prit ses quartiers d'hiver le 16 Janvier. Il s'attacha à resserrer les lignes de l'armée Anglaise, & de ce moment elles ne cesserent plus de l'être. Il s'était posté sur des hauteurs qui

Il prend les quartiers d'hiver à Moristown.

F iij

commandaient absolument tous les postes ennemis, & il était inattaquable dans sa position.

Les détachemens & les convois de l'armée anglaise sont sans cesse battus, dispersés ou pris.

Les détachemens Anglais étaient presque toujours arrêtés, dispersés, ou faits prisonniers par les Américains. Ils étaient obligés de mettre des corps nombreux en campagne pour se procurer des vivres & des fourages, & sans cesse on leur enlevait des hommes, des chevaux, des chariots. Dans les premiers jours de Février les Américains enleverent au-delà des lignes autour de Brunswick, une quantité considérable de bestiaux, de chevaux & de caissons.

Beaux combats particuliers des colonels Scott & Dikenton.

Chaque jour était marqué par de nouveaux succès. Le 10 Février le colonel Scott, de la division du Lord Stirling, ayant été attaqué dans ses cantonnemens à Quibleton par trois mille Anglais ou Allemans sortis de Brunswick, leur tua trois cens hommes & leur fit cent prisonniers. Le 20 Février un détachement de la milice de Jersey d'environ quatre cens cinquante hommes, sous les ordres du colonel Dikenson, attaqua les Anglais dans leur poste du Pont de Milstone. Ce brave Américain, à la tête de son détachement, traversa la rivière au milieu des glaçons, & dans l'eau jusqu'au-dessus de la ceinture : ce poste était défendu par six cens hommes, mais se trouvant pris en flanc, ils ne purent faire usage que de trois pieces de canon qui défendaient le passage du pont. C'en devait être assez pour repousser les Américains qui n'avaient point d'artillerie : cependant ces derniers, quoique inférieurs en nombre, les chasserent de leur poste, leur tuerent vingt-quatre hommes, firent douze prisonniers & un butin considérable.

Les Anglais étaient obligés d'envoyer, pour se procurer des provisions & des fourages, des partis de cinq à six cens hommes, & souvent ils ne revenaient pas. Tous les jours les détachemens Américains ramenaient des prisonniers, des chariots & des chevaux. Ils enleverent dans la seule journée du 21 Février quarante-sept chariots & cens six chevaux. Putnam s'empara peu de jours après de quatre-vingt-seize chariots chargés de provisions.

88 ESSAIS HIST. ET POLIT.

Année 1777.
Howe demande une suspension d'armes qui lui est refusée.

LE général Howe, que cette guerre réduisait aux plus dures extrémités, voyant que les chevaux mouraient faute de fourrage, que les provisions manquaient pour les hommes, que les hôpitaux étaient surchargés de malades, que la dyssenterie était dans son armée, tandis qu'elle s'affaiblissait d'ailleurs par le grand nombre des déserteurs & des prisonniers, fit demander à Washington une suspension d'armes jusques au mois d'Avril : le Général Américain avait d'autres projets, & la refusa. Il se hâtait de chasser les Anglais du pays de Jersey.

Ce que faisait alors Carleton dans le nord.

LA prospérité des armes anglaises au Canada n'était pas à la fin de l'hiver beaucoup plus grande que dans le Jersey. Le colonel Frazer commandait à Montréal un corps qui était réduit à deux cens hommes : il y avait cent cinquante soldats au fort Saint-Jean, & autant à Chambly. Un détachement des Allemands de Hesse & de Waldeck, que l'on avait placé aux trois rivières, s'était soulevé plusieurs fois. Carleton avait été obligé de faire marcher cont'reux les troupes anglaises. Toutes les opérations de ce gouverneur se bornèrent à envoyer sur les frontières de la Nouvelle-Angleterre un parti de cent cinquante brigands canadiens, soutenus de quatre-vingt sauvages déterminés, auxquels on avait promis vingt livres sterlings pour chaque chevelure d'américain qu'ils rapporteraient. Par ce moyen toute communication était interrompue entre la Nouvelle-Angleterre & le Canada. Si quelque marchand, si quelque voyageur avait le malheur de s'égarer vers ces frontières désolées, ses ballots, ses bagages étaient enlevés, sa mort était certaine.

<small>Année 1777.</small>

Le général Washington ayant repris tous les postes fortifiés dont les Anglais s'étaient d'abord emparés dans le pays de New-Jersey, avait traversé cette province & établi des cazernes & des magasins aux environs du bourg de Pecks'hill, sur la rivière d'Hudson. Le Général Howe résolut d'attaquer ce poste, trop voisin de la Nouvelle-York, & d'où les Américains auraient eu trop de facilité à faire quelqu'entreprise sur cette conquête, encore mal assurée.

<small>Affaire de Pecks'hill. Le Congrès fait faire à Macdougal des remercimens publics.</small>

sa bouche. « Si l'on s'obstine à poursuivre la guerre en Amérique, si on ne la cesse pas au contraire sur le champ, l'Angleterre va être perdue sans ressource. La plus prompte réconciliation avec les Américains est le seul moyen de salut qui lui reste. Tout délai, ne fut-il que de six semaines, rendra cette réconciliation impossible. »

Il censura vivement les pleins pouvoirs que l'on prétendait avoir donnés aux freres Howe pour traiter avec les Américains. Jamais des hommes libres, dit-il, ne consentiront à vous rendre les armes. Ils vous diront, comme jadis les Lacédémoniens aux Perses, *nous les poserons à terre, mais venez vous-mêmes les ramasser.* Il parla des mercenaires étrangers dans les termes les plus méprisans, & répéta cette vérité prononcée tant de fois. « Rien n'est plus absurde que de prétendre conquérir une république aussi vaste, aussi peuplée que l'Amérique septentrionale avec une troupe d'Allemands disciplinés. »

Mais le motif qu'il fit le plus valoir,

c'eſt le danger qu'il y avait à continuer la guerre contre l'Amérique, au lieu de la déclarer à la France. « Les Français, diſait-il, de tous temps nos ennemis, tirent le plus grand parti de notre guerre en Amérique. Le commerce de nos colonies ſe tourne de leur côté, & ils lui donnent tout l'encouragement qui eſt en leur pouvoir. On agite même un traité entre la France & l'Amérique. Nous devons ſans balancer déclarer la guerre à la France. Il le faudrait encore, quand même nous n'aurions qu'une ſeule eſcadre en état de ſortir. La France trouve plus d'avantage à éviter de rompre ouvertement avec nous & à fomenter notre guerre d'Amérique ; c'eſt ce qu'il nous importe de ne pas ſouffrir plus long-temps. C'était en effet le moment de ſe porter à cette réſolution vigoureuſe, l'Angleterre aurait encore une fois étonné les nations. Le cabinet de Londres pouvait-il ignorer qu'après que l'Angleterre aurait épuiſé ſes reſſources, il lui reſterait à combattre contre la France & l'Eſpagne, & que

Année 1777.

clare la guerre à la France.

les cours de l'Efcurial & de Verfailles n'attendraient, pour accabler les Anglais, que le moment où elles ne les croiraient plus à craindre ? Si, deux ans après le difcours de Chatam, les Anglais chaffés de l'Amérique, agités dans leur pays par des divifions funeftes, ayant à pacifier des troubles en Irlande, n'ayant plus de commerce, épuifés d'hommes & d'argent, ont fçu, par les feuls effets de leur excellente conftitution politique, réfifter aux efforts réunis des Américains, de la France & de l'Efpagne, ne peut-on pas préfumer qu'à l'époque où Chatam leur confeillait la guerre, ils auraient pu s'indemnifer avec avantage fur les tréfors du Mexique & des Antilles, de Cadix & de Bordeaux, des pertes qu'ils avaient faites dans le feptentrion de l'Amérique. Ces pertes n'étaient pas alors la moitié de ce qu'elles font devenues. Tous les projets de traités & d'alliances auraient été déconcertés par cet évènement. Les querelles du thé & des impôts à Bofton fe feraient évanouies, l'héroïfme national

fe

se serait régénéré d'un bout de l'univers à l'autre, & l'Amérique aurait été plus étroitement unie à la mère-patrie par les liens heureux de l'intérêt & de la liberté, que jamais province asservie ne le sera à ses tyrans par les pesantes chaînes du despotisme.

ANNÉE 1777.

CEPENDANT la motion du lord Chatam fut hardiment combattue par le lord Germaine, un des principaux agens de la junte & du parti de Betfort; envain le duc de Grafton voulut la soutenir; envain le lord Cambden l'appuya fortement, en disant qu'il opinait pour que l'Angleterre eût *la guerre contre tout l'univers, & la paix avec l'Amérique* ; envain le lord Shelburne donna les informations les plus précises sur les armemens de la France & de l'Espagne, & parla en homme bien instruit de ce qui se tramait entre les agens Américains & les ministres de la France. Pouvez-vous ajouter foi, disait-il, aux assurances de cette cour, tant que Deane & Franklin insulteront à Paris l'Ambassadeur d'Angleterre? On veut vous

La motion du lord Chatam est soutenue par l'opposition; mais le parti de la cour la fait rejeter.

Tome II.   G

faire croire que ce sont des marchands qui assistent les Américains, & qu'on ne peut les en empêcher. Les marchands français ne le feraient point, s'ils n'étaient aidés par leur gouvernement. Les marchands français sont trop pauvres pour courir de tels risques, & il n'y en a pas un seul en état de faire un crédit de cinq mille livres sterlings. * Le lord Weymouth,

---

* J'avoue avec bien du regret que le lord Shelburne avait raison. Il est déplorable que dans un État où les revenus annuels qui entrent net dans les coffres du Roi, montant à plus de 400 millions, dans un pays qui commande les deux mers, qui abonde en grains, en vins, en huiles, en fruits, en pâturages, & où la population s'élève à plus de vingt millions d'hommes, il y ait aussi peu de négocians. Je l'ai dit quelque part dans un autre ouvrage : c'est que l'état de négociant ne passe point à trois générations. Les préjugés du gouvernement monarchique s'y opposent. Aussi-tôt qu'un homme a acquis dans le commerce un capital de quinze ou vingt mille livres sterlings, ce qui est regardé comme un commencement de fortune en Hollande & en Angleterre, il rougit de son état & se fait annoblir; achette une charge à son fils, & marie ses filles avec des gentilshommes. Un colonel ne veut pas que son beau-père continue le commerce; celui-ci abandonne ses correspondances à des commis, qui comme lui travaillent sans fonds, & s'ils sont heureux, finissent de la même manière. Je trouve fort juste

secrétaire d'état des affaires étrangères, entreprit de faire voir que l'Angleterre devait être parfaitement tranquille sur le compte de la France, & cela passa pour démontré dans la majorité. La motion du lord Chatam fut rejettée. Ce fut un sujet de félicitation dans le parti du Roi. Il semblait que ce fût un motif de satisfaction pour ses favoris de voir la Grande Bretagne, cette puissance accoutumée à être l'arbitre des querelles de ses voisins, qui briguaient ses suffrages, réduite à la situation humiliante de ne devoir sa sûreté qu'à leur compassion; se contenter d'assurances d'amitié dont elle connaissait la fausseté, se plaindre d'hostilités dont elle n'osait témoigner son ressentiment, manquer à ses alliés, traiter ses sujets avec

Année 1777.

___

d'accorder la noblesse à des négocians, dans un pays où la noblesse est une prérogative nécessaire, & je désirerais que les principaux armateurs fussent annoblis gratuitement tour-à-tour; mais je pense que ce devrait toujours être à condition qu'un de leurs enfans continuerait le commerce, & qu'il perdît, en changeant d'état, les privilèges de la noblesse paternelle.

G ij

injustice & violence, ramper devant ses ennemis, & ne trouver d'appui que dans le secours de quelques serfs allemands, tandis que des millions de sujets britanniques imploraient l'assistance de la France pour défendre leurs privilèges.

LA séparation de l'Amérique & de l'Angleterre était désormais achevée. Non-seulement les Colonies avaient déclaré l'indépendance, elles avaient changé la forme de leur gouvernement. On pourrait s'étonner de voir treize provinces s'unir & se confédérer sous l'administration générale du Congrès ; & cependant créer dans leur intérieur des gouvernemens particuliers & différens. Pour juger de ces constitutions diverses, quoique toutes établies sur des bases à peu près semblables, il faut considérer quelle était la disposition des esprits dans les principaux états au moment où l'indépendance avait été déclarée, & comment ils étaient parvenus à se déterminer tous en même-temps à cet acte important & hardi. Les discours faits au Parlement sur la prétendue poltronerie des Américains, avaient rendu la séparation inévitable; si ceux qui avaient alors quelque pouvoir à Londres avaient desiré une réconciliation, ils se seraient bien gardés de détruire les liens d'estime & de considération réciproques, qui pouvaient seuls rassembler les différentes parties du même empire. Mais la plupart des gens en place sont comparables à ceux que l'ennui ou la curiosité conduisent sur le faîte de ces tours élevées qui se rencontrent dans nos grandes villes. Lorsqu'ils jettent les yeux au-dessous d'eux, ils voudraient en vain distinguer les objets. Ils n'apperçoivent que des flots de populace qui s'agitent confusément en différens sens; ils ne peuvent démêler les affaires qui mettent tant d'hommes en mouvement; s'il survient un tumulte, ils n'en reconnaîtront point les auteurs & n'en découvriront point les causes. Dans cette grande distance qu'ils ont mise volontairement entre le peuple & eux, plus ils fixent leurs regards, plus la tête leur tourne.

RIEN ne hâtait & n'assurait davantage

ANNÉE 1777. faits précédens.

la séparation de l'Angleterre & de ses Colonies que les actes de législation. Ces nouvelles loix en disaient plus à tout homme éclairé que les récits des gazettes, les proclamations du Congrès & les débats du Parlement. Elles constataient une volonté permanente & universelle de renoncer au gouvernement britannique, elles avertissaient & prouvaient en même temps que ce renoncement était devenu indispensable, & ne pouvait pas être long-temps retardé.

La guerre de l'Amérique, différente de toutes les autres guerres, par la foule des calamités qu'elle a produites, avait changé l'équilibre de la politique en Angleterre; elle avait causé une subversion dans les loix de ce royaume, elle s'était faite & soutenue par les armes & par les loix; réunissant ainsi les objets opposés & extrêmes, on n'avait pas fait un pas dans cette guerre sans fouler aux pieds quelque maxime de justice ou quelque principe naturel de l'administration publique. Les plus dangereux exemples avaient été donnés par l'interdit de Boston, par le bill de Massachuset, par celui de l'armée & par cette longue suite d'actes du Parlement, tous contraires à la constitution britannique. L'essai d'un seul de ces actes eût été impossible dans la Métropole, mais en les éloignant du sol principal, ils avaient en quelque sorte pris racine dans la législation anglaise, & la postérité des habitans de Londres en trouvera les fruits amères.

Cependant l'ébranlement de la constitution de ce puissant empire & ses malheurs politiques ne sont peut-être pas les plus dangereux effets de cette révolution.

Si les mœurs des Anglais étaient restées intactes, elles auraient pu corriger ou du moins tempérer les vices de la constitution dégénérée ; mais les Anglais devenus presque tous de riches voyageurs, avaient rapporté dans leur patrie la corruption des autres nations. Les principaux d'entr'eux avaient vu que dans d'autres pays, le mérite n'accompagnait pas toujours la puissance & les fausses grandeurs ; & ils

Année 1777.

Corruption de l'Angleterre.

étaient parvenus à faire multiplier dans la chambre haute le nombre des ducs & des pairs afin de s'y placer; ils avaient dérangé l'équilibre des suffrages, parce que leur élévation exigeait de la reconnoissance envers la cabale qui les avait portés à ce haut rang. D'autres avaient vu dans des empires qu'ils avaient parcourus, les peuples des villes & des campagnes courbés devant leurs seigneurs, opprimés par les gens de fortune. Malheureux, foulés aux pieds, dégradés pour ainsi dire des prérogatives de l'homme, & néanmoins portant avec eux l'extérieur de la joie, accoutumés à leur esclavage au point de n'en pas sentir le poids; ils avaient pensé qu'ils ne devaient plus craindre de peser sur les peuples & de les opprimer; & que ce qu'on appellait abus de la puissance n'était qu'une subordination utile pour celui qui y était soumis. On ne retrouvait plus en eux les traits de cette générosité, de cette humanité compagne de la grandeur d'ame, & qui avaient distingué la nation britannique.

Cette corruption n'avait pas tardé à s'emparer du gros de la nation. La guerre suspend l'effet des obligations morales. Les guerres civiles sur-tout sont celles dont la fatale influence agit le plus sur les mœurs d'une nation. En altérant sa politique elles détruisent les sentimens de justice & d'équité, car elles apprennent aux hommes à regarder leurs concitoyens comme leurs ennemis, & tout le corps de la nation leur devient insensiblement moins cher. Les noms mêmes d'affection & de parenté qui cimentaient entr'eux une union salutaire, ne sont plus qu'un aliment aux haines & aux fureurs de parti. On en vient, comme le remarquait sagement Edmond Burke, à se réjouir sur la nouvelle du carnage ou de la captivité d'un grand nombre de personnes dont les noms nous sont familiers, & à trouver heureux qu'ils ayent été massacrés par de barbares mercenaires tirés de la fange des pays de Servage. « Je rougis, disait cet orateur, de ce que le bras féroce d'un soldat étranger faisant couler comme l'eau à elle-même une forme de gouvernement. La convention de la Virginie assemblée en commission générale & extraordinaire le 15 Mai, au nombre de cent douze membres, avait unanimement résolu : que les délégués nommés pour représenter cette Colonie dans le Congrès général, recevraient pour instruction de proposer à ce corps respectable de déclarer les Colonies-Unies, états absolument libres & indépendans de toute soumission à la couronne ou au parlement de la Grande-Bretagne ; & de donner le consentement de cette Colonie, aux déclarations & aux mesures qui seraient jugées nécessaires par le Congrès pour contracter des alliances étrangères & former une confédération solide des Colonies dans le temps & de la manière qui lui paraîtraient les meilleurs ; pourvu que le pouvoir de faire un gouvernement & de régler l'administration intérieure dans chaque Colonie fût laissé à l'autorité législative de chacune d'elles respectivement.

La province de la Virginie était toujours celle qui montrait le plus d'ardeur pour la

» guerre, je continuerai malgré moi cet » horrible métier ; & dût-il m'en couter » tout ce que j'ai de plus cher au monde, » je ne négligerai rien de ce qui pourra » suppléer à mon insuffisance, pour parve- » nir à remplir un objet *aussi utile pour* » *la Grande Bretagne* & pour l'Amérique, » puisqu'il tend à établir sur une base so- » lide la sûreté politique & la prospérité » des deux pays, &c. » *Lettre de Washington à sa femme, datée du 24 Juin 1776.*

Comment les peuples furent entraînés à l'indépendance.

TELS étaient les sentimens intimes du général Washington. Cependant l'assemblée provinciale de la Caroline septentrionale avait autorisé, par délibération du 12 Avril précédent, ses délégués au Congrès à voter pour l'indépendance, & à contracter des alliances au-dehors, réservant à l'assemblée le droit de se donner une constitution & des loix, & de nommer de temps à autres des délégués chargés de se joindre à ceux des autres Colonies pour les objets qui l'exigeraient.

La Caroline méridionale avait devancé toutes les autres Colonies en se donnant

» être que funeste aux deux partis, & il
» faudra une longue paix pour fermer leurs
» plaies. Ce sont-là des vérités de la plus
» grande évidence, il faudra bien à la fin
» que nous nous rapprochions & que nous
» redevenions amis, car nous ne pouvons
» nous passer des Anglais, & ils ne peuvent
» se passer de nous. *On a de la peine à*
» *concevoir ce qui nous empêche de con-*
» *venir dès-à-présent de quelques conditions*
» *raisonnables, sans attendre qu'à force*
» *de nous épuiser réciproquement par d'ex-*
» *travagantes hostilités, nous nous soyons*
» *mis les uns les autres à deux doigts de*
» *notre perte.* » Les commissaires anglais &
» les nôtres doivent sentir la force de ces
» raisons aussi bien que moi, & je ne puis
» imaginer ce qui peut mettre obstacle à
» une négociation & par conséquent à la
» paix. *Vous qui connaissez mon cœur, vous*
» *savez qu'il ne forme point de vœu plus*
» *ardent;* mais je suis préparé à tous les
» évènemens, à l'exception d'un seul, je
» veux dire une paix honteuse. S'il n'y a
» pas d'autre moyen de faire cesser la

mais conformes aux anciennes chartres des Colonies & aux droits de la souveraineté britannique.

... « POURQUOI vous plaignez-vous de
» ma réserve, & quelles sont vos raisons,
» pour imaginer que je me défie de votre
» prudence ou de votre fidélité ? Je sais
» qu'on ne peut posséder ces deux qualités
» dans un degré plus éminent que vous.
» Mais, pourquoi irais-je vous ennuyer de
» détails fastidieux, de projets & de plans
» qui varient sans cesse, & qui par consé-
» quent pourraient être abandonnés au mo-
» ment où je vous les apprendrais ? Qu'il
» vous suffise de savoir ce que je vous ai
» déjà dit plusieurs fois, c'est que tant
» que j'aurai le commandement de l'armée,
» tous les préparatifs de guerre n'auront
» jamais que la paix pour objet. Il est im-
» possible de supposer que, dans le loisir
» & le repos des quartiers d'hiver, les
» esprits plus calmés n'entendent pas la
» voix de la raison. Le seul véritable in-
» térêt de l'Amérique & de l'Angleterre,
» c'est une réconciliation ; la guerre ne peut

ANNÉE 1777.

LIVRE NEUVIEME.

NOUVELLES *constitutions des Etats-Unis.*

DISCUSSIONS *qui avaient précédé la déclaration d'indépendance.*

QUELLES *formes de gouvernement & quelles loix les peuples adoptèrent après cette déclaration.*

LA plus grande partie du peuple ne s'attendait pas à une si prompte révolution. Washington lui-même n'avait point compté sur cet évènement. Une lettre qu'il écrivait, peu de temps auparavant, à sa femme, & qui, ayant été interceptée, a été imprimée en France & en Angleterre, prouve qu'il n'avait point alors d'autre objet en vue que de faire révoquer les actes oppressifs, & de procurer à son pays des conditions honorables ;

Washington n'avait pas compté sur une révolution aussi prompte.

le sang de nos freres ; plusieurs d'entre nous triomphent & se félicitent, comme s'ils avaient fait eux-mêmes quelque grand exploit. »

Non-seulement cette guerre avait été désapprouvée, par tout ce que l'Angleterre avait de patriotes & d'hommes d'état ; elle consternait les philosophes, & le docteur Hume regrettait en mourant d'avoir vécu assez long-temps pour en être témoin.

L'Angleterre elle-même avait éclairé les Américains sur le parti qu'ils devaient prendre.

Dans de telles circonstances le petit nombre d'hommes justes & sages qui restait à la nation ne servait qu'à éclairer les Américains sur leurs propres intérêts. Le fameux mémoire du docteur Price ; les lettres d'Edmond Burke sur la suspension de l'*habeas corpus*, les représentations du lord Rich'mond, de Wilkes, de Dunning & de Fox sur l'acte de Quebec & l'interdit de Boston, avaient fixé par une discussion utile & publique, la plupart des principes si bien développés dans le manifeste ingénieux, intitulé : le *Sens Commun*. Principes qui motivèrent depuis la déclaration d'indépendance.

liberté, qui prenait les mesures les plus actives, qui fournissait les plus grandes levées d'hommes & d'argent & le plus promptement. C'était une suite des cruautés abominables du lord Dunmore qui avaient soulevé tous les esprits & armé toutes les mains.

La Nouvelle-Angleterre avait fait réitérer au Congrès général ses instances sur la nécessité de rompre avec la Grande-Bretagne, assurant que si le Congrès se décidait pour l'indépendance, les provinces la soutiendraient aux dépens de ce qu'elles avaient de plus cher.

Mais il y avait au Mariland beaucoup de catholiques romains : William Eden, gouverneur de cette province, avait compté sur les divisions qui devaient exister entr'eux & les Presbytériens ou les Anglicans. Il s'éleva en effet quelques troubles sur la résolution qui avait été prise, de ne plus prier pour le roi d'Angleterre. Les dévots prétendaient que les fautes du Roi étaient un motif de prier Dieu pour lui, parce que la Providence, exauçant les

vœux

vœux des bons peuples, le ramenerait peut-être à prendre soin de leur bonheur & à remplir ses devoirs. Il se tint une assemblée où la majorité s'opposa à la déclaration d'indépendance; les choses allèrent jusqu'à rappeller les délégués que la Colonie avait envoyés au Congrès général, mais enfin ils reconnurent la main qui voulait faire germer entr'eux les semences de discorde, & se réunirent pour secouer le joug de la Grande-Bretagne. Après de mûres délibérations, ils déclarerent qu'ils préféraient la liberté à toute autre considération. Le gouverneur fut renvoyé, les loix furent changées, cependant ils n'accédèrent point encore formellement à la confédération ni aux traités qui pourraient être faits avec des puissances étrangères, & ils n'ont donné leur consentement & leur ratification qu'en 1781.

William Eden avait épousé une des sœurs de Frédéric Calvert, dernier baron de Baltimore, qui lui avait conféré le gouvernement du Mariland. Quoiqu'il eût manifesté l'intention de travailler autant qu'il le pourrait à l'asservissement de la Colonie, la convention du Mariland eut égard à la modération dont il avait usé dans des temps plus tranquilles, à ses qualités personnelles, & aux pouvoirs qui le mettaient à la place des anciens fondateurs de la Colonie. Elle ne se permit aucune violence contre lui, elle le pria seulement de se retirer à bord d'un des vaisseaux du Roi, & ayant choisi la frégate le Forrey, le Président de la convention & d'autres notables de la province l'accompagnèrent jusqu'à son embarquement. Eden partit pour Londres où il devint sous-secrétaire d'état.

Débats en Pensilvanie au sujet de l'indépendance. Il y avait eu à Philadelphie de grands débats au sujet de l'indépendance, le Congrès ayant arrêté que les Colonies travailleraient à se donner de nouvelles formes de gouvernement. Les hommes libres de la Pensilvanie s'assemblèrent à Philadelphie le 20 Mai, & Daniel Roberdeau ayant été nommé président, on fit lecture de l'arrêté du Congrès. On lut ensuite les instructions de la chambre d'assemblée à ses délégués au Congrès, datées du 9 Novembre 1775. Elle enjoignait expressément de rejetter au nom du pays toutes propositions tendantes à opérer une séparation d'avec la métropole, & un changement dans la forme du gouvernement. La matière ayant été mise en délibération, il fut arrêté, 1°. que ces instructions pouvaient avoir l'effet dangereux de retirer la province de Pensilvanie de l'heureuse union qui faisait la gloire & la sûreté commune. 2°. Que la chambre de représentans, alors existante, n'avait point été élue pour former un nouveau gouvernement. 3°. Qu'il serait fait sans délai une protestation contre le pouvoir que cette chambre voudrait s'attribuer, de mettre en exécution l'arrêté du Congrès. 4°. Que le gouvernement actuel ne convenait point aux circonstances. 5°. Qu'il fallait qu'une convention provinciale fût choisie par le peuple, pour l'objet exprès d'en former un nouveau ; qu'enfin le comité de la ville & libertés de Philadelphie serait prié d'envoyer l'arrêté du Congrès aux différens comités dans la province, & de convoquer un certain nombre de membres des comités de chaque comté, pour tenir une conférence provinciale & déterminer le nombre des membres dont serait composée la convention, pour former un nouveau gouvernement.

En conséquence du troisième article de cet arrêté populaire, il fut adressé à la chambre des représentans formée suivant l'ancienne chartre de Pensilvanie, des protestations signées de Daniel Roberdeau en qualité de président; la chambre répondit à ces protestations par une remontrance ayant pour titre. *Aux honorables les représentans des hommes libres de la province de Pensilvanie, tenant assemblée.* Elle prétendait que ces protestations étaient une démarche capable d'empêcher un grand nombre des habitans de la Pensilvanie, de conserver leur ancien zèle pour la cause commune; que, pénétrés de la plus profonde vénération pour leurs droits civils & religieux, tels qu'ils leur avaient été assurés par leur chartre, ils n'avaient jamais pensé, lorsqu'ils s'étaient engagés au soutien des droits d'une province voisine & au maintien de sa chartre, qu'on les sommerait un jour de faire le sacrifice de leurs propres droits. Ces remontrances étaient terminées par une recommandation, de ne point oublier que, dans des temps de désordre, on ne doit se décider à des changemens qu'avec la plus grande circonspection, & n'adopter que ceux qui sont absolument nécessaires.

Plusieurs des habitans de cette province renonçaient avec regret à des loix qui leur avaient été données par Guillaume Penn, dont la mémoire était adorée; mais toutes ces divisions s'appaisèrent, & la persuasion ramena tous les esprits.

L'assemblée populaire ayant déclaré que la question de l'indépendance d'avec la Grande-Bretagne était trop importante, pour qu'elle osât entreprendre de la décider; elle envoya les repréſentations qui lui avaient été faites pour & contre aux comtés & villes de la province. On parvint à connaître par ce moyen leurs véritables diſpoſitions, & l'on jugea par la pluralité que le vœu pour l'indépendance était général en Penſilvanie comme dans les autres Colonies. Une convention rédigea de nouvelles inſtructions pour les délégués au Congrès, & le but de ces inſtructions fut l'indépendance.

Comment il faut juger de la proſpérité future des Américains.

LE détail de toutes ces meſures & de ces débats ſur la déclaration de l'indépendance eſt eſſentiel dans l'hiſtoire de la révolution de l'Amérique ſeptentrionale; & s'il eſt quelque moyen de connaître d'avance l'état futur de cette contrée, c'eſt dans les différentes conſtitutions des gouvernemens particuliers qui compoſeront cette immenſe république.

Les plus illuſtres & les plus ſages d'entre les Américains s'aſſemblèrent dans toutes les provinces, ils ouvrirent les livres où les anciennes chartres qui avaient été concédées aux Colonies, & les légiſlations des assemblées générales se trouvaient recueillies. Les peuples étaient saisis de respect en voyant ce concours de vieillards que l'âge rendait vénérables sans leur ôter la vigueur de l'esprit. Leurs délibérations se faisaient avec ordre, on voyait régner sur leurs visages graves une sagesse douce & tranquille, un air de franchise & de liberté qui inspirait de la confiance aux plus timides & leur faisait oublier les malheurs de la guerre.

On dit que dans la Virginie les membres choisis pour établir le nouveau gouvernement s'assemblèrent dans un bois paisible éloigné de la vue du peuple ; dans une enceinte où la nature avait préparé des bancs de gazon, & que, dans ce lieu champêtre, ils délibérèrent sur le choix de celui qui présiderait entr'eux. Ils nommèrent d'abord trois des plus recommandables, & les interrogèrent sur le principe qu'ils croyaient devoir proposer pour base de la nouvelle constitution de la république de Virginie. Presque tous regardèrent quelques momens en silence l'assemblée dont tous les yeux étaient fixés sur eux. Le premier répondit que le principe qui devait servir de base à la constitution devait être la liberté du peuple, qui consiste à n'être commandé que par les loix, & à ne reconnaître aucun homme supérieur à un autre que par le suffrage libre du peuple. Le second que ce devait être la modération qui fixait les mœurs, mettait des bornes à l'ambition des hommes, & réduisait leur volonté à ce qui était permis par les loix. Le troisième assura que ce devait être la vertu, laquelle consiste dans l'habitude des actions utiles à la société, & que les loix devaient avoir pour but de former & nourrir cette habitude dans tous les membres de la république. Tous trois furent applaudis : les suffrages demeurans incertains, on eut recours au scrutin pour élire l'un d'eux, & il fut arrêté que la liberté, la modération & la vertu seraient les principes de la constitution de la république de Virginie. Dès le moment où cette constitution fut rédigée, la réunion de ces trois principes obtint l'admiration des peuples.

La constitution de la Caroline méridionale donnait une grande autorité au président ou gouverneur qui devait être pour un temps très-court, chef de la république. L'assemblée générale des délégués de chaque comté qui formaient & élisaient au scrutin un sénat ou chambre-haute établissait la représentation du peuple avec égalité. La réunion des deux chambres formait *la Législature*, c'est-à-dire, le corps législatif.

<small>Année 1777. Constitution de la Caroline du Sud.</small>

Dans cette constitution c'est la chambre d'assemblée qui règle le montant & la perception des impôts. Il y a un conseil privé ou exécutif pour en régler l'emploi, conjointement avec le président. Ce conseil exécutif a un chef particulier, & peut en certains cas balancer l'autorité du président. C'est le chef du conseil privé qui a le pouvoir de substituer le président en cas de mort ou tout autre empêchement. Le gouverneur ou président ne nomme pas seul aux emplois ou de la magistrature, ou de la comptabilité, ou de la milice; mais tous ces emplois sont amovibles, &

il peut deftituer ceux qui en font revêtus par fa volonté particulière, & encore fur la demande de la chambre d'affemblée. La défenfe de la province fe fonde fur une milice territoriale, & le préfident en a le commandement. C'eft le Congrès qui doit régler les autres moyens d'attaque ou de réfiftance, lorfque les évènemens pourront l'exiger; & *la légiflature* y envoye des délégués dont elle renouvelle le choix à des temps marqués, & des inftructions toutes les fois qu'il eft néceffaire.

Après les précautions qui avaient paru les meilleures pour affurer la force de la république, on en avait pris d'autres pour affurer fa liberté & fa durée. C'eft de renouveller les élections très-fréquemment; c'eft de diftinguer & de balancer les pouvoirs; & d'établir le droit falutaire & refpectif de la cenfure. Cette première conftitution républicaine, où l'on s'était attaché à conferver les avantages & à retrancher les vices du gouvernement de l'Angleterre, fervit de modèle à la plupart de celles qui furent faites enfuite; cependant elles ont des différences qu'il est bien essentiel de remarquer lorsque l'on connaît les hommes, & que l'on étudie la science difficile de les gouverner.

ANNÉE 1777.

La nouvelle constitution du Mariland qui parut la première après la déclaration d'indépendance, commence par une déclaration des droits naturels & d'équité acquis au peuple de cet état. Les principes suivans y sont établis pour servir de base à la constitution.

Gouvernement du Mariland.

« Tout gouvernement tire son droit du
» peuple, & est uniquement fondé sur un
» contrat institué pour l'avantage commun.
» Le peuple a par conséquent seul le droit
» de régler son gouvernement & sa police
» intérieure. Toutes les personnes revêtues
» de la puissance *exécutrice* lui sont respon-
» sables de leur conduite. Le droit de par-
» ticiper à la législation est le fonde-
» ment de tout gouvernement libre, &
» le gage le plus assuré de la liberté du
» peuple.

Déclaration des droits populaires.

» La puissance *législative*, la puissance
» *exécutrice* & l'autorité *judiciaire* ne doi-

» vent jamais être séparées & distinctes » l'une de l'autre. »

Cette dernière disposition ne devait pas être mise en principe, & laisse bien des problèmes à résoudre.

« Le pouvoir de suspendre les loix ou » leur exécution ne peut être exercé que » par la législature, & aucun impôt ne » doit être fixé ni levé sans son consen- » tement ».

Aucun impôt ne doit être levé sans le consentement du peuple, c'est-à-dire, *de l'assemblée de ses délégués*, qui le représentent; mais la *législature* étant à la fois composée de la chambre d'assemblée & d'une chambre haute, je pense que cette dernière chambre ne devrait avoir aucun pouvoir ni aucune influence en matière d'impôt, & qu'il fallait dire : « aucun » impôt ne doit être fixé ni levé sans le » consentement du peuple. » L'article qui suit vient lui-même à l'appui de mon opinion.

« Chacun doit contribuer aux taxes pu- » bliques pour le maintien du gouverne-

» ment, à proportion de ses propriétés
» réelles ou personnelles. »

Cette proportion n'existe plus si la chambre haute, le conseil ou le sénat ont quelqu'autorité sur la fixation ou la levée de ces taxes.

« Il faut éviter les loix qui ordonnent
» l'effusion de sang autant que la sûreté de
» l'état peut le permettre. »

« Tout *homme libre* * doit pour toute

---

* Il existe dans les Etats-Unis de l'Amérique plusieurs classes d'hommes qui ne sont pas libres, c'est-à-dire, qui ne peuvent avoir part au gouvernement par eux-mêmes ou par des représentans.

De même qu'elles ne participent point au gouvernement, elles n'en supportent point les charges. Ces classes sont :

1°. Les *mineurs*, c'est-à-dire, ceux qui n'ont pas vingt ans accomplis.

2°. Les *apprentifs*, attachés à un maître pour apprendre de lui le commerce ou toute autre profession.

3°. Les *engagés*, ce sont des émigrans des différens cantons de l'Europe, qui n'ayant pas de quoi payer leur passage, s'obligent envers les capitaines qui consentent à les transporter & à les nourrir dans le trajet, de les servir, eux ou ceux à qui ils céderont leur droit, pendant une, deux ou trois années, selon leur âge & leurs talens. Les capitaines qui cèdent cet engagement de service en arrivant en Amérique, sont obligés de se rendre, ainsi que le cessionnaire

» injure ou tort qu'il peut recevoir dans sa » personne, ou dans ses biens, trouver un » remède dans le recours aux loix, & doit » obtenir droit & justice sans être obligé de » les acheter, complettement & sans aucun » refus, promptement & sans délai. »

« Tout accusé a le droit d'avoir une

& l'engagé, devant un magistrat, qui oblige le maître de promettre par écrit que le domestique ou ouvrier sera bien nourri, vêtu & logé, &c. qu'on lui apprendra à lire, à écrire & à compter (s'il ne le sait pas); qu'on l'instruira dans une profession (s'il n'en a point) qui puisse lui procurer de quoi vivre, & qu'à la fin du terme il sera mis en liberté, & recevra en quittant son maître un habillement complet de hardes neuves.

Cette coutume, remplie d'humanité, en facilitant à ces républiques l'acquisition de nouveaux habitans, fournit aux pauvres de l'Europe le moyen de se transporter dans des climats où ils trouvent une subsistance aisée, qu'ils ne pouvaient espérer dans leur patrie.

Il y a une dernière classe d'hommes qui ne sont pas libres; ce sont les nègres, qui sont privés tout à la fois de la liberté personnelle & de la liberté civile: leur nombre diminue tous les jours dans l'Amérique septentrionale, & la plupart des maîtres les ont affranchis.

Les maîtres & chefs de famille sont les protecteurs nés des mineurs, des apprentifs, des engagés & des esclaves; ils représentent & stipulent pour eux.

» copie de la plainte ou des charges, lors-
» qu'il le requiert; pour préparer sa défense,
» d'obtenir un conseil, d'être confronté
» aux témoins qui déposent à sa charge,
» & de faire entendre ceux qui sont à sa
» décharge. ».

Année 1777.

Tel devrait être le droit criminel dans toutes les nations, & toute autre jurisprudence peut compromettre l'honneur, la liberté, la vie de tout citoyen qui a des ennemis puissans.

« Tout *warrant* * (ordre) général ou par-
» ticulier pour arrêter quelqu'un, ou saisir
» ses biens hors des cas d'accusation judi-
» ciaire, est injuste ou vèxatoire. »

« Une milice bien règlée est la défense
» convenable & naturelle d'un gouverne-
» ment libre. Des armées toujours sur
» pied sont dangereuses pour la liberté,

---

* Un *warrant* est un ordre des Magistrats pour faire la recherche de personnes ou de choses, ou les saisir. Il est ainsi nommé parce que celui qui le donne en est responsable, *garant*. Les Juges sont fort attentifs à ne l'accorder que sur des preuves suffisantes.

» & il ne doit en être ni levé, ni entre-
» tenu sans le consentement de la *législa-*
» *ture*. Dans tous les cas & dans tous les
» temps le militaire doit être exactement
» subordonné à l'autorité civile, & gou-
» verné par elle. »

« En temps de paix il ne doit point être
» logé d'homme de guerre dans une maison
» sans le consentement du propriétaire,
» & en temps de guerre le logement ne
» doit être fait que de la manière ordonnée
» par la législature. »

« Ceux qui font partie des troupes de
» terre ou de mer peuvent seuls être
» assujettis à la loi martiale. »

La même déclaration règle les objets suivans.

« Les juges pourront être destitués pour
» mauvaise conduite, après avoir été con-
» vaincus dans une cour de loi, ou sur la
» demande de l'assemblée générale. »

« Aucun homme revêtu d'un emploi
» public ne recevra de présent d'un prince
» ou état étranger, ni des Etats-Unis, ni
» d'aucun

» d'aucun d'eux sans l'approbation de cet
» Etat. »

« Aucun homme ne sera forcé de fré-
» quenter ou d'entretenir aucun lieu de
» culte, ni aucun ministre de religion. Les
» biens actuellement appartenans à l'église
» lui demeureront pour toujours, mais au-
» cune cour n'imposera à l'avenir ni une
» quantité de tabac, ni une somme d'ar-
» gent sur la demande d'aucun sacristain
» ou marguillier. Tous dons, ventes, ou
» legs, faits aux ministres enseignans ou
» prêchans l'évangile, à quelque secte, ordre
» ou dénomination religieuse que ce soit,
» seront nuls.

» Quiconque sera revêtu d'un emploi
» public ne sera soumis à d'autre épreuve
» qu'au serment ; & l'affirmation solem-
» nelle des Quakers, Dumplers, Memno-
» nistes & autres, qui ne se croyent pas
» permis de faire de serment, sera reçue
» pour en tenir lieu. »

» La liberté de parler ne pourra faire la
» matière d'aucune accusation, & la li-
» berté de la presse sera inviolablement

Tome II.   I

» conservée. Il ne sera accordé dans l'état » ni titres ni honneurs héréditaires. »

« La forme du gouvernement ne sera » corrigée ou changée que de la manière » que la convention l'aura prescrit & or- » donné. »

Remarques sur cette déclaration.

Le grand défaut de cette déclaration des droits populaires du Mariland se trouve dans la forme elle-même de la déclaration. On a dû remarquer dans l'analyse qui vient d'en être faite qu'elle confond presque toujours les principes des loix avec leurs dispositions. Mais il y règne une grande sagesse. Les droits religieux y paraissent seulement un peu trop restreints. La défense de rien donner au clergé, & de rien ajouter au revenu des anciennes fondations, paraît excéder les bornes de l'équité, & donne lieu de penser que les biens affectés jusqu'alors à l'entretien des églises étaient considérables & suffisans.

En même-temps que cette déclaration paraît traiter avec rigueur les membres du clergé, & se tenir en garde contre leur cupidité, elle ne prend aucune précaution contre leur ambition, & ne les exclut point des charges publiques.

Si la déclaration des droits du peuple du Mariland est bonne en elle-même, il n'en est pas ainsi de la constitution ou forme du gouvernement en soixante-un articles ou sections. On y prend beaucoup de précautions pour établir l'égalité & la liberté dans les suffrages des Electeurs, mais presque toujours d'une manière sujette à de grandes difficultés, selon les temps & les hommes. Au surplus, le fonds de la constitution est pris de celle de la Caroline méridionale. Le conseil *législatif* y prend le nom de *Sénat*, mais il est composé pareillement. Le nombre de ses membres n'est que de quinze, qui choisissent entr'eux leur président. Il y a en outre un gouverneur dont les fonctions sont à peu près les mêmes que celles du président de la Caroline méridionale, & un conseil composé de cinq membres. Le premier d'entr'eux tient lieu de vice-gouverneur. Les fonctions du gouverneur & celles des membres de son conseil ne durent qu'un

Année 1777.
Constitution. Remarques qu'elle entraîne.

an, après lequel ils font renouvellés; mais le même gouverneur peut être continué pendant trois années. Les députés au Congrès général font renouvellés de manière que personne ne puisse être délégué au Congrès plus de trois années sur six, & si un de ces délégués est nommé à quelqu'emploi de profit, à la nomination du Congrès, sa place est vacante par le seul fait. Tout homme résident depuis plus d'un an dans un comté, ayant plus de vingt-un ans, & ayant une propriété valant plus de trente livres argent courant, peut-être député à l'assemblée générale de l'Etat. La constitution conserve l'établissement des *sherifs* & des *juges de paix*, * on peut en même-temps être sénateur, mem-

---

* Le *sherif* est le premier magistrat de chaque comté, ce nom vient de *shire*, qui signifie comté. C'est le sherif qui préside aux assemblées du comté, & qui fait la liste des jurés. Les *juges de paix* sont des juges inférieurs chargés de la police; il y en a plusieurs dans chaque comté, & ils forment une cour qui connaît de plusieurs crimes, même capitaux.

bre du conseil ou délégué au Congrès général, & être juge de paix. Le gouverneur, de l'avis de son conseil privé, peut nommer tous les juges de paix, le chancelier, le procureur-général & les officiers civils du gouvernement, les officiers de marine, & des troupes de terre & de mer, ce que ne peut pas faire le président de la Caroline méridionale. Cette extension de pouvoir peut être sujette à beaucoup d'inconvéniens & d'abus; il y a une multitude, une complication d'offices. Sherifs, coroners, gardes des registres des testamens, commissaires de l'office du prêt public, * trésoriers, gardes des registres des concessions de terres, gardes des registres de la chancellerie, commissaires-arpenteurs, auditeurs des comptes publics, clercs des cours, &c.

---

* L'office du prêt public est une banque dont les billets ont cours dans l'Etat, elle prête par hypothèque sur les fonds de terre, jusqu'à la moitié de leur valeur. L'emprunteur reste en possession de la terre, & peut acquitter dans l'espace de seize ans par voie d'annuité les intérêts & le capital.

La plupart de ces offices pourraient être supprimés ou réunis à d'autres. Dans la Caroline, la chancellerie est réunie à la place de préfident. L'affemblée peut elle-même élire l'orateur ou procureur-général, les archives ou offices peuvent être réunis en un feul dépôt public, les shérifs & coroners femblaient devoir difparaître avec la domination britannique.

Il paraît que l'on a laiffé beaucoup trop à l'arbitraire du gouverneur & du confeil privé, fur les pouvoirs, le nombre & les limites de toutes ces places, qui font d'ailleurs mal à propos à leur nomination. Il importe au peuple d'élire lui-même tous ceux qui peuvent influer fur fon bonheur ; & plus leurs pouvoirs font rapprochés de lui, plus il a droit de fe plaindre de ce qu'ils foient choifis fans fon confentement. En toute république bien conftituée, fi quelqu'un a le droit de nommer aux emplois civils, ce ne doit être que par *interim*, dans l'intervalle des affemblées populaires, & en attendant le fuffrage du peuple.

On a exigé beaucoup de sermens ou d'affirmations inutiles. Ceux qui connaissent les hommes & la législation évitent, autant qu'il est possible, de recourir à ce moyen. Les articles 53 & 54 font des menaces pour prévenir la corruption. Ce n'est point par des menaces que l'on prévient la corruption, c'est par des précautions sages. L'article 55 oblige toutes les personnes nommées à quelqu'emploi à jurer, indépendamment de tous les autres sermens, qu'ils ne se croyent point obligés à l'obéissance envers le roi de la Grande-Bretagne, & à déclarer & signer qu'ils croyent la religion chrétienne. Les usages de l'Angleterre sont au surplus conservés, mais ce qu'il est intéressant de savoir, c'est que cette forme de gouvernement ne peut être changée ou abrogée, à moins que l'assemblée générale n'ait passé un bill pour ces changemens, & que ce bill ne soit confirmé par une seconde assemblée générale dans sa première session après le renouvellement des élections. Et lorsque le changement intèressera la côte de l'est du Mariland, il faudra que les deux tiers des membres de l'assemblée ayent consenti au changement & à sa confirmation.

Cette disposition prend ses motifs dans la situation même de la Colonie. La partie de *l'est* étant resserrée entre la grande mer & la baie de Chesapeack, & ne pouvant par conséquent étendre ses établissemens ni accroître sa population, les législateurs paraissent avoir craint que la côte de l'ouest ne prît une trop grande influence dans le gouvernement. Mais cette précaution est contraire aux principes mêmes du gouvernement que l'on s'est proposé d'établir ; car si c'est un droit du peuple que d'influer activement sur son gouvernement, il en résulte que le nombre des délégués à l'assemblée générale doit être proportionné à celui des électeurs. En ménageant à cet égard quelques prérogatives à la partie de l'est, il s'ensuit que le plus petit nombre gouvernera le plus grand, & il n'y aura plus d'égalité.

LA constitution de la Virginie parut le premier Juin ; elle commençait aussi par

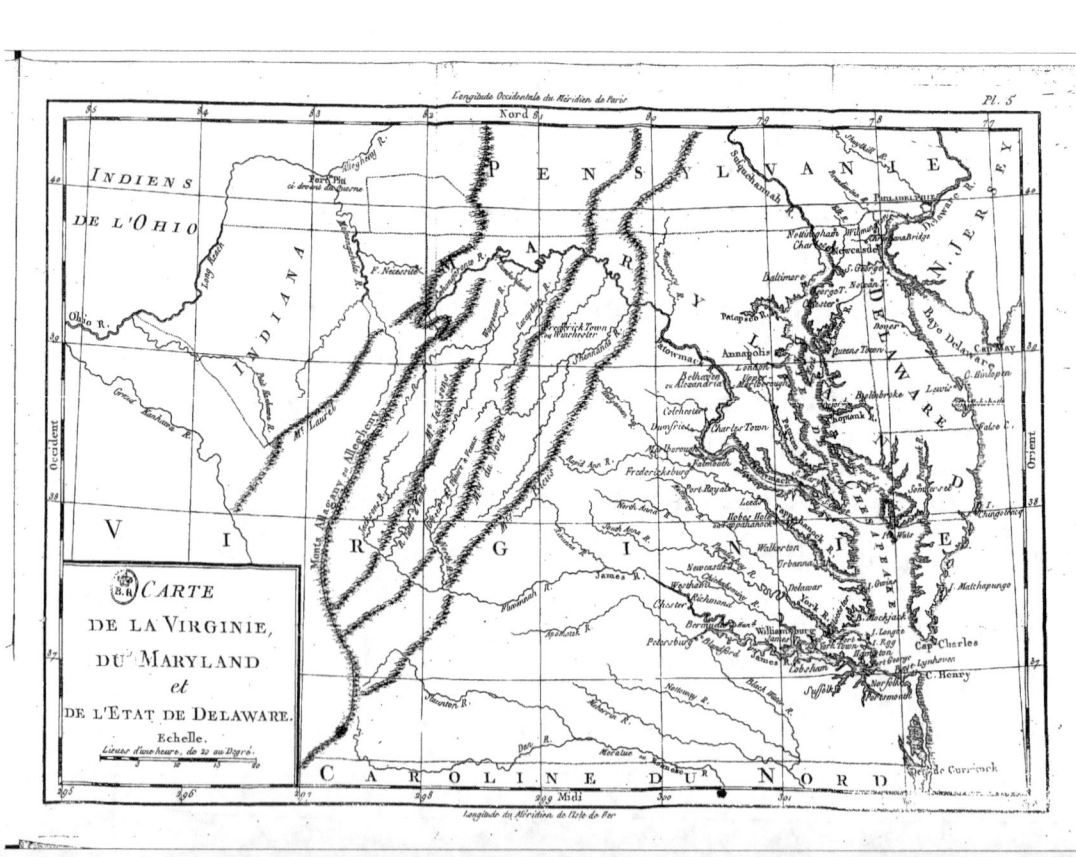

une déclaration des droits du peuple, que je tranfcris en entier, parce qu'étant la bafe de la conftitution, il fera utile de la comparer avec celle du Mariland ; elle ne contient que dix-huit fections ou articles.

Année 1777.

I. « Tous les hommes font nés également libres & indépendans : ils ont des droits certains dont ils ne peuvent, par aucun acte, priver leur poftérité. »

Déclaration des droits, & remarques auxquelles elle donne lieu.

II. « Toute autorité appartient au peuple, & par conféquent émane de lui : les magiftrats font fes mandataires, fes ferviteurs, & lui font comptables dans tous les temps. »

III. « Tout gouvernement doit être inftitué pour l'avantage commun, pour la protection & fûreté du peuple. De toutes les formes de gouvernement, la meilleure eft celle qui peut procurer au plus haut degré le bonheur & la fûreté, & qui eft le plus réellement garantie contre le danger d'une mauvaife adminiftration. Toutes les fois qu'un gouvernement fe trouvera infuffifant pour remplir ce but, la majorité de la communauté a le droit inaliénable de le réformer, de le changer, ou de l'abolir. »

IV. « Aucun homme ni aucune association d'hommes, ne peuvent avoir d'autres privilèges dans la communauté que la considération des services rendus, & ce titre n'étant ni transmissible aux descendans, ni héréditaire, l'idée d'un homme né magistrat, législateur, ou juge, est absurde & contre nature. »

V. « La puissance législative & la puissance exécutrice de l'état doivent être distinctes & séparées de l'autorité judiciaire.... »

Cette disposition est absolument contraire à celle qui y correspond dans la déclaration des droits du Mariland, & sur laquelle il a été fait une remarque.

« .... Et afin que devant supporter eux-mêmes les charges du peuple & y participer, tout desir d'oppression puisse être réprimé dans les membres des deux premières, ils doivent, à des temps marqués, être réduits à l'état privé, rentrer dans le corps de la communauté d'où ils ont été tirés originairement, & les places vacantes doivent être remplies par des élections fréquentes, certaines & régulières. »

VI. « Les élections des membres destinés à représenter le peuple dans l'assemblée doivent être libres, & tout homme donnant des preuves suffisantes d'un intérêt permanent à la communauté, & de l'attachement qui en est la suite, y a droit de suffrage. »

VII. « Aucune partie de la propriété d'un homme ne peut lui être enlevée, ni appliquée aux usages publics, sans son propre consentement, ou celui de ses représentans légitimes; & le peuple n'est lié que par les loix qu'il a consenties de cette manière pour l'avantage commun. »

VIII. « Tout pouvoir de suspendre les loix ou d'arrêter leur exécution en vertu de quelqu'autorité que ce soit, sans le consentement des représentans du peuple, est une atteinte à leurs droits, & ne doit point avoir lieu. »

IX. « Toutes les loix ayant un effet

rétroactif, & faites pour punir des délits commis avant qu'elles existassent, sont oppressives, & il faut se garder d'en établir de semblables. »

Cette disposition qui a été répétée dans les déclarations de la plupart des autres Etats, n'est que secondaire & même inutile, elle n'aurait point trouvé place sans doute dans la législation des Colonies, si ce qui s'était passé dans les querelles de Boston n'avait pas fixé trop vivement leur attention sur un abus très-rare, & que la raison la plus commune doit proscrire d'elle-même.

X. « Dans tout procès pour crimes, tout homme a le droit de demander la cause & la nature de l'accusation qui lui est intentée; d'être confronté à ses accusateurs & aux témoins, & de requérir tout ce qui est à sa décharge; d'exiger une procédure par un juré impartial du voisinage, sans le consentement duquel il ne puisse pas être déclaré coupable. Il ne peut être forcé à produire des preuves contre lui-même; & aucun homme ne peut être privé de sa liberté, qu'en vertu de la loi du pays, ou par le jugement de ſes pairs. »

XI. « Il ne doit point être exigé *de cautionnemens exceſſifs*, ni impoſé de trop fortes amendes, ni infligé de peines cruelles ou inuſitées. »

Pour bien entendre cet article, il faut ſavoir que dans tous les pays de la domination britannique tout homme qui a été inſulté, menacé, ou qui croit avoir de juſtes ſujets de craindre un ennemi, peut ſe retirer devant un juge de paix, & lui faire ſa plainte de l'inſulte ou des menaces qui lui ont été faites, & même de ſes craintes; & qu'alors le juge de paix éxige de celui qui eſt l'objet de la plainte une *caution de ſa bonne conduite*, juſqu'à concurrence de telle ou telle ſomme proportionnée aux dommages qui peuvent réſulter du délit indiqué dans la plainte. S'il ne peut trouver de caution, il eſt envoyé en priſon pendant que l'on informe ſur la plainte. Il eſt par conſéquent très-important pour la liberté des citoyens, que l'on n'exige pas de cautionnemens exceſſifs. Sur la plainte faite au juge de paix, ce magistrat citoyen lance un décret (warrant) contre l'accusé. S'il se représente & fournit caution, il demeure libre ; à défaut *le warrant* est exécuté, & il est mis en prison. Cette explication était nécessaire pour bien entendre la disposition suivante.

XII. « Tous warrants sont vèxatoires & oppressifs s'ils sont décernés sans preuves suffisantes, & si l'ordre ou la réquisition qu'ils portent à aucun officier ou messager d'état, de faire des recherches dans des lieux suspects, d'arrêter une ou plusieurs personnes, ou de saisir leurs biens, ne contiennent pas une désignation & description spéciales des lieux, des personnes ou des choses qui en sont l'objet, & jamais il ne doit en être accordé de semblables. »

La déclaration des droits du Mariland proscrit comme injuste & vèxatoire, tout warrant décerné hors des cas d'accusation judiciaire. Celle - ci éxige qu'il ne puisse être décerné sans preuves suffisantes.

XIII. « Dans les procès qui intèressent la propriété, & dans les affaires personnelles, l'ancienne procédure par jurés est préférable à toute autre, * & doit être regardée comme sacrée. »

---

* La procédure par jurés tire son origine de l'ancien droit d'être jugé par ses pairs. Le sherif fait tous les ans une liste des *francs* tenanciers ou notables du comté ; les juges choisissent sur la liste un certain nombre des personnes enrégistrées, & toujours beaucoup plus qu'il n'en faut pour composer le juré. Les parties, soit en matière civile, soit en matière criminelle, ont, outre les cas de récusation portés par la loi, le droit d'en récuser un grand nombre, sans articuler aucune raison. La prononciation des jurés s'appelle *verdict*, du latin *vere dictum*, dit véritable, elle est portée au juge qui décide d'après la loi.

En matière criminelle, la plainte ou accusation s'appelle *bill* d'indictement, c'est-à-dire, bill qui sert à donner indice. L'*indictement* est remis à un *grand juré*, c'est-à-dire, à un juré composé de quinze personnes au moins, qui met au dos *ignoramus* si l'accusation paraît sans fondement, ou *billa vera* si elle paraît fondée ; mais, pour décider de cette manière & donner cours à l'accusation, il faut les voix réunies de douze des membres du grand juré : dans ce dernier cas l'indictement est reçu, & l'accusé est ce qu'on appelle *indicted*, frappé d'indice. Alors un petit juré composé de douze personnes procède aux informations, ensuite l'accusé est entendu par lui & par ses conseils, & le petit juré prononce *guilty*, il est coupable, ou *no guilty*, ou innocent ; mais l'accusé ne peut être déclaré coupable que par l'unanimité des douze mem-

XIV. » La liberté de la presse est un des plus forts boullevards de la liberté de l'Etat, & ne peut être restrainte que dans les gouvernemens despotiques. »

La déclaration des droits du Mariland dit de plus que « la liberté de parler ne pourra faire la matière d'aucune accusation. » Lorsque cette liberté n'existe pas, il arrive que des discours innocens sur les mœurs, le culte religieux ou le gouvernement peuvent être changés en crime par de fausses interprétations, & il est peu d'homme sage qui puisse se croire à l'abri d'une telle accusation.

XV. « Une milice bien règlée, tirée du corps du peuple, & accoutumée aux armes, est la défense propre, naturelle & sûre d'un état libre. On doit éviter d'avoir des armées toujours sur pied en temps de paix, parce qu'elles sont dangéreuses pour la liberté, & dans tous les cas le militaire

---

bres du petit juré : le juge ouvre ensuite la loi & prononce la peine qu'elle prescrit.

doit

doit être tenu dans une subordination exacte à la loi civile, & gouverné par elle. »

XVI. « Le peuple a droit à un gouvernement uniforme, ainsi il ne doit être légitimement élevé, ni établi aucun gouvernement séparé ni indépendant de celui de la Virginie, dans les limites de cet Etat. »

Cette disposition est captieuse. Pourquoi vouloir empêcher le peuple de diviser par la suite la grande province de la Virginie, s'il y trouve son intérêt, & au lieu d'une seule république d'en faire plusieurs ? Les comtés inférieurs de New-Castle, Kent & Sussex, ne se sont-ils pas séparés de la Pensilvanie pour former une république séparée, sous le nom d'état de Delaware ? Ce droit est une conséquence des trois premiers articles de la déclaration elle-même. Chaque canton, district ou comté, peut donner pour instruction à ses délégués à l'assemblée de la Virginie, de demander à être séparé de la république, si tel est son plus grand avantage, & si la majorité des électeurs du comté le veut ainsi. A plus forte raison lorsque plusieurs comtés formeront la même résolution. Si le gouvernement de l'Amérique n'a pour but que l'avantage du peuple, la volonté d'en changer & d'en former un nouveau distinct & séparé, ne doit pas être restreinte. Ne peut-il pas arriver après quelques années, qu'en raison de la situation des terres, des rivières & des ports, de la population, du commerce & des cultures, il soit de la plus grande importance, pour quelques cantons de la Virginie, de se séparer de la république ? Il est vrai que les gouvernemens doivent avoir plus de force & de moyens lorsqu'ils sont d'une grande étendue ; mais outre que cette règle générale entraîne une infinité d'exceptions, les grands gouvernemens sont sujets à beaucoup de difficultés & de maux politiques. Si les Etats-Unis de l'Amérique, en se donnant des gouvernemens particuliers & séparés, & en se confédérant pour l'avantage commun, ont su, par la sagesse même de cette constitution, se procurer tous les avantages dont peuvent jouir les grands empires, sans s'exposer aux inconvéniens qui les affaiblissent ordinairement ; s'ils ont su prévenir les abus sans nombre qui causent la misère & le désespoir des peuples, lors même que l'état politique est florissant ; qu'importe qu'au lieu de treize républiques confédérées il y en ait vingt, ou plus encore ? Le résultat de la confédération n'en sera point dérangé, puisque le nombre des députés que chaque province a le droit d'envoyer au Congrès général est proportionné à son étendue. La Virginie est assez grande pour former à elle seule un état très-puissant, & plusieurs républiques ; mais qu'importe l'étendue des pays, ou le nombre des peuples, lorsqu'il s'agit uniquement de leur bonheur, & lorsque leur tranquillité politique est assurée par d'autres mesures. Sans doute les monarchies doivent être grandes pour se rendre respectables à l'extérieur; mais les républiques n'ont pas besoin d'un grand terrein pour avoir de la puissance ; l'activité, le travail, le patriotisme la donnent avec le temps. L'appareil de la puissance monarchique est à la vérité formidable ; mais souvent ce n'est qu'un appareil. Considérez dans l'histoire des monarchies la plupart des traces de leur administration, vous trouverez trop de petits moyens & de force réelle, toutes les fois que le chef n'a pas des talens personnnels proportionnés à son pouvoir.

XVII. « Un peuple ne peut conserver un gouvernement libre que par une adhésion ferme & constante aux règles de la justice, de la modération, de la tempérance, de l'économie & de la vertu, & par un recours fréquent à ces principes fondamentaux. »

Cette belle maxime ne se trouve point dans la déclaration des droits du Mariland, mais ce n'est ni l'explication d'un droit acquis au peuple, ni un principe de loi.

XVIII. « La religion ou le culte qui est dû au Créateur, & la manière de s'en acquitter, doivent être uniquement dirigés par la raison & par la conviction, & jamais par la force ni par la violence : d'où il suit que tout homme doit jouir de la plus entière liberté de conscience, & de la liberté la plus entière aussi dans la forme de ce que sa conscience lui dicte, & qu'il ne doit être ni gêné ni puni par le magistrat, à moins que sous prétexte de religion, il ne troublât la paix, le bonheur ou la sûreté de la société. C'est un devoir réciproque de tous les citoyens de pratiquer la tolérance, l'amour & la charité les uns envers les autres. »

ANNÉE 1777.

En général, la clarté se réunit à la simplicité dans cette déclaration des droits populaires. A l'égard de la constitution, elle commence par une condamnation du gouvernement de Georges III & du parlement : condamnation désormais assez inutile, & dont les motifs se trouvent mieux exprimés dans l'acte d'indépendance.

Ensuite de cette condamnation, les représentans du peuple de Virginie « ayant » murement réfléchi, disent-ils, sur la ty- » rannie de ce Roi, voyant avec une vive » douleur à quelle condition déplorable, » leur pays autrefois heureux, serait né-

Constitution & remarques particulières de l'Auteur.

» cessairement réduit, si une forme régu-
» lière & convenable de police civile
» n'était promptement concertée & adop-
» tée, & voulant se conformer à la re-
» commandation du Congrès; » ordonnent
qu'il sera formé une assemblée ou chambre
de délégués, à laquelle chaque comté
aura le droit d'envoyer deux délégués;
que cette assemblée élira un sénat composé de vingt-quatre membres, & que ces
deux chambres réunies seront le corps
législatif, qu'elles éliront par le scrutin des
deux chambres un gouverneur, dont les
pouvoirs dureront trois ans, & que les
loix seront d'abord proposées faites & dis-
cutées dans la chambre d'assemblée pour
être ensuite approuvées ou rejettées par
le sénat.

Il est essentiel de remarquer que le
gouverneur n'a pas comme au Mariland le
pouvoir d'approuver ou rejetter les loix
ou actes de la législature, que c'est le
sénat.

« Ils établissent un conseil privé composé de huit membres pour assister le

gouverneur dans les affaires du gouvernement. Le conseil se choisira un président qui, dans le cas de mort ou d'empêchement du gouverneur, en fera les fonctions jusqu'à une nouvelle élection. A la fin de chaque année deux membres seront retranchés, & ne pourront être *réélus* pendant les trois années suivantes. Les délégués au Congrès général seront choisis tous les ans.

Le gouverneur fera les fonctions de commandant général, & nommera, de l'avis du conseil privé, les officiers militaires & les juges de paix. Les sherifs & coroners sont nommés par les cours respectives. Les juges de paix nommeront les *connétables* ou *constables* (espèce de sergens qui arrêtent les débiteurs & les accusés) tous les officiers de justice & de police seront taxés par la loi.

Il y a une *cour générale* pour juger les malversations des officiers publics & les crimes d'état; & une *cour des appels* où les juges de la cour générale peuvent être eux-mêmes accusés & poursuivis.

Les concessions sont intitulées au nom de la *république de Virginie*, & expédiées sous le sceau de la république.

Le trésorier est nommé tous les ans au scrutin par les deux chambres réunies. La république se réserve la libre navigation & l'usage des rivières *Potomack* & *Pocomoke*, & la propriété des bords de ces rivières du côté de la Virginie & de toutes les améliorations qui ont été ou pourront être faites sur ses bords.

Tel est le sceau de la république. La vertu d'une main tenant une lance sur laquelle elle est appuyée, & de l'autre une épée, foule aux pieds la tyrannie, représentée par un homme renversé, une couronne tombée de sa tête, une chaîne rompue dans sa main gauche & un fouet dans sa droite. L'exergue porte Virginie, & au-dessous *sic semper tyrannis*. Sur le revers un groupe représentant la liberté, l'abondance & l'éternité. La liberté a sur la tête le bonnet de liberté *pileus*, & une baguette à la main. Cérès tenant d'une main une corne, & de l'autre un épi de bled représente l'abondance. L'éternité est caractérisée par un globe & le phœnix. Ces emblêmes sont tout-à-la-fois ingénieux & nobles.

ANNÉE 1777.

Le Congrès provincial du nouveau Jersey assemblé à Burlington avait arrêté une déclaration de droits en forme de chartre & une nouvelle constitution en vingt-trois articles, mais ce travail n'est point assez complet pour exiger que l'on en fasse un extrait raisonné dans cette histoire.

Gouvernement du Jersey & de la Nouvelle-York.

La puissance exécutrice est remise à un gouverneur & à un conseil privé tiré du corps législatif, & la puissance législative à l'assemblée générale formée de deux chambres; savoir, le conseil ou chambre haute, & l'assemblée ou chambre des représentans du peuple, le gouverneur a le commandement des armes & les fonctions de chancelier. L'article 19 prive les catholiques romains de tous les emplois, mais l'article 18 leur laisse le libre exercice de leur religion. Les procédures usitées en Angleterre, & les loix de ce royaume sont conservées. Enfin la chartre déclare que s'il y avait une réconciliation entre la Grande - Bretagne & les Colonies, & que celles - ci rentrassent de nouveau sous le gouvernement britannique, toutes les dispositions qui sont contenues dans ladite chartre seraient nulles ; mais que, dans le cas contraire, elles seront inviolablement établies.

La convention de la Nouvelle - York publia au mois d'Août la nouvelle constitution de cet Etat ; les habitans de cette partie n'en ont pas joui long-temps sans troubles, l'isle de New-York & les principaux cantons de la province, ayant été envahis un mois après. Cependant ils n'ont point cessé d'avoir part à la confédération & d'entretenir des délégués au Congrès général, la Colonie est envahie, mais non pas soumise, c'est ce qu'il est important de distinguer.

Constitution de la Nouvelle-York.

La nouvelle constitution contenait quarante-deux articles, par lesquels il était établi qu'il ne serait exercé sur les peuples aucune autorité, que celle qui serait émanée d'eux ; que le pouvoir législatif serait donné à l'assemblée générale, composée de l'assemblée des représentans & d'un sénat qui tiendrait lieu de chambre-haute. Qu'il y aurait un gouverneur choisi tous les trois ans par les francs tenanciers, qui, avec le chancelier & les juges de la cour suprême, formerait un conseil pour reviser les actes de l'assemblée générale, qui ne deviendraient loix qu'après avoir été revisés par ce conseil, lequel ne pourrait cependant pas les rejetter, mais fournirait ses objections, afin que le bill fût pris de nouveau en considération par le sénat & l'assemblée.

L'élection des membres de l'assemblée devait se faire tous les ans; les électeurs étaient tenus de prêter serment avant de vôter. Les membres du sénat devaient être élus pour quatre ans au nombre de vingt-quatre, & divisés par première, seconde, troisième & quatrième classes, ensorte qu'une classe formée de six membres devait être renouvellée tous les ans. Le sénat & l'assemblée étaient créés juges de leurs membres; le pouvoir de diviser par la suite l'état de New-York, en un plus grand nombre de districts ou comtés, leur était concédé. Le peuple devant être instruit des opérations du gouvernement, il était ordonné que les portes de l'assemblée & du sénat seraient ouvertes en tous temps, à moins que le bien de l'Etat n'éxigeât que leurs débats fussent tenus secrets; & leurs journaux devaient être rendus publics, à l'exception des choses que l'on déciderait ne devoir pas être publiées. Règlement inutile & contraire à lui-même, puisque l'on n'instruirait le peuple que de ce que l'on voudrait bien ne lui point cacher. Si le bien de l'Etat exige en quelques circonstances que les débats soient tenus secrets, & que le résultat des délibérations ne soit pas publié, il ne faut pas poser en principe que le peuple doit être instruit des opérations du gouvernement.

On prenait des précautions pou rétablir le droit de représentation sur un pied d'égalité proportionnelle. Le gouverneur avait le droit de pardonner tous crimes, hors le meurtre & la trahifon; & à l'égard de ces derniers crimes il pouvait fufpendre l'éxécution de la fentence, jufqu'à ce qu'il fût fait un rapport *à la légiflature*, fur lequel elle ferait grace au coupable, ou ferait éxécuter fa condamnation. Le gouverneur avait le pouvoir de correfpondre avec le Congrès. Il y avait un lieutenant-gouverneur élu dans la même forme que le gouverneur, & qui devait être préfident du fénat; &, dans le cas où il remplacerait le gouverneur, les fénateurs devaient élire un d'entr'eux fous le titre de préfident pour le remplacer lui-même. Les juges ne pouvaient conferver leurs fonctions que jufqu'à foixante ans. Le gouverneur avait le droit de les changer & de les révoquer. Le choix des délégués au Congrès général étant d'une extrême importance, ils devaient être élus à l'avenir dans une forme particulière.

Le fénat devait faire publiquement une lifte de ceux qu'il nommerait, & l'affemblée une autre lifte. Les deux corps fe réunissaient ensuite, & les personnes qui se trouvaient sur les deux listes étaient des délégués; &, pour completter le nombre, on choisissait par un nouveau scrutin entre ceux qui n'étaient que sur l'une des listes.

L'article trente-huit établissait le libre exercice de toute religion, & les prêtres d'aucune religion n'étaient éligibles pour l'exercice d'aucun emploi civil ou militaire.

Le droit commun & le droit criminel de l'Angleterre étaient au surplus conservés, & il n'y avait dans la constitution d'autres changemens que ceux que je viens d'expliquer.

LA constitution de l'Etat de Delaware parut le 11 Septembre. La déclaration des droits du peuple est celle de la Virginie, mais mieux rédigée, augmentée & corrigée avantageusement en quelques endroits. Un extrait bien exact de cette déclaration mettra les lecteurs attentifs à portée de juger de ces corrections.

« TOUT gouvernement tire son droit

du peuple, est uniquement fondé sur un contrat réciproque, & est institué pour l'avantage commmun. » *Cet article est le troisième de la déclaration de Virginie.*

Année 1777. droits comparée à celle de la Virginie & du Mariland.

« Tous les hommes ont le droit naturel & inaliénable d'adorer Dieu à leur manière, & ne peuvent être légitimement contraints de salarier des Prêtres contre leur consentement. » *Cet article est le dix-huitième de la déclaration de Virginie, mais il est plus précis.*

« Toutes personnes professant la religion chrétienne jouiront des mêmes droits dans l'Etat. »

« Le peuple a le droit essentiel & exclusif de se gouverner, & de règler son administration intérieure. »

« Ceux qui sont revêtus de la puissance législative, ou exécutrice, sont les mandataires & les serviteurs du public : & par conséquent comptables de leur conduite. » *Ces deux derniers articles correspondent au premier & au second de la déclaration des droits de Virginie.*

« La participation du peuple à la législation, est le fondement de la liberté, & de tout gouvernement libre. Pour que ce fondement soit assuré, toutes les élections doivent être libres & fréquentes; & tout homme libre donnant preuve suffisante d'un intérêt permanent à la communauté, a le droit de suffrage. » *Cet article répond au sixième de la déclaration de Virginie.*

« Le pouvoir de suspendre les loix & d'en arrêter l'exécution ne peut être exercé que par la *législature*. Elle doit être assemblée souvent pour *redresser les griefs*, corriger & fortifier les Loix. » *Cet article se rapporte au huitième de la déclaration de Virginie, il a plus d'étendue & est mieux exprimé.*

« Tout homme a le droit de demander *le redressement des griefs*, pourvu que cette demande soit faite avec décence & tranquillité. »

« La société doit protéger chacun de ses membres dans la jouissance de sa vie, de sa liberté & de sa propriété; chacun en conséquence est obligé de contribuer

pour

SUR L'AMÉRIQUE SEPTENTRIONALE. 161

pour sa part aux frais de cette protection, & de donner, lorsqu'il le faut, son service personnel ou un équivalent; mais aucune partie de la propriété d'un homme ne peut lui être enlevée avec justice, ni appliquée à aucun usage public, sans son consentement propre, ou sans celui de ses représentans légitimes. »

« Aucun homme qui se fait un scrupule de conscience de porter les armes, ne peut dans aucun cas y être légitimement contraint s'il paye un équivalent. » *Cette disposition est relative aux Quakers, Dumplers & Memnonistes. Comme il n'y en a presque point dans la Virginie, elle y aurait été inutile.*

« Toute homme libre pour toute injure, ou préjudice qu'il peut avoir reçu de quelqu'autre homme que ce soit, dans sa personne ou dans ses biens, doit trouver un remède dans le recours aux loix du pays. Il doit obtenir droit & justice, & une justice facile & sans obstacle, complette & sans delai; le tout conformément aux loix du pays. » *L'article XIII. de la* déclaration de la Virginie, qui correspond à celui-ci, n'est pas assez étendu, il laisse trop à faire à l'interprétation. Celui-ci, qui est pris en grande partie dans la déclaration du Mariland, vaux mieux, sur-tout en le rapprochant de ceux qui le suivent.

« La vérification des faits par jurés dans les lieux où ils se sont passés, est la meilleure sauve-garde pour la vie, la liberté, & les propriétés des citoyens. »

« Dans tout procès criminel ; tout homme a le droit d'être instruit de l'accusation qui lui est intentée ; d'obtenir un conseil, d'être confronté à ses accusateurs & aux témoins ; de faire examiner les témoignages sous serment à sa décharge ; & il a droit à une procédure prompte par un juré impartial, sans le consentement unanime duquel il ne peut pas être déclaré coupable. » *Cet article est tiré en partie de la déclaration du Mariland, mais il va plus loin, en ce qu'il ne veut pas que l'accusé puisse être déclaré coupable, s'il n'est condamné unanimement.*

« Aucun homme ne doit dans les cours de *loi commune*, être forcé d'administrer des preuves contre lui-même. »

On distingue dans la justice anglaise les cours de loi commune, où les juges ne peuvent prononcer que suivant la lettre de la loi, & les cours d'équité, où ils peuvent tempérer ou modifier les loix selon l'espèce & les circonstances des affaires.

« Il ne doit point être exigé de cautionnemens excessifs, ni imposé de trop fortes amendes, ni infligé de peines cruelles & inusitées. » *Cet article est le onzième de la déclaration de Virginie.*

« Tout warrant, pour faire des recherches dans des lieux suspects, pour arrêter quelqu'un ou saisir ses biens, est injuste & véxatoire, s'il n'est décerné sur une accusation affirmée par serment, & tout *général warrant*, (ordre général) pour faire des recherches dans des lieux suspects, ou pour arrêter toutes personnes suspectes, dans lequel le lieu ou la personne ne seraient pas nommés, ou exactement désignés, est illégal & ne doit point être accordé. »

« Une milice bien règlée est la défense naturelle, convenable & sûre d'un gouvernement libre. » *Cet article est une partie du quinzième de la déclaration de Virginie.* »

» Des armées toujours sur pied sont dangereuses pour la liberté, & il ne doit en être levé ni entretenu sans le consentement de la *législature*. »

« Dans tous les cas & dans tous les temps, le militaire doit être parfaitement subordonné à l'autorité civile & gouverné par elle. » *Cet article est tiré du quinzième de la déclaration de Virginie.*

Ces trois derniers articles se trouvent en substance dans presque toutes les constitutions des Etats-Unis. J'ignore quel motif a pu les faire omettre dans celle de la Nouvelle-York. Serait-ce parce que la convention de cette province, n'ayant point fait de déclaration de droits, a cru que ces loix sages devaient toujours être sous-entendues dans une république ? Plusieurs constitutions ont aussi omis de déclarer qu'on ne pourrait être à-la-fois membre du corps

SUR L'AMÉRIQUE SEPTENTRIONALE. 165

législatif, & exercer un emploi lucratif dans l'administration civile.

ANNÉE 1777.

« L'indépendance & l'intégrité des juges sont essentielles pour l'administration impartiale de la justice, & sont les meilleurs garants des droits & de la liberté des citoyens. »

« La liberté de l'imprimerie doit être inviolablement maintenue. » *Cette disposition est fondamentale dans toutes les constitutions des Etats-Unis.*

CETTE déclaration de droits est précise & bien conçue, & la constitution de l'Etat de Delaware est aussi plus simple & meilleure que celle des autres provinces. Elle est renfermée en trente articles ou sections qui laissent peu de chose à réformer ou à prévoir.

Constitution, législature.

Le premier article fixe le nom. L'Etat de Delaware composé des comtés de New-Castle, Kent & de Sussex. Le second, le troisième, le quatrième & le cinquième établissent la représentation du peuple dans l'assemblée générale composée de deux corps appellés, l'un la chambre d'assemblée

L iij

qui se forme de sept représentans pour chaque comté, choisis entre les francs tenanciers ; & l'autre le conseil. Neuf membres le composent : trois pour chaque comté, & ils sont élus en même-temps que se fait l'élection de l'assemblée. A la fin de l'année le conseiller qui aura eu le moins de voix dans chaque comté sortira de sa place, & il sera fait une nouvelle élection. La seconde année, celui des conseillers qui n'aura été que le second pour le nombre des voix dans chaque comté sortira aussi de sa place, & il sera encore pourvu au remplacement par une nouvelle élection ; enfin, au bout de la troisième année, le conseiller qui aura eu le plus grand nombre de voix dans chaque comté lors de sa première élection, sortira aussi de sa place, & sera remplacé par une nouvelle élection. Cette vote doit se faire dans la suite, de manière que chaque conseiller demeure en place trois ans, à compter de son élection, & soit ensuite remplacé par une nouvelle élection, du même sujet, ou d'un autre.

Cette disposition est sage & avantageuse au peuple; car, d'un côté, c'est le peuple lui-même qui choisit non-seulement ses représentans immédiats, mais aussi les membres de la chambre-haute, & d'un autre côté chaque conseiller est engagé à bien mériter de son pays par l'espoir d'être élu une seconde fois & même une troisième. Si le conseil était nommé par le scrutin de l'assemblée, il serait dangereux que les mêmes conseillers pussent être élus plusieurs fois de suite, à cause des brigues & des cabales qui pourraient se former, & par lesquelles leur autorité se perpétuerait & dégénérerait en tyrannie; mais le suffrage libre du peuple accordé par lui-même, décidant seul les élections, assure que les mêmes sujets ne conserveront d'autorité que pour son bonheur. Ce n'est pas qu'il ne puisse arriver qu'un homme accrédité s'empare de tous les suffrages des électeurs eux-mêmes, comme de ceux d'une assemblée, mais des brigues si générales ne se forment point sans mérite personnel, & sans être précédées par des ser-

Année 1777.

L iv

ANNÉE 1777.

vices rendus à l'Etat. Quoique ce cas soit très-rare, on pourrait desirer qu'il eût été prévu. César subjugua par ses talens & sa générosité la république romaine. L'Etat de Delaware est situé de manière à devenir puissant, c'est, pour ainsi dire, le centre des Etats-Unis; & si l'Etat est puissant, tôt ou tard il y naîtra des ambitieux.

Chacune des chambres choisit son orateur, nomme ses officiers, juge des qualités & de la validité des élections de ses membres, a le droit de faire des règlemens pour ses formes de procéder, & enverra des lettres de nomination lorsqu'il y aura des vacances imprévues dans l'intervalle d'une élection générale à l'autre. Elles pourront aussi, chacune en son particulier, exclure leurs membres, mais jamais deux fois pour la même faute, si l'expulsé est réélu après la première: les deux chambres ont toutes les autres autorités nécessaires à l'exercice du pouvoir législatif d'un Etat libre & indépendant.

La législature étant ainsi fixée, l'article six règle la perception des impôts.

Année 1777.
Impôts.

Tous les bills de levée d'argent pour le soutien du gouvernement, seront proposés dans la chambre d'assemblée, & ne pourront être changés, corrigés, ni rejettés par le conseil législatif... Cette première partie de la loi est bonne, parce que la chambre d'assemblée est, comme nous l'avons déja remarqué, celle qui représente le peuple ; & que, selon la constitution, c'est le peuple qui doit être seul juge de ce qu'il peut payer pour son gouvernement, mais la fin de la même *section* ou article forme un objet de loi séparé, & devrait par conséquent faire une section différente. Elle porte que tous autres bills pourront être proposés indifféremment dans la chambre d'assemblée ou dans le conseil ; *& ne pourront être respectivement changés, corrigés ou rejettés par l'autre chambre.* Il y a probablement erreur dans la copie que j'ai eue, car il en résulterait que neuf personnes, ou la majorité de cinq contre quatre, pourraient

ANNÉE 1777.

donner des loix au peuple, sans examen, discussion ni consentement de ses légitimes représentans, & les représentans sans la participation de ceux en qui le peuple a mis sa confiance pour la supériorité des lumières. Je pense qu'il y a dans l'original, *que les bills* pourront être proposés indifféremment dans l'une des deux chambres, & admis ou rejettés respectivement par l'autre. Il me paraîtrait meilleur que les objets de loi fussent débattus dans la chambre d'assemblée & proposés par elle au conseil, que le conseil procédât en conséquence à la rédaction de la loi, & qu'elle fût ensuite examinée, modifiée, approuvée par l'assemblée générale, formée de la réunion des deux chambres, qui y donnerait sanction de loi.

Pouvoir exécutif du gouverneur ou président.

LES trois sections suivantes règlent le pouvoir exécutif. Les deux chambres se rassemblent pour élire un président. Les orateurs des deux chambres ouvrent le scrutin; & dans le cas où les deux personnes qui réuniraient le plus de suffrages en auraient un nombre égal, l'orateur du conseil aura une nouvelle voix pour départager. Le président restera trois ans en place, &, en étant sorti, il ne sera éligible de nouveau qu'après un intervalle de trois ans. Ses appointemens seront suffisans, mais modiques. Il sera responsable envers l'assemblée, des sommes dont elle aura arrêté la destination, & dont il aura été chargé d'éxécuter l'emploi. Dans l'absence de l'assemblée générale, il pourra, s'il est nécessaire, & de l'avis du conseil privé, retenir les vaisseaux dans les ports pendant trente jours. Il aura le droit de faire grace dans les cas seulement, où la loi n'aura point prononcé, mais dans les affaires poursuivies au nom de l'assemblée, ou dans lesquelles la loi aura prononcé, il ne pourra être accordé ni grace, ni répit, que par une résolution de la chambre d'assemblée. En cas de mort, empêchement ou absence, il sera remplacé par *interim* par l'orateur du conseil, sous le titre de vice-président; &, dans le cas de mort, absence ou inhabileté de celui-ci, l'orateur de la chambre d'assemblée le

Année 1777.

Du conseil privé.

remplacera jusqu'à une nouvelle nomination.

La section huitième établit le conseil privé. Il sera composé de quatre membres, dont deux choisis par le conseil législatif, & les autres par la chambre d'assemblée ; aucun officier de terre ou de mer, au service de l'état de la Delaware ou de tout autre état, ne pourra être élu membre du conseil privé, & tout membre, soit de l'assemblée, soit du conseil législatif, qui sera élu pour le conseil privé, perdra sa place dans l'une ou l'autre de ces deux chambres. Trois membres du conseil privé suffiront pour délibérer, & leurs délibérations seront enrégistrées ; & ceux qui seront d'un avis différent, pourront l'inscrire sur le registre, pour le tout être présenté à l'assemblée générale lorsqu'elle le demandera. Deux des membres du conseil privé en seront retranchés au scrutin, au bout de deux ans ; l'un par le conseil législatif, l'autre par la chambre d'assemblée : ceux qui resteront, sortiront de place l'année suivante, & ils seront remplacés les uns

& les autres par de nouvelles élections, & ne redeviendront éligibles qu'après un intervalle de trois ans. Le président pourra convoquer le conseil privé toutes les fois & en tel lieu qu'il jugera nécessaire.

Année 1777.

Par la section neuvième, le président peut, avec le consentement du conseil privé, assembler la milice & faire les fonctions de capitaine général.

En vertu de l'article dix, les deux chambres s'ajourneront respectivement, mais de l'avis du conseil privé, ou sur la demande des membres de l'une ou l'autre chambre. Le président pourra la convoquer pour un temps plus prochain que celui auquel elle serait ajournée. Les assemblées tiendront leurs séances dans le même temps & dans le même lieu, & l'orateur de la chambre d'assemblée, préviendra l'autre chambre, du jour pour lequel la première se sera ajournée. La section onze veut que les délégués au Congrès général soient choisis tous les ans au scrutin par les deux chambres réunies en assemblée générale.

Toutes les sections, depuis la douzième,

Justice distributive.

jusqu'à la dix-huitième inclusivement, sont consacrées à l'établissement des cours de justice. Il y a dans chaque comté un juge de l'amirauté, des cours de plaids communs, & des cours pour les orphelins; un des juges dans chaque cour a le titre de chef-juge, & les juges sont autorisés à tenir les cours inférieures de chancellerie. Les appels de ces cours sont portés devant trois juges, qui forment une cour suprême pour tout l'Etat; & enfin, on peut encore se pourvoir contre leurs jugemens en matière de loi & d'équité, devant la cour des appels, composée du président de l'Etat & de six autres membres, dont trois sont nommés par le conseil législatif, & trois par la chambre d'assemblée. Tous les autres juges seront nommés au scrutin par le président & l'assemblée générale ; & en cas de partage d'opinion, le président a une nouvelle voix pour départager. Les juges ou chefs-juges, dans les différentes cours, nomment eux-mêmes leurs greffiers, & leurs fonctions durent cinq ans. Leurs commissions leur sont délivrées par le président, sous le grand sceau de l'Etat. Les sherifs & coroners sont élus par les francs tenanciers, & en cas de mort, d'absence, ou inhabileté, le président & le conseil privé peuvent les remplacer dans l'intervalle sur deux sujets qui leur seront présentés par l'assemblée. L'assemblée présente aussi vingt-quatre sujets pour chaque comté; le président, avec l'approbation du conseil privé, en choisit douze pour être juges de paix, & leur fait expédier des commissions pour en exercer les fonctions pendant sept ans. Les membres du conseil législatif & du conseil privé sont juges de paix pour tout l'Etat, tant qu'ils restent en place, & les juges des plaids communs sont conservateurs de la paix dans leurs comtés respectifs.

L'assemblée générale nomme tous les officiers de terre & de mer. Le président a le droit de nommer à tous les emplois qui ne sont point désignés dans la constitution, & pour le temps qu'ils le juge à propos.

Les juges, les clercs, & tous autres

engagés au service de l'Etat, par un contrat civil ou militaire, ne peuvent être en même temps membres des corps législatifs, & les membres de l'une ou de l'autre chambre qui accepteront quelques-uns de ces offices, excepté celui de juge de paix, en sont exclus, & doivent être remplacés par une nouvelle élection. Les articles dix-neuf & vingt, rendent le président dépositaire du sceau de l'Etat, & lui donnent le droit de signer en certification toutes les commissions données au nom de l'Etat de Delaware, de même qu'aux chefs juges, la garde des sceaux de leurs cours, & le droit de signer les actes en certification.

Sermens. La loi passe ensuite à la forme des sermens, elle en éxige deux: un de fidélité envers l'Etat, un de profession de foi. Elle éxige que chaque officier affirme, qu'il croit en *Dieu le père, Jesus-Christ son fils unique, & au Saint-Esprit, un seul Dieu béni à jamais*, (c'est-à-dire la Trinité) & qu'il reconnaisse l'Ancien & le Nouveau Testament pour avoir été *donnés par*

par inspiration divine. * Ce ferment est plus strict que le second article de la déclaration des droits, qui accorde la liberté absolue en matière de foi, & dit que c'est le droit naturel & inaliénable de chacun des hommes.

La section vingt-trois constitue le conseil législatif pour juger les prévarications commises dans les charges publiques ; & tout officier ou juge, ne peut être destitué que pour trois causes : sur un jugement des cours de loi commune, qui le déclare convaincu de malversation : sur une accusation d'Etat au nom de la chambre d'assemblée, jugée par le conseil législatif, ou sur une adresse de l'assemblée générale. **

---

* *Formulaire du serment.*
« Je N** fais profession de croire en *Dieu le père,*
» en *Jesus-Christ son fils unique, & au Saint-Esprit,*
» un seul Dieu béni à jamais ; & je reconnais les saintes
» Ecritures de l'Ancien & du Nouveau Testament pour
» avoir été données par une inspiration divine. »

** Une grande différence entre cette loi & celles faites sur le même objet dans la Caroline & la Nouvelle-York, c'est que dans ces Etats les juges peuvent être destitués *ad nutum* par le gouverneur ou président.

Tome II.   M

Il est juste que la volonté de l'assemblée générale équivale à une condamnation. Comme alors c'est la législature elle-même qui parle, sa seule opinion doit suppléer au jugement des motifs de destitution.

Les sections vingt-quatre & vingt-cinq conservent l'exercice du droit commun d'Angleterre, & des actes de législation précédemment faits dans la Colonie, jusqu'à ce que la nouvelle *législature* en ait autrement ordonné.

La section vingt-six déclare qu'à l'avenir aucun nègre, indien, ou mulâtre ne sera tenu en esclavage dans l'étendue de l'Etat.

Les articles suivans assurent la liberté des élections, & empêchent qu'elles ne soient troublées notamment par la présence ou intervention d'aucuns hommes armés.

La section trente-deux déclare tout prédicateur de l'Evangile incapable des emplois civils, & établit l'égalité & la liberté de toutes les sectes du Christianisme ; elle semble exclure non-seulement toute autre religion, mais encore l'indifférence & le doute en matière de religion, malgré tout ce que l'on pourrait induire de la déclaration des droits.

Les règles fondamentales, & les sections essentielles de la constitution ne peuvent être changées que par le consentement des cinq septièmes de l'assemblée, & de sept des membres du conseil.

CETTE constitution peut sans doute souffrir quelques objections; cependant elle est, à mon jugement, la meilleure qui ait été faite dans les treize Etats-Unis, & les autres me paraissent défectueuses dans les parties qui lui sont contraires. La rédaction pourrait être plus parfaite, on pourrait y faire des changemens, mais le fond me parait calculé sur le véritable intérêt des peuples, & établi en général sur des principes de justice & de raison naturelle.

L'ASSEMBLÉE des députés de la Pensilvanie, en adhérant à l'acte d'indépendance, avait réservé formellement au peuple de cette

ANNÉE 1777.

Remarques.

Gouvernement de Pensilvanie

province le droit de se choisir lui-même une forme de gouvernement, & de régler son administration intérieure. Ce n'était pas une facile entreprise que de surpasser la sagesse ingénue de Guillaume Penn, & que de substituer à un gouvernement heureux, un gouvernement plus heureux encore. Les hommes les plus éclairés du pays y avaient travaillé long-temps. C'était le docteur Franklin qui présidait la commission. Le projet demeura plus de deux mois sur le bureau, & chaque jour on y faisait d'utiles changemens. Enfin la constitution de Pensilvanie parut le 28 Septembre 1773.

Déclaration des droits. La déclaration des droits du peuple de cette république ne contenait que seize articles.

Liberté politique dans la plus grande étendue.

Liberté indéfinie en matière de religion.

Le peuple a seul le droit de se gouverner.

Tous officiers publics ne sont que ses mandataires.

La majeure partie du peuple peut réformer & changer le gouvernement.

Les officiers publics doivent à des époques fixes rentrer dans l'Etat privé.

Tout homme ayant intérêt à la communauté doit avoir part aux élections.

Chaque membre de la société en doit supporter les charges, en échange de la protection qu'il reçoit d'elle.

L'instruction des crimes doit être publique, & aucun homme ne doit être privé de sa liberté que par *les loix du pays* ou le jugement de ses pairs.

Les warrans ne doivent être décernés que dans les formes prescrites. (*Ces formes prescrites* sont celles de l'Angleterre.)

En tout procès l'instruction par jurés doit être regardée comme sacrée.

Le peuple a la liberté de parler, d'écrire & de publier ses sentimens.

Il ne doit point être entretenu d'armée en temps de paix, & toujours le militaire doit être subordonné à l'autorité civile.

Le recours fréquent aux loix constitutives est nécessaire pour conserver la justice & la liberté.

Cet article qui ne se trouve pas dans la déclaration des droits de Delaware, est tiré de celle de la Virginie.

Les hommes sont toujours maîtres de quitter la société à laquelle ils étaient attachés; &, en la quittant, ils cessent d'être soumis à ses loix.

Cet article fondé sur le droit naturel ne se trouve point dans les autres constitutions.

Le peuple a droit de s'assembler, de consulter pour le bien commun, de donner des instructions à ses représentans, & de demander au corps législatif, par des pétitions ou remontrances, le redressement des torts qu'il croit lui être faits.

Ce dernier article n'est exprimé aussi positivement, & n'a autant d'étendue dans aucune autre des déclarations de droits des Etats-Unis.

LA constitution comporte beaucoup plus d'étendue en quelques parties que celles des autres gouvernemens. La république est gouvernée par un président, un conseil & une assemblée ; les pouvoirs législatifs résident dans l'assemblée. Les cours de justice sont aussi à l'instar des autres Colonies, & conformes à la Jurisprudence anglaise ; la défense du pays est confiée à des milices, & le peuple en état de porter les armes choisit lui-même les colonels & les autres officiers qui le commandent. Tout homme libre, âgé de vingt-un ans, *tenancier* * ou non, est admis à voter, du moment qu'il a payé les taxes, ce qui n'éxiste point ailleurs.

L'assemblée générale ne peut enfreindre, changer ni abolir la constitution.

Elle n'éxige aucun autre serment religieux, que la croyance *d'un seul Dieu* & le respect pour les Ecritures de l'Ancien & du Nouveau Testament.

Lorsque cet article passa à la pluralité des voix, le docteur Franklin, qui présidait la commission extraordinaire, fit une

---

* *Tenancier*, propriétaires d'immeubles.

obfervation. S'il y a, dit-il, dans la république un athée honnête homme & de bonne foi, il ne fera pas ce ferment, ce qui priverait l'Etat des lumières & de l'affiftance d'un bon citoyen ; s'il y a, continua-t-il, un athée mal-honnête homme, il n'héfitera pas, il fera le ferment, & vous n'aurez obvié à rien.

Le nombre des repréfentans de chaque comté eft proportionné à celui des habitans qui payent les taxes.

Le confeil eft compofé de douze membres, & les élections font fixées de manière à accoutumer fucceffivement aux affaires publiques tous ceux qui font capables de s'en occuper. Le préfident doit être choifi par la réunion des deux chambres entre les membres du confeil.

Tous ceux qui rempliffent des charges lucratives ne peuvent avoir entrée, ni dans l'affemblée, ni dans le confeil.

Les débiteurs ne peuvent être détenus en prifon ; lorfqu'il n'y a point de fraude de leur part. (Cette loi eft dictée par la juftice & l'humanité.)

Les juges de paix ne peuvent être en même-temps membres de l'assemblée, ce qui n'est point dans les autres constitutions.

Il n'y a qu'un seul office ou greffe pour la vérification des testamens, & accorder des lettres d'administration dans les successions ; & un autre pour le dépôt & enregistrement des actes, ce qui prouve que les remarques ci-devant faites sur la multiplicité & la complication des offices au Maryland, ont aussi frappé les législateurs de Pensilvanie.

La liberté de la presse est accordée à tous ceux qui voudront éxaminer le gouvernement.

Les emplois lucratifs seront modérés de manière à n'exciter l'ambition de personne, mais seulement à tenir lieu de dédommagement.

Les substitutions ne pourront être perpétuelles.

Les loix pénales d'Angleterre seront réformées & rendues moins sanguinaires. Il y sera suppléé par des châtimens de longue durée, des travaux rudes & publics.

Les officiers civils feront un serment de fidélité à la république, & un autre de se bien acquitter de leur emploi.

Pour exiger un impôt, il faudra que l'objet de l'imposition soit plus utile à l'Etat que ne serait l'argent de la taxe à chaque particulier. Beau règlement dans la théorie, mais dont il est difficile de remplir les vues & de ne point s'écarter dans l'exécution. Que celui de Guillaume Penn sur la même matière était bien meilleur & plus simple ! « La majorité des suffrages suffira pour » établir une loi, il en faudra les deux tiers » pour établir un impôt. » La voix de l'intérêt personnel qui se faisait entendre, valait bien mieux que cette évaluation subtile que l'on exige des membres de l'Etat gouvernant.

Tout étranger pourra acquérir des biens en Pensilvanie, & devenir libre citoyen, après un an de résidence, mais il ne pourra être élu dans l'assemblée qu'après une résidence de deux ans.

La chasse & la pêche sont libres.

Il doit y avoir dans chaque comté des écoles publiques, & dans l'Etat plusieurs universités.

Il sera fait des loix pour l'encouragement de la vertu & la garde des mœurs.

Les sociétés religieuses sont maintenues dans leurs privilèges & immunités.

La déclaration des droits fait partie de la constitution, & ne doit jamais être violée.

Il y aura, pour assurer la conservation de la liberté, un corps électif, appellé le Conseil des Censeurs, qui veillera à ce que la constitution ne soit point enfreinte, examinera si les taxes auront été imposées & levées justement. Ils pourront citer devant eux les personnes, & se faire représenter les registres & les actes, & ordonneront la poursuite des crimes d'état. Le pouvoir des censeurs ne durera qu'un an, après lequel d'autres seront élus; ils pourront convoquer une commission extraordinaire, pour réformer ou éclaircir quelques articles de la constitution, si cela leur parait nécessaire au bonheur du peuple;

mais ils feront publier les articles à réformer six mois avant le jour fixé pour élire la commission extraordinaire, afin que le peuple puisse les examiner & donner ses instructions à ses représentans.

Cette constitution est établie sur les principes d'une saine philosophie; mais qui ne regretterait pas ces arbitres bienveillans, qui suivant les loix de Guillaume Penn, s'appliquaient à concilier dans chaque canton les différends qui pouvaient s'élever, & ne renvoyaient les parties devant les tribunaux, que dans les cas seulement où ils n'avaient pu parvenir à les mettre d'accord?

La nouvelle constitution de la Pensilvanie a été généralement applaudie en Europe. Cependant on y a négligé une condition essentielle : la suppression positive de toute noblesse & prérogatives héréditaires. Mais le Congrès y a heureusement pourvu par l'un des articles de la confédération générale, en ne permettant à aucun état en particulier, ni même aux représentans des treize Etats-Unis, d'accorder des lettres de noblesse. La conservation des sociétés religieuses avec des immunités, ne peut-elle pas devenir dangereuse ? Le conseil des censeurs, qui n'existe pas dans les autres constitutions, peut être d'une grande utilité ; mais n'a-t-il pas trop de pouvoirs à la fois, & la balance réciproque du corps *exécutif* & du corps *législatif*, la censure respective des membres de ces deux corps, la publicité des actes, & la liberté de la presse, ne suffisent-elles pas ? Les loix pour l'encouragement de la vertu, pour la garde des mœurs, sont louables ; mais elles peuvent dégénérer en une sorte d'inquisition. La liberté du gouvernement n'est-elle pas la gardienne la plus sûre des mœurs & la source des vertus ? Lorsque les hommes n'ont ni motifs d'ambition, ni pouvoir à redouter, ni injustices à craindre, ni taxes trop fortes à payer, ni impossibilité de vivre sans vices, que tout homme laborieux trouve de l'occupation, & que le sol fertile accorde l'abondance en échange du travail, qui pourrait corrompre les mœurs ? Dans les pays malheureux, où la glèbe est exténuée par tout ce qu'elle paye, où le mariage est un fardeau, où le journalier agreste languit une partie de l'année sans trouver de l'emploi, & ne peut être en aucune saison assez riche pour payer les subsistances qu'il tire du sein de la terre, tandis que l'opulence dévore en un jour la nourriture de cent familles; dans de tels pays, la misère entraîne tous les vices qui flattent les riches & les grands, & la contagion augmente, gagne, corrompt toute la masse du peuple à mesure que l'ennui multiplie leurs passions. De pareils malheurs ne sont point à redouter dans la Pensilvanie, aussi la plupart des remarques que j'ai faites paraissent l'avoir été de même par les citoyens de cette république, & il a été déjà proposé des changemens & des modifications.

L'assemblée générale de la Caroline méridionale, usant du droit qui lui était attribué par la constitution provisoire, du 26 Mars 1776, de changer ou réformer à la pluralité des voix, les articles de cette constitution, publia le 3 Février 1777, les conditions définitives du gouvernement qu'elle adoptait. Elle ne prit point la sage précaution de fixer les droits du peuple envers le gouvernement, & du gouvernement sur le peuple par une déclaration positive. Mais elle divisa les articles de la constitution en quarante sections au lieu de trente-trois que contenait la chartre provisoire, & modifia plusieurs de ses dispositions. Le fonds fut entièrement conservé, & le changement le plus remarquable qui se trouve dans cette constitution nouvelle est renfermé dans les art. XXXVIII & XXXIX, tous deux relatifs au culte divin, aux sociétés religieuses, aux ministres de la religion, à leurs salaires & à leurs privilèges, qui y sont extrêmement bornés. Ces deux articles sont très-longs & très-étendus, & permettent, non-seulement le libre exercice de tous les cultes connus jusqu'à présent en Europe, mais encore de tous ceux que le zèle ou l'erreur des hommes pourraient adopter dans la suite, pourvu

Année 1777.

qu'il se trouve quinze personnes mâles, & n'ayant pas moins de vingt-un ans, qui soient du même avis.

<small>Réflexions générales sur tous ces nouveaux gouvernemens. Avantages qu'ils procurent aux peuples.</small>

JE termine ici l'examen particulier des constitutions des Etats-Unis. Ce qui resterait à examiner entraînerait trop de répétitions, & l'exposé qui vient d'être fait des constitutions, entre lesquelles il y a le plus de différences, doit faire connaître assez le système général des autres règlemens, dont je ne fais pas l'extrait.

Livrons-nous maintenant aux utiles réflexions que ces nouvelles formes de gouvernement doivent inspirer.

Entre tous les avantages qu'elles rassemblent pour les peuples, elles ont particulièrement celui d'exercer aux emplois civils & de l'administration un grand nombre de sujets, de placer successivement tous les hommes nés avec quelques dispositions dans un jour utile à leur patrie. Ailleurs il arrive souvent que le mérite n'est alimenté que de chagrins & de regrets ; que les lumières sont un présent
funeste

funeste, & ne servent qu'à éclairer le malheur de ceux qui en sont doués.

La formation des nouvelles constitutions dans l'Amérique septentrionale, terminant la révolution, les peuples allaient jouir d'une administration préférable, à tous égards, à celle qu'ils avaient sous l'autorité britannique : il était facile à l'homme le moins éclairé d'entr'eux de s'en convaincre, en comparant les deux gouvernemens. Les manufactures de fer, de laines, de cotons, que le gouvernement de la Grande-Bretagne empêchait, étaient encouragées ; le commerce, gêné jusqu'alors, & la navigation qui avait été restreinte, n'avaient plus d'autres bornes que celles de l'univers. Les nouvelles constitutions avaient pour but le bonheur du peuple, & l'homme le plus pauvre pouvait, par sa vertu & son mérite, être élevé à la premiere dignité. Avec un gouvernement fondé sur des principes aussi naturels, aussi justes, & dont toutes les vues tendaient à rendre les peuples riches, puissans, vertueux & heureux ;

Année 1777.

Comparaison de quelques gouvernemens européens & de ceux des nouvelles républiques de l'Amérique.

ANNÉE 1777.

Défauts des constitutions de ces républiques.

qui aurait pu desirer de retourner sous l'ancienne domination ?

Il y avait dans plusieurs de ces nouvelles loix, formées par les délibérations & le consentement de l'Amérique, des inégalités dans des points essentiels, & quelquefois trop de combinaisons qui n'atteignaient pas leur but. L'objet principal des constitutions de ces nouveaux Etats était de procurer la juste proportion des représentans du peuple dans la *Législature*, & de subordonner à la *Législature* tous les autres pouvoirs. On a dû voir que cet objet n'a pas toujours été aussi bien rempli qu'on pouvait le désirer ; mais il y a lieu de croire que les méditations de l'expérience * serviront à régler dans la suite les changemens qui pourront être nécessaires.

---

* *Les méditations de l'expérience*. Cette expression pourrait paraître incorrecte à ceux qui n'appercevront pas qu'elle est particulièrement propre à la matière que l'on traite. On dirait envain que l'expérience ne médite point, & que c'est un sentiment purement passif ; cela est vrai dans le sens où il s'agit d'un enfant qui se blesse, l'expérience lui apprend à éviter dans la suite tout ce qui peut le blesser, & il n'a

Une chose qui doit étonner la prudence des politiques & des législateurs, c'est que dans plusieurs de ces constitutions, les juges sont amovibles, à la volonté des gouverneurs ou Présidens. On a peine à concevoir comment des assemblées d'hommes sages ont pu adopter, d'après la constitution provisoire de la Caroline méridionale, une détermination aussi vague & aussi contraire aux principes même des loix. Elles doivent laisser le moins qu'elles peuvent à l'arbitraire des hommes, dont mille passions & mille erreurs égarent la raison. Un gouverneur, un président, à moins qu'on ne leur suppose des vertus dont l'humanité n'est point capable, trouveront qu'un juge se comportera mal toutes

Année 1777.
Révocation des juges.

---

point besoin pour cela de méditation, parce que la blessure est un mal physique, du genre de ceux auxquels tous les animaux sont sensibles; mais les expériences morales comportent des méditations infinies, telles sont celles qui résultent d'une loi dont on a éprouvé les bons ou les mauvais effets. Les leçons de l'expérience montreront que la loix est mauvaise, mais ce seront les méditations qui serviront à la corriger.

les fois qu'il ne donnera pas gain de cause à ses parens, à ses maîtresses, à ses amis, à ses domestiques. La sûreté des peuples exige que les juges soient inamovibles, & ne puissent être destitués que pour forfaiture. Le droit de propriété est la base sacrée de tous les autres droits dans la société civile; les gardiens de ces droits ne peuvent qu'abuser du dépôt qui leur en a été fait, s'ils sont dans une trop grande dépendance de ceux qui gouvernent, quelques précaires & passagers que soient les pouvoirs de ceux-ci, car peut-on être assuré que le choix des électeurs ne tombera jamais sur un homme d'un caractère ambitieux & tirannique ? Alors il trouvera que les juges se comporteront mal, lorsqu'ils n'obéiront pas à son injustice, & refuseront de servir ses passions & ses haînes. Si l'on objectait que dans plusieurs Etats l'assemblée & le sénat ont le privilège de juger leurs membres, que par conséquent le gouverneur, dont les haînes ou les passions n'auraient ordinairement pour objet que les membres de ces corps, ne peut abuser de son pouvoir à leur égard, & que ses vengeances ne sont point à craindre pour le reste du peuple, je répondrai que si le gouverneur était ambitieux, le commandement des troupes lui suffirait pour subjuguer ces deux corps & changer la constitution; que le privilège des membres de la législature, d'être jugés par leurs pairs, est lui-même dangereux, parce qu'il entraîne plusieurs des inconvéniens de l'aristocratie; que le gouverneur se servira de son pouvoir sur les juges pour armer les peuples contre la constitution qui les rendait heureux. Il dira au forgeron assemble toi-même les fers qui vont enchaîner ta famille & tes concitoyens, & s'il résiste, il dira au juge enlève-lui son héritage, que sa tête soit proscrite, poursuis-le dans sa personne & dans ses biens, & si le juge s'y refuse, il le révoquera. La condition des justiciables sera pire que s'il n'y avait point de loi, car il s'en trouvera pour accabler le malheureux, & il ne s'en trouvera point pour punir l'injustice.

Ces vérités n'avaient point échappé à la

pénétration des habitans de Massachuset, « Il est essentiel pour la liberté, disaient-ils à leurs délégués au Congrès, que les pouvoirs législatifs, judiciaires & exécutifs, soient, autant qu'il est possible, *indépendans & séparés les uns des autres*; s'ils étaient réunis dans les mêmes personnes, ou dans le même nombre de personnes, on ne serait plus éclairé par cette censure mutuelle qui donne tant de sûreté contre l'établissement des loix arbitraires, & contre l'inutile exercice du pouvoir dans l'exécution de ces loix. »

On trouve la disposition suivante dans la déclaration des droits du Mariland.

« Les juges pourront être destitués pour mauvaise conduite, *après avoir été convaincus dans une cour de loi*, ou sur la demande de l'assemblée générale.

La convention de l'état de Delaware, dans l'article XXII. de la déclaration des droits dit:

« *L'indépendance* & l'intégrité des juges sont essentielles pour l'administration impartiale de la justice, & sont les meilleurs garans des droits & de la liberté des citoyens. »

Et l'article XXIII. de la constitution du même Etat veut que tout officier civil ou juge ne puisse être destitué que pour trois causes; sur un jugement des cours de loi commune, qui le déclare convaincu de malversation; sur une accusation d'état, au nom de la chambre d'assemblée, jugée par le conseil législatif; ou sur une adresse de l'assemblée générale. »

Année 1777.

VOILA les principes dont il ne faut pas s'écarter.

Ces constitutions pêchent encore en ce qu'elles conservent le droit commun de l'Angleterre & ses loix criminelles. Le droit commun de l'Angleterre est surchargé d'une foule inextricable de loix anciennes & modernes qui presque toutes manquent d'équité, de convenance & de justesse. L'application en est difficile, & l'étude si longue, que ceux qui s'y livrent en Angleterre sont obligés de passer plusieurs années dans des espèces de collèges ou séminaires, pour en connaître seulement les élémens. La procédure civile est par conséquent très-embarrassée: ajoutez la longueur & l'inconséquence des

Continuation du droit commun & du droit criminel de l'Angleterre.

formes, & vous trouverez pour ainsi dire l'impossibilité de rendre justice. Le droit civil de France, tout incohérent qu'il est, serait encore préférable, & les procès en France, tous ruineux & horribles qu'ils sont, paraissent courts, simples & peu couteux, en comparaison de ceux de Londres. La moindre difficulté en matière de droit, engendre des chicanes éternelles. Il faut être doué d'un caractère vraiment patient & laborieux, pour étudier ce qu'on appelle un procès dans ce royaume. Le moindre contrat ne peut être lu en moins d'un jour *. Les clauses sont chargées de répétitions sans nombre, & noyées dans des formules barbares, tirées des coutumes

---

* Ces actes ne sont point rédigés par des notaires, mais par des praticiens ou gens de loi. Ils s'appellent *indentures*, c'est-à-dire actes dentelés, parce que le haut des feuilles de parchemin sur lesquelles ils doivent être écrits, sont effectivement dentelées. Ces feuilles sont écrites *recto* & *verso* dans toute leur étendue, en écriture gothique, & revêtues de la signature & du sceau ou cachet de toutes les parties; les rédacteurs y signent comme témoins, & y mettent aussi leur sceau.

saxonnes & normandes, ou du droit romain; dans des déclarations relatives aux religions ou à la féodalité: le ftyle n'en eft pas moins obfcur que le fond. Enfin, tout ce que les ténèbres de l'ignorance ont pu voiler de plus rebutant & de plus bizare s'y trouve confervé. Il n'en eft pas de même des loix relatives aux opérations du commerce, à la police générale & à la liberté perfonnelle: il y en a d'excellentes, & même de fublimes, qu'il faudrait conferver.

Année 1777.

Le droit criminel de l'Angleterre a été fouvent annoncé aux peuples comme un objet d'admiration, cependant les loix pénales en Angleterre font trop févères en bien des cas. Les délits pécuniaires font prefque toujours punis de la mort, qui femble ne devoir être le châtiment que des crimes de fang. La loi ne doit pas être plus fanguinaire que l'homme qu'elle condamne. Les habitans de la Penfilvanie ont fenti cet abus, & ont arrêté dans leur nouvelle conftitution, que les loix criminelles de l'Angleterre feraient réformées, & les châtimens modérés. Mais d'un autre côté la forme de procéder est trop favorable à l'accusé. Il a trop de moyens d'éviter le châtiment & d'écarter la preuve du crime. L'humanité se plaît à dire qu'il vaut mieux sauver un coupable que de punir un innocent. Cependant les loix qui font craindre trop souvent l'un ou l'autre de ces inconvéniens sont funestes aux peuples. En France tout est contre l'accusé ; il n'a point assez de moyens de se défendre ; en Angleterre tout est en faveur de l'accusé ; il a trop de moyens de se soustraire, quoique coupable, à la condamnation. Il en résulte qu'en France on évite, autant qu'il est possible, de livrer à la justice ceux qui ne sont point évidemment coupables, ou dont les crimes n'excluent pas tout sentiment d'honneur ; & qu'en Angleterre on a introduit, à l'égard de certains criminels, une forme de procéder plus célere que celle qui se fait par *jurés*. Rien ne ressemble plus à ces procédures par commissaires que l'on a vues trop souvent en France, & qui font en horreur à tous ceux qui ont quelqu'idée de justice. Cet abus rare en Angleterre éxistait en Amérique sous le nom de *bill d'atteinder*, ce qui signifiait une procédure abrégée & illégale. La convention de la Nouvelle-York déclarait par l'article XLI de la constitution de cet Etat, qu'il ne serait désormais passé aucuns *bills d'atteinder* que pour des crimes commis avant la fin de la guerre de l'indépendance. Mais si ces sortes de jugemens sont soufferts dans le cours d'une guerre juste & nécessitée par les violations de la liberté publique, ils deviendront fréquens à plus forte raison, dans des temps où les constitutions auront vieilli, où les abus seront enracinés, où une longue paix & l'ambition des francs tenanciers diminueront le respect qui est du aux droits du peuple.

La forme des *warrans* elle-même est sujette à mille inconvéniens, la plupart ont été apperçus par les nouveaux législateurs, & les ont jettés dans l'incertitude. La constitution du Mariland ne veut point qu'il soit délivré de warrant hors des cas judiciaires. Celle de la Virginie veut qu'il n'en soit point délivré *sans preuves*, mais elle ne détermine point la nature de ces preuves, & fait naître de plus grands embarras. Sera-ce comme en France une information ? Voilà les dangers & les abus de la procédure secrette. L'information sera-t-elle faite publiquement ? Alors l'accusé aura le temps d'éviter l'effet du warrant avant qu'il soit décerné. La constitution de Delawarre exige seulement que l'accusation soit affirmée par serment. Enfin celle de Pensilvanie veut qu'il ne soit délivré aucun warrant que dans les formes prescrites. Sans spécifier ces formes, ce qui suppose que ce sont généralement celles qui sont usitées dans le gouvernement britannique.

Il y aurait des remarques infinies à faire sur l'étendue & la nature des cautionnemens, car ils mettent une disproportion considérable entre la liberté de l'homme riche & celle du pauvre.

Enfin toutes ces constitutions paraissent avoir trop oublié le droit de propriété &

la tranquillité des hommes privés, pour ne s'occuper que d'établir promptement de nouveaux gouvernemens. Ce n'est pourtant que de la réunion des propriétés, des sûretés & des félicités particulières, que peuvent résulter dans les républiques la force & la prospérité de l'Etat.

<small>Année 1777.</small>

Je regarde ces premiers règlemens d'un peuple libre & éclairé comme provisoires. Si j'avais pensé qu'ils ne seraient point corrigés & achevés, au lieu d'en faire une analyse raisonnée, j'en aurais donné simplement le recueil à la fin de cette histoire, mais ce recueil déjà imprimé n'offre que des ébauches ou des répétitions. J'ai préféré comparer rapidement entr'elles les principales constitutions, & en faire, pour ainsi dire, un tableau instructif pour toutes les classes de lecteurs.

<small>Comment il faut considérer ces nouveaux règlemens.</small>

Il me semble qu'en portant cette comparaison beaucoup plus loin que ne me le permettaient les bornes que je me suis prescrites, & réunissant ensuite les meilleurs principes de ces constitutions diverses; fixant ce qui n'a été qu'indiqué; suppléant à quelques dispositions essentielles qui ont été oubliées, & réglant tous les objets accessoires; on parviendrait à établir une théorie parfaite du gouvernement républicain. Théorie presqu'encore inconnue, & que Montesquieu lui-même n'avait fait, pour ainsi dire, qu'entrevoir, à travers les nuages de l'antiquité, les rêves de Platon, & les systêmes généraux des républiques modernes.

Projet d'un chef-d'œuvre de législation politique & civile.

Si, par un travail d'une importance plus grande encore, on faisait dériver le droit civil & le droit criminel de la déclaration des droits du peuple & du systême politique; si le code était tellement rédigé, qu'il y eût une correspondance directe entre le régime du gouvernement, & celui des familles & des propriétés, tant civiles que rurales, les actions utiles à la société, & toutes les volontés de la loi; qu'enfin, par la liaison des principes & de leurs applications, il y eût une forte cohésion entre les loix générales de l'Etat, & la conduite privée des citoyens; la force &

l'équité se concilieraient enfin pour former le gouvernement le plus heureux qui pût être desiré par des hommes.

Bien des difficultés s'opposent sans doute à cet ouvrage, tout à la fois si nécessaire & si glorieux au peuple qui le verrait éclôre; mais ces difficultés, dont la paresse des hommes s'est effrayée depuis tant de siècles, ne sont pas impossibles à surmonter.

Elles ne paraissent invincibles que dans les pays où il existe beaucoup de droits & de loix arbitraires, & où les abus sont aussi multipliés que les fonctions de l'administration publique.

Pour vous, Américains, dégagés de toutes entraves, vous pouvez vous rendre heureux, & offrir aux infortunés le partage de votre bonheur. Hâtez-vous, le temps est précieux; craignez que par une fatalité attachée à l'espèce humaine, de nouveaux préjugés, de nouveaux abus ne s'introduisent presqu'aussi-tôt que les anciens auront été chassés de vos climats.

Mes réflexions sur vos loix me paraissent à moi-même au-dessous du sujet; mais ce font celles d'un homme attentif & bien intentionné, elles feront peut-être éclôre les idées des philosophes & des gens en place les plus éclairés : c'est du moins un de mes vœux. Tout ce que le monde renferme de sagesse & de génie, doit concourir à perfectionner des gouvernemens si consolans pour l'humanité.

Fin de la troisième Partie.

ESSAIS
HISTORIQUES
ET POLITIQUES
SUR LA RÉVOLUTION
DE L'AMÉRIQUE
SEPTENTRIONALE.

ESSAIS
HISTORIQUES
ET POLITIQUES
SUR LA RÉVOLUTION
DE L'AMÉRIQUE
SEPTENTRIONALE.

Par M. HILLIARD D'AUBERTEUIL.

TOME SECOND.
SECONDE PARTIE.

A BRUXELLES,

Et se trouve

A PARIS,

Chez l'AUTEUR, rue des Bons-Enfans-
Saint-Honoré.

M. DCC. LXXXII.

TABLE

DE LA SECONDE PARTIE

DU TOME II.

LIVRE DIXIEME.

Arrivée du Général Burgoyne au Canada. Il avance dans les terres par la route des lacs; son armée reprend Ticonderago & tous les postes fortifiés jusqu'à Saratoga. Les Généraux américains Schuyler & Saint-Clair sont rappellés & remplacés par Gates & Arnold. L'armée du général Howe évacue les Jerseys, s'embarque & remonte la baie de Chésapeak. Bataille de Brandiwine. Les Anglais entrent dans Philadelphie.

Table des Chapitres, ou ordre des matières du Livre X.

(Carte de la partie méridionale du Canada & de la route des lacs.)

Chap. Ier.

Marche du Général Burgoyne vers Ticonderago. pages 209

Idée du climat qui regne dans les pays voisins des monts Apalaches, & qui séparent le Canada d'Albany. 212

Difficultés de la marche, & retards qu'elles occasionnent. 214

Saint-Clair évacue Ticonderago avant l'attaque. 215

Saint-Clair est rappellé. 217

Putnam coupe le passage aux troupes de Clinton, pour empêcher sa jonction avec l'armée du nord. Gates remplace Schuyler dans le commandement de l'armée américaine en cette partie. 218

Arnold rentre au service des Etats-Unis. 220

Howe avait ouvert la campagne par l'évacuation de New-Jersey. 223

Détails intéressans sur la guerre de l'Amérique septentrionale, qui prouvent la difficulté de subjuguer ce vaste pays. 225

Howe est blâmé en Angleterre d'avoir évacué le pays de Jersey ; raisons qui doivent le justifier. pages 227

La Cour d'Angleterre se trompe dans ses jugemens sur la guerre de l'Amérique. 232

Howe se décide à attaquer Philadelphie du côté de la mer. 235

Les Sauvages des environs d'Albany envoyent déclarer à Burgoyne qu'ils veulent garder la neutralité. 237

Débarquement de l'armée du général Howe en Pensilvanie ; sa marche vers celle de Vashington. 240

(Carte de la Delawarre & de Pensilvanie.)

Projets de la Cour. 241

Histoire de Seymours & de Molly. 247

(Estampe représentant la mort de Molly.)

Bataille de Brandiwine. 250

Situation respective des Anglais & des Américains. 263

LIVRE ONZIÈME.

BATAILLE de Germantown. Le colonel Stark, à la tête des milices de New hampshire, combat & défait les Anglais au village de Bennington. Burgoyne attaque l'aîle gauche de l'armée américaine ; il est vaincu par Arnold & Lincoln, qui s'emparent de ses lignes, & le forcent de se retirer au camp de Saratoga. Environné de tous côtés par les troupes américaines, il se rend prisonnier avec toute son armée.   pages 265

Chapitres ou ordre des Matières.

CHAP. I.er

La Cour commence à prendre des inquiétudes sur les intentions de la France.   265

Délibération du Congrès sur la perfidie des Ecossais.   267

Bataille de Germantown.   269

Arnold tient la campagne à la tête de cinq mille hommes. Une division de l'armée anglaise, aux ordres du colonel Saint-Léger, est forcée de retourner à Montréal, après avoir été battue.   279

Burgoyne attaque, le 19 *Septembre, le général Arnold; il est repoussé & battu.*
pages 281

Il est abandonné des Sauvages. 282

Victoire remportée sur les Anglais à Benington par le vieux colonel Stark. 286

Burgoyne livre une bataille le 7 *Octobre. Il réunit ses efforts contre l'aîle gauche de l'armée américaine; & est repoussé & vaincu par Arnold & Lincoln.* 287

Il est poursuivi à Saratoga par l'armée victorieuse. 288

Le général Clinton ne peut lui donner de secours ni de conseils. 289

Gates envoie le vieux colonel Stark reprendre Ticonderago, & va lui-même délivrer les environs d'Albany & de la Nouvelle-York des ravages du féroce Vaughan. 292

Réjouissances des Américains; défense du fort de Redbanck. 299

Le général Burgoyne passe plusieurs jours chez le général Schuyler, dont il avait, peu de temps auparavant, incendié l'habitation principale. 306

Récit de Burgoyne chez le général Schuyler. 308

Détails qu'il fait lui-même de sa marche par la route des lacs. pages 315

Traité pour le tabac de Virginie, entre les Américains & les fermiers-généraux de France. 322

Situation respective des armées aux environs de Philadelphie, dans l'hiver de 1777. 323

Manque de foi, & perfidie de Burgoyne. 325

Burgoyne retourne à Londres sous serment. Le Roi refuse de le voir. 327

Dernier effort de William-Pitt en faveur de la patrie; il lui coûte la vie. Ibid.

(Portrait de William-Pitt.)

Grands honneurs qui accompagnent sa pompe funebre. 328

L'Etat assigne une pension perpétuelle à sa famille. 329

Le peuple veut encore se charger de payer ses dettes, malgré la résistance des courtisans. 330

Débats au sujet de la révocation de l'acte de Québec. 331

La cour prend la résolution tardive de travailler à une réconciliation. 332

Burgoyne ne peut parvenir à faire entendre

la justification de sa conduite dans le parlement ; changement de ses opinions militaires. pages 332

LIVRE DOUZIEME.

Dispositions de la France. Etat de l'Angleterre. Projets inutiles de réconciliation. La France reconnaît par un traité l'indépendance des Etats - Unis de l'Amérique. Considérations sur les suites de ce traité. 335

Chapitres, ou ordre des Matières.

Chap. I.er

Nécessité où se trouvaient les Américains, de contracter une alliance avec une Puissance maritime. Ibid.

Ce qui s'était passé jusqu'alors relativement aux liaisons que les Américains désiraient contracter avec la France. 336

Les Anglais forcent la cour de France par des hostilités, de se préparer à la guerre. 338

Raisons qui pouvaient engager les peuples de

l'Europe à faire des traités avec les Américains. pages 345.

Préliminaire du traité avec la France. Ibid.

Année 1778.

Conclusion du traité d'alliance ; 6 Février 1778. 348

Principales conventions d'un second traité conditionel. 349

Divisions en Amérique, & dispositions des peuples à l'égard de la France. 351

Départ précipité des commissaires de la cour de Londres. 354

Opinions de quelques Anglais sur l'autorité du Congrès. Ibid.

Départ d'un Ambassadeur de France auprès des Etats-Unis. 355

Raisons qui devaient empêcher le succès des bills conciliatoires. Ibid.

Moyens de corruption employés inutilement en Amérique. 356

Evacuation de Philadelphie ; bataille de Montmouth-Court-House. 367

Succès des Américains. Eloge de Washington. 372

(Plan de la bataille de Montmouth-Court-House.)

Avantages que la France peut retirer de son alliance avec l'Amérique. pages 373

Ce que la France aurait pu faire aussi tôt après le traité, & ce que son gouvernement doit se proposer pour la suite. 377

Erreurs & préjugés des Français. 378

Idées de l'Auteur. Ibid.

Ce que la déclaration d'indépendance des colonies de l'Amérique fait perdre à l'Angleterrre. 382

Réflexions sur tout ce qui précède. 383

Etonnante énergie des sujets britanniques; leur éloquence politique. 385

Traits de valeur. 387

Patriotisme américain. Ibid.

Grands hommes en Amérique. 386

Fermeté patriotique. Ibid.

La population de l'Amérique septentrionale s'est formée aux dépens de toutes les nations. 389

L'indépendance est assurée. Grande vérité politique. Ibid.

Quel peut être l'état futur de l'Amérique septentrionale. 390

Si l'on doit compter sur la durée de l'alliance des Américains avec la France & l'Espagne. 392

S'il est à croire que les Anglo-Américains se feront la guerre entr'eux. 393

Campagne du comte d'Estaing. Prise de la Dominique & de la Grenade. 398

Pièces imprimées à la suite de l'Histoire.

Nomination de Washington au commandement général des armées continentales, & son discours au Congrès en acceptant cette place. 403

Honneurs publics rendus à la mémoire des généraux qui sont morts à la tête des armées, en combattant pour l'indépendance de l'Amérique. 406

Liste des officiers français, qui ont servi dans les armées américaines avec commission du Congrès, avant les traités faits entre la France & les treize Etats-Unis de l'Amérique. 413

Précis historique du premier voyage de M. le Marquis de la Fayette en Amérique. 427

Fin de la Table de la seconde Partie du Tome II. & dernier.

ESSAIS

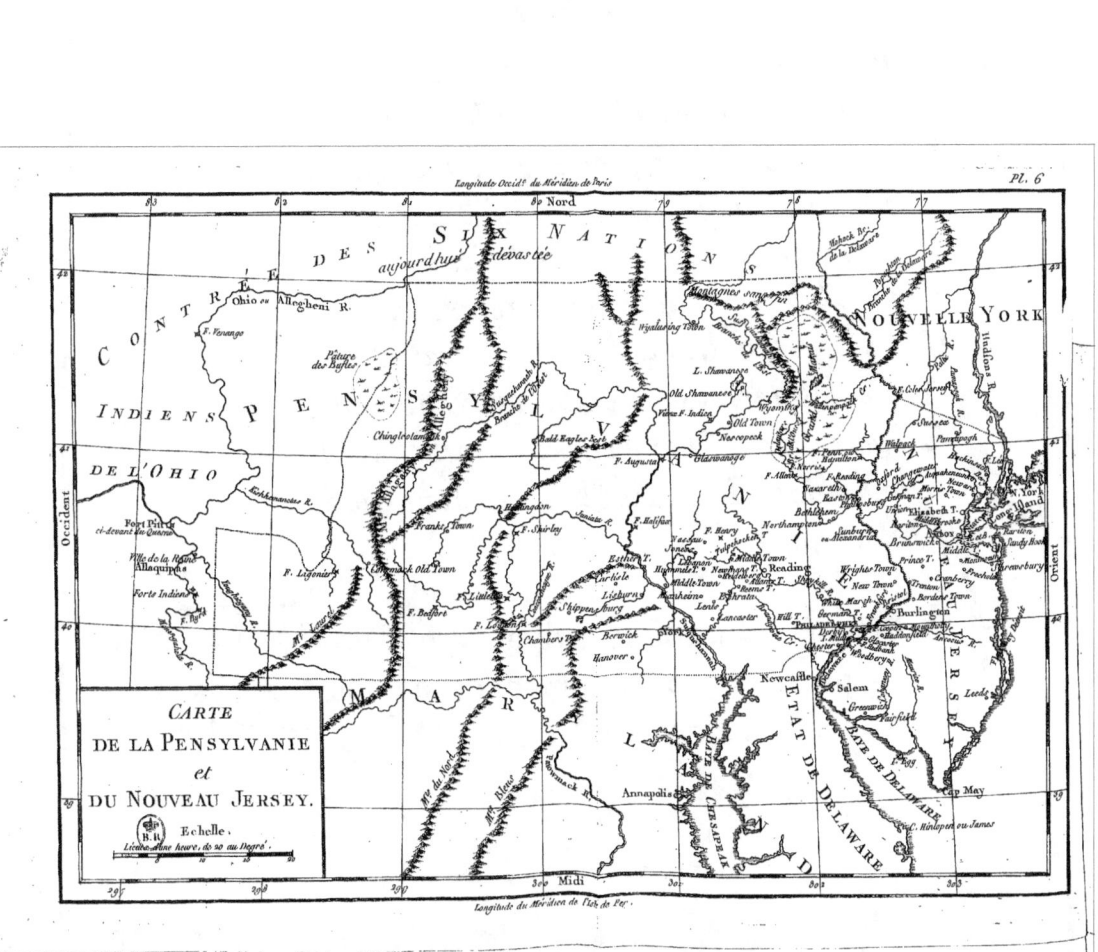

ESSAIS HISTORIQUES
ET POLITIQUES
SUR LA RÉVOLUTION
DE L'AMÉRIQUE
SEPTENTRIONALE.

LIVRE DIXIEME.

Arrivée du Général Burgoyne au Canada. Il avance dans les terres par la route des lacs; son armée reprend Ticonderago & tous les postes fortifiés jusqu'à Saratoga. Les Généraux américains Schuyler & Saint-Clair sont rappellés & remplacés par Gates & Arnold. L'armée du général Howe évacue les Jerseys, s'embarque & remonte la baie de Chésapeack. Bataille de Brandiwine. Les Anglais entrent dans Philadelphie.

LE Général Burgoyne arriva de Londres avec le pouvoir de commander en chef

ANNÉE 1777.
Marche du Général

Tome II. Sec. Part. O

Année 1777. Burgoyne vers Ticonderago.

l'armée du Canada. Les services de Guy Carleton, de ce Général actif & intrépide qui avait sauvé cette grande province lors des invasions de Mongommery & d'Arnold, avaient été oubliés. Burgoyne, guerrier & courtisan, membre du Parlement & Général d'armée, ce même homme qui s'amusait à jouer la comédie dans Québec avec les officiers de la garnison, & qui se flattait de triompher des Américains sur la route des lacs, arrivait avec un grand nombre de chariots, d'ustensiles de guerre & un approvisionnement immense. La Cour de Londres était éblouie de l'avantage de séparer entièrement les Colonies septentrionales d'avec les Etats de l'ouest & du sud, & de communiquer librement au Canada par la rivière d'Hudson; elle sacrifiait tout à cette chimère, & Burgoyne emportait six cens mille guinées, tant pour le payement des troupes que pour les autres dépenses de son armée. On ne pouvait se faire une juste idée des peines & des fatigues que ce Général avait à surmonter. Il en a fait depuis la peinture dans ses mé-

SUR L'AMÉRIQUE SEPTENTRIONALE. 211

moires, mais il ne lui était pas possible d'entrer dans les détails qui auraient été nécessaires pour que l'on pût juger des frais que cette expédition a dû coûter. L'armée dont il prit le commandement était formée de près de dix mille soldats ; son plan était de percer rapidement à travers la partie haute de l'Etat de New-York, de soumettre les cantons qui se trouveraient sur son passage, & tous les postes fortifiés qui bordaient les lacs, afin d'aller rejoindre le Général Clinton, que le Chevalier Howe avait laissé à New-York avec 9000 hommes. Les troupes anglaises espéraient trouver dans les environs d'Albany une subsistance aisée. Si après avoir réduit les forts Ticonderago, Crown-Point, Skenesborough, Edouard & Stanwir, & y avoir laissé des garnisons, Burgoyne s'était rendu maître de cette contrée, Clinton & lui auraient enserré entre la mer & leurs armées toute l'étendue de la Nouvelle-Angleterre ; la flotte de l'Amiral Howe aurait bordé & enchaîné les rivages, tandis que les efforts de son frere auraient conquis à la fois Philadelphie & Bos-

Année 1777.

ton, vaincu les troupes de Washington, & réduit les peuples à la soumission.

Mais il fallait traverser le lac George & le lac Champlain. Il fallait faire porter en plusieurs endroits, par les soldats, les bagages & les bateaux, & les difficultés devaient augmenter à mesure que l'on avancerait vers Albany. Les terres, encore dans leur premier état, sont couvertes d'arbres, qui s'étendent jusqu'au bord des rivières. Ces rivières, qui sont la seule route que l'on puisse tenir pour arriver de Montréal à Albany, sont couvertes de glaces jusqu'au mois d'Avril; alors la fonte des neiges leur donne une crue considérable, mais les eaux se retirent en peu de temps.

Idée du climat qui regne dans les pays voisins des monts Apalaches, & qui séparent le Canada de l'Albany.

Dès le mois de Mai le soleil a beaucoup de force, & dans les mois de Juin, de Juillet & d'Août, les sources qui descendaient des montagnes & qui rendaient seules les rivières navigables, se perdent dans les terres, ou restent à sec. Les rivières de l'Amérique sont quelquefois des torrens, & souvent des ruisseaux. Ce sont, comme l'a dit un écrivain renommé*, *des fleuves d'un jour, tarris le lendemain.* Les climats de l'Amérique ne seraient pas plus froids que ceux qui sont situés sous les mêmes degrés dans l'Europe & dans l'Asie, si l'immensité des forêts qui couvrent les montagnes de leur chevelure, n'entretenaient pas l'humidité & la fraîcheur de la terre, & si les vents du nord ne venaient pas transformer en neiges les nuages assemblés sur le sommet de ces montagnes. Tant que la coignée n'aura point éclairci ces forêts, leurs feuillages répandront sur toute l'étendue du continent septentrional, les eaux & les glaçons; mais le soleil n'en conserve pas moins son empire, & la chaleur de ses rayons, plus forte & plus durable que la température ne semble l'annoncer au premier regard, attire & dissipe promptement, dans les beaux jours de l'été, ces fleuves nourris de frimats, qui paraissaient le disputer à l'orgueil des mers. Ils vont former de nouveaux nuages, qui remplissant les vuides de l'atmosphère, se

---

* M. Raynal.

dispersent dans tout l'univers, l'embellissent & le fécondent ; & si la sécheresse n'a point désolé les cantons méridionaux, si tout reverdit en Afrique & dans l'Asie sans le secours de ces nouveaux nuages, d'autres nuages les repoussent vers les chaînes de montagnes où ils s'étaient amassés ; &, poursuivis par la force des vents, ils viennent retomber aux lieux de leur naissance, que la nature paraît avoir choisis jusqu'à présent pour en faire le réservoir du monde.

Difficultés de la marche & retards qu'elles occasionnent.

DANS ces climats une armée qui voyage sur des bateaux, ne peut avancer que lentement. Il peut arriver que quand l'armée défile vers les rivières, la crue des eaux n'existe plus, sans qu'on puisse accuser justement quelqu'officier d'avoir causé par sa négligence, le retard des opérations. Le Général Burgoyne, qui connaissait d'avance une partie de ces obstacles, avait eu la précaution de faire construire en Angleterre un grand nombre de bateaux plats ; mais l'armée manquait de mariniers habiles. Une partie du peuple d'*Albany* & de *Shenectadi* gagne sa vie à conduire les bateaux, en remontant & en descendant les rivières. Les bateliers de ce canton gouvernent adroitement, avec des perches, un bateau plat, dont la charge est souvent très-pesante, & savent les moyens d'empêcher qu'il ne soit entraîné par la rapidité des torrens. Il était impossible à des hommes novices dans ce métier de le faire avec diligence. Il n'est pas étonnant, d'après ces détails, que le Général Burgoyne, qui avait d'ailleurs à traverser des marais & un grand nombre de *creeks*, où l'on avait abatu des arbres pour retarder sa marche, ait employé trois mois pour parvenir de Montréal jusqu'au lac Champlain. Les obstacles qu'il rencontrait à chaque pas l'arrêtèrent plus long-temps qu'il n'avait cru, & il ne parut vers Ticonderago qu'au commencement de Juillet.

Saint-Clair, général américain, avait le commandement de ce poste important. Les troupes destinées à le couvrir & tenir la campagne étaient sous les ordres du général Schuyler, le même qui, en 1775, devait commander l'armée américaine au

Canada, & qui laiſſa le commandement à Mongommery. Il était riche & ſi conſidéré dans l'Amérique, que le Congrès, dès ſes premières aſſemblées, lui avait accordé le grade de major-général. On a fait courir le bruit que la cauſe de la liberté avait été trahie, & que Saint-Clair s'était engagé de livrer le fort aux troupes de Georges III. Schuyler lui-même n'a pas été à l'abri du ſoupçon. A l'approche de l'armée de Burgoyne, Saint-Clair ſe décida à évacuer avant l'attaque, prétendant que cette fortereſſe & le fort *indépendance* étant inveſtis, la garniſon n'était pas ſuffiſante pour défendre les ouvrages. Cependant il avait près de quatre mille hommes ſous ſon commandement. Il tint un conſeil de guerre, dont le réſultat fut ſigné de trois autres officiers généraux, entre leſquels était un français devenu brigadier-général en Amérique, appellé Rochefermoi. Après ce conſeil de guerre, Saint-Clair partit le 5 Juillet avec toute la garniſon, en ſe repliant par la route de terre ſur Skenefborough, où il avait déjà envoyé par des

SUR L'AMÉRIQUE SEPTENTRIONALE. 217

bateaux plats toutes les munitions, & les provisions qu'il avait pu tirer de Ticonderago. Mais les évènemens étaient tellement enchaînés, que les bateaux furent détruits & brûlés par un gros détachement de l'armée anglaise qui s'était posté sur Skenesborough, & en avait chassé deux régimens américains, qui formaient la garnison. Saint-Clair changea de route, & marcha vers le fort Edouard, où Schuyler commandait. Pendant sa marche qui dura sept jours entiers, les anglais tombèrent sur son arrière-garde, & lui prirent ou tuèrent près de douze cens hommes.

Année 1777.

On a vu plus d'une fois des généraux s'étayer du suffrage d'un conseil de guerre pour refuser de faire leur devoir, ou pour excuser leur courage. Saint-Clair est le premier parmi les Américains qui se soit laissé entraîner par ce dangereux exemple. Le Congrès apprit avec chagrin qu'il avait perdu sans combat une place, sur la résistance de laquelle il avait compté, qui ouvrait tout le pays à l'armée de Burgoyne, & lui assurait à la fois un entrepôt

Saint-Clair est rappellé.

& une retraite. Il se hâta d'ôter le commandement à Saint-Clair, & donna des ordres pour que l'on s'opposât vigoureusement d'un poste à l'autre aux progrès de Burgoyne & du chevalier Clinton, & à la jonction de leurs armées.

Putnam coupe le passage aux troupes de Clinton pour empêcher sa jonction avec l'armée du nord. Gates remplace Schuyler dans le commandement de l'armée américaine en cette partie.

PUTNAM partit avec quatre brigades, & alla se poster au-delà de Saratoga dans un pays dont la force naturelle était augmentée par de grands travaux. Une nouvelle marine américaine fut formée au-dessus des Higlands sur la rivière d'Hudson; les bois, les agrès, l'artillerie y avaient été conduits par terre de la Nouvelle-Angleterre: trois vaisseaux armés, construits sur le lieu même, attendaient les troupes, que l'on supposait devoir être envoyées par Clinton pour faciliter les progrès de Burgoyne, & étaient disposés de manière à leur couper le passage.

Schuyler fut remplacé par le général Gates; on a publié à Londres que Schuyler avait voulu se rendre, afin de conserver & de garantir du ravage les grands biens qu'il possédait du chef de sa femme entre

Saratoga & Albany. Mais non, Schuyler ne s'était point rendu coupable d'une pareille lâcheté. Comment lui seul, entre tant de citoyens qui avaient dévoué leur fortune & leur sang sur l'autel de la patrie, auroit-il pu concevoir des sentimens si bas ? Quand on n'a pas sous les yeux l'exemple de la trahison, il est rare que l'on en médite les desseins. Depuis le commencement de la guerre les ministres de Londres n'avaient négligé aucune occasion d'étendre des nuages sur la fidélité des chefs américains ; le rappel de Schuyler parut favorable à la calomnie ; mais, quoiqu'elle ait versé ses poisons parmi les membres du Congrès, toutes les présomptions sont en faveur de l'innocence de ce républicain, & si j'ai rappellé les soupçons dont il a été chargé trop légèrement, c'est que je demeure persuadé que ces soupçons n'ont eu d'autre fondement que la haîne que les envieux portent naturellement à ceux qui ont de grandes richesses. La position où Schuyler se trouvait placé, entre la honte de se rendre & la gloire de défendre ses biens, doit elle-même servir à faire présumer son innocence. Enfin sa conduite & celle de Saint-Clair ont été examinées depuis dans une cour martiale, & tous deux ont été honorablement déchargés de toute accusation. Les évènemens ont d'ailleurs justifié ce général d'une manière qui lui fait honneur, puisque l'armée anglaise ayant ravagé depuis ces mêmes biens, auxquels on lui faisait l'injustice de le croire si bassement attaché, puisque cette armée ayant renversé ses bâtimens & ruiné ses moissons, il soutint avec générosité ce fâcheux évènement, & donna, dans cette circonstance à son pays, un exemple rare de patriotisme & de désintéressement, en refusant toute espèce de dédommagement & d'indemnité.

Arnold rentre au service des Etats-Unis. Dans cette occasion pressante Arnold reprit le commandement d'une division de l'armée du Nord; une action d'éclat venait d'ajouter encore à sa gloire. Quoique mécontent du Congrès & retiré du service, apprenant que les Anglais faisaient une irruption à Dambury dans le Connecticut, il avait rassemblé les milices de la Nouvelle-Angleterre, & avait volé au secours du général Woster qui commandait en cette partie. L'action avait eu lieu le 27 Avril, & Woster ayant été blessé mortellement, Arnold par son courage avait sauvé dans cette journée les troupes continentales, & repoussé les ennemis ; le combat avait été opiniâtre de part & d'autre ; un de ses chevaux avait été tué sous lui, & l'autre blessé. Le Congrès n'avait pu dans une telle circonstance lui refuser des éloges. Quoique le jugement de sa conduite passée fût alors soumis à l'examen d'une cour martiale, cette assemblée, en même-temps qu'elle avait ordonné qu'il serait érigé un tombeau aux mânes de Woster, mort pour la défense de sa patrie, avait fait présent à Arnold d'un cheval de prix magnifiquement caparaçonné, qui lui avait été délivré par le quartier-maître général de l'armée au milieu des honneurs militaires. Enfin ce dernier exploit avait répandu sans doute un jour favorable sur sa cause, puisque les plaintes excitées par les exactions, & les violences qu'on l'accusait d'avoir commises, avaient été déclarées mal fondées, & le rapport confirmé par acte du Congrès le 23 Mai.

Il avait formé par son exemple des hommes intrépides comme lui. Barton, autrefois chapelier & lieutenant-colonel d'un des régimens de milice, qui l'avaient suivi à Dambury, avait osé entreprendre d'enlever le général Prescot de la même manière que Charles Lée avait été pris par le colonel Harcourt; Prescot, le même qui étant au Canada sous les ordres de Carleton, avait traité si durement Ethan Allen & ce malheureux marchand de Montréal, Thomas Walker, le même qui avait été déjà fait prisonnier avec la garnison du fort Saint-Jean par le général Mongommery. Il commandait à Rhod-Island depuis le départ du lord Percy, & habitait une maison de campagne éloignée de quelques milles de la ville de Newport. Barton, à la tête de quelques miliciens de bonne volonté, s'y était rendu par eau, & l'avait enlevé de son lit, ainsi que William Barington son aide de camp. Le Congrès avait fait présent d'une épée à Barton, & lui avait donné le rang de Colonel dans l'armée continentale.

ANNÉE 1777.

Arnold étant rentré au service du Congrès, partit avec cinq mille hommes, & se rendit vers les plaines de Saratoga, où Gates travaillait à rallier les troupes dispersées : tandis que l'un se livrait à son zèle & l'autre aux passions violentes qui relevaient son courage, d'autres faits de guerre se passaient dans les contrées où Howe & Washington occupaient le terrein.

Les équipages de l'armée du chevalier Howe n'étaient arrivés en Amérique que le 24 Mai, & il ne les avait reçus qu'au mois de Juin ; par conséquent il ne put ouvrir la campagne que très-tard. Ce ne fut qu'à la fin de Juin qu'il fit quitter les quartiers à son armée ; il aurait bien désiré engager Washington dans une affaire générale, mais n'ayant pu y parvenir, il n'osa

Howe avait ouvert la campagne par l'évacuation de New-Jersey.

pas le faire charger par ses troupes, dans une position aussi avantageuse que celle qu'il occupait : il aurait risqué de perdre un grand nombre de soldats, & aurait été exposé à des défaites, en quelqu'endroit qu'il eût voulu pénétrer & passer la Delawarre. Il aima mieux évacuer le Jersey & entrer par un autre côté dans la Pensilvanie ; par ce mouvement il divisait les armées des Américains, & il croyoit déconcerter tous leurs plans.

L'évacuation du New-Jersey s'effectua à la fin de Juin, & les derniers bataillons des gardes anglaises s'embarquèrent le 30. Les corps que commandait le lord Cornwallis avaient été harcelés depuis le 22 par des pelotons de l'armée de Washington, & il y eut le 24 une action très-vive, pendant laquelle l'artillerie des Américains leur ayant été prise, ils parvinrent à la reprendre. Finch, colonel aux gardes & frere du comte de Suffolck, alors ministre, fut tué ; le général Grant eut un cheval tué sous lui. Howe se rembarqua pour l'isle des Etats, où le rendez-vous général

général était marqué, laissant à New-York & sur la rivière d'Hudson environ neuf mille hommes, commandés par le général Clinton.

<small>Année 1777.</small>

Il persistait toujours dans le dessein de s'emparer de Philadelphie ; c'était-là que tendaient tous ses desirs, & la Cour n'en formait point de plus ardens. On était persuadé que la soumission des rebelles dépendait de la réduction de cette ville. Le chevalier Howe avait reconnu que la route qui conduit de la Nouvelle-York dans la Pensilvanie, était trop difficile par terre. Il n'y a que deux manières de faire la guerre dans un pays ennemi, situé comme le sont les Colonies septentrionales de l'Amérique. Il faut s'avancer par l'intérieur des terres, & couper les points de correspondance entre les places fortifiées, ou bien attaquer du côté de la mer les places fortifiées, & s'emparer des rivages. La première de ces méthodes est sujette à mille dangers ; il est toujours difficile de se procurer des vivres, des fourages ; on est trop souvent exposé à se voir harceler & détruire par des enne-

<small>Détails intéressans sur la guerre de l'Amérique septentrionale, qui prouvent la difficulté de subjuguer ce vaste pays.</small>

Tome II. Sec. Part.   P.

mis inférieurs en nombre & en discipline, mais qui, maîtres du pays, en connaissent tous les sentiers, & forment pour ainsi dire à chaque pas des embuscades que l'on ne peut éviter sans de grandes précautions, & qu'avec beaucoup d'adresse. La désertion se met parmi les soldats, que séduisent l'aspect délicieux des campagnes & l'espérance d'un bonheur qui leur avait été jusqu'alors inconnu. Les dépenses qu'il faut faire en chariots, en chevaux, peuvent ruiner en peu de temps la nation la plus riche. Les dangers s'accroissent à proportion de la distance qui se trouve entre les flottes & l'armée. Le second système de guerre ne promet pas des succès décisifs, parce que le vainqueur, qui s'est rendu maître d'une place maritime, ne peut être assuré de trouver des subsistances, & peut être facilement bloqué. En prenant le parti de s'avancer dans l'intérieur du pays, le général Howe était trop habile pour ne pas ouvrir un chemin large à son armée, & pour ne pas s'emparer de tous les postes circonvoisins, afin d'assurer en tous temps sa retraite. C'était la marche qu'il avait suivie dans l'invasion du Nouveau-Jersey ; mais éloigné des renforts, obligé de tirer de l'Europe tous les objets dont il avait besoin, il voyait ses troupes diminuer de jour en jour, par la désertion & les maladies : elles étaient réduites à quinze mille soldats. Ce nombre ne suffisait point, son armée se serait annéantie par ses propres conquêtes, & il aurait compromis les intérêts qui lui étaient confiés, s'il avait entrepris de suivre une seconde fois une route qui lui avait si mal réussi la première.

Année 1777.

A la nouvelle de l'évacuation du Nouveau-Jersey, la conduite de Howe fut blâmée en Angleterre, & l'on se fondait sur ce que les chemins entre Brunswick & Philadelphie ne pouvaient pas être aussi difficiles qu'il le disait ; on désaprouvait, sans examen, qu'il eût multiplié les postes avancés, & étendu le front de son armée, au lieu de marcher droit à la ville où se tenaient les assemblées du Congrès, & dont on croyait que la prise devait entraîner

Howe est blâmé en Angleterre d'avoir évacué le pays de Jersey ; raisons qui doivent le justifier.

la ruine totale de la cause américaine. Il ne fallait pas, disait-on, donner le temps au peuple de rassembler de nouvelles troupes, il fallait brusquer les momens. Les généraux des armées anglaises en Amérique étaient réellement à plaindre. Chargés d'une mission désagréable au peuple, placés entre un public mal instruit ou prévenu, & une cabale de cour, quel fruit ou quel agrément pouvaient-ils espérer de leurs fonctions pénibles & dangereuses ? La vérité, qui doit présider à l'histoire, exige que, sans prononcer légèrement sur le mérite de Howe, je fasse observer qu'on ne peut lui reprocher d'avoir manqué d'activité; mais il avait à combattre des ennemis sans nombre, envain il aurait pressé les momens, puisque Washington, abandonné de son armée le six Décembre, était quinze jours après en état d'attaquer & de vaincre. Il ne pouvait pas employer une plus grande célérité, puisque dans le court intervalle qui s'était écoulé depuis la prise des forts de la rivière d'Hudson, la division de l'Allemand Kniphausen avait pénétré jusqu'aux portes de Philadelphie. Si au lieu de ce détachement Howe s'était porté en avant avec toute son armée, sans s'assurer de tous les postes qu'il aurait laissés derrière lui, il aurait eu le même sort que la division hessoise, environnée à Trenton : un peu plutôt, un peu plus tard, sa perte était certaine. Washington était trop attentif à ses mouvemens pour qu'il n'eût pas profité de son imprudence, & coupé la communication entre la flotte & l'armée anglaise ; & alors les milices du Jersey, les troupes de volontaires qui seraient arrivées pour l'investir de toutes parts, auraient suffi pour le forcer à la plus honteuse capitulation.

D'un autre côté, il ne faut jamais oublier qu'on ne peut établir aucune comparaison juste entre les chemins de France ou d'Angleterre, & ceux de l'Amérique septentrionale, ni entre les routes nouvelles que l'on serait obligé de faire pour traverser en tous sens l'Angleterre ou la France.

Pour former un nouveau chemin en

Angleterre, en France, en Allemagne, il y a peu de forêts à traverser, & lorsqu'il s'en rencontre, il y a peu d'arbres & peu de taillis à couper. Le travail des hommes a déjà préparé ces forêts depuis un grand nombre de siècles, le chemin est promptement tracé ; si on le recouvre de pierres ou de gravier, ç'en est assez pour qu'il soit supérieur à tous les chemins qui traversent les Provinces de l'Amérique. On trouve à peine dans ce vaste pays des routes de quelques milles aux avenues des bourgs & des villages. Les bois de l'Amérique, plus épais que nos taillis, sont mêlés d'une infinité d'arbres grands & vieux, qui ont entrelacé la robuste étendue de leurs branches, sans autre direction que celles du hazard & de la nature. Le sol étant gras & humide, ils sont très-serrés les uns près des autres, & se couchent & se croisent dans tous les sens. Il arrive souvent que ces gros arbres seraient trop difficiles à couper ou à déraciner : il faut serpenter autour d'eux & changer de traces. Le sol est par-tout coupé par des rivières ou des sources courantes, dont le lit profondément creusé dans le temps des grandes eaux, offre des bords très-élevés dans les autres saisons. Il faut d'un lieu à l'autre fabriquer des ponts, de vingt, trente ou quarante pieds d'élévation, & très étendus, pour traverser le plus faible ruisseau. Il faut combler des marécages, & c'était ce dernier obstacle qui nuisait le plus au passage des chariots de Howe dans le Nouveau-Jersey, & à la communication de son armée avec ses magasins & ses postes avancés. Les Américains traversent aisément ces marécages sur des arbres qu'ils renversent, & sur les branches desquels ils marchent en chasseurs habitués à imiter l'adresse & la légèreté du gibier qu'ils poursuivent. On ne peut y faire passer de l'artillerie qu'en y jettant une quantité de troncs de petits arbres, coupés à dix ou douze pieds de longueur; on les range très-près les uns des autres, & on en établit ainsi jusqu'à deux ou trois rangs. Il y a dans les routes des lacs un chemin qui est couvert de cette manière pendant près de douze milles, & ces sortes de ponts se multiplient dans tous les endroits où les Américains veulent former des chemins.

Il était heureux pour l'Angleterre que Howe eût senti de bonne heure les difficultés & les dangers qu'il y avait à s'avancer dans l'intérieur du pays, & à vouloir y faire de longues marches. Charles Lée écrivait à Washington avant d'être fait prisonnier, « si je prenais le parti de » me retirer, & que les royalistes vou-» lussent me poursuivre, il en resterait » bien peu pour porter la nouvelle de » leur expédition. »

La cour d'Angleterre se trompe dans ses jugemens sur la guerre de l'Amérique.

CEPENDANT il fallait fournir des matières aux gazettes de la Cour. Cette Cour ne voyait l'Amérique que sur une carte très-rétrécie ; elle ne voulait point remarquer que ce vaste pays est arrosé de fleuves, rempli de lacs & de défilés funestes aux aggresseurs ; que c'était entreprendre de soumettre une grande partie du globe, qui, par le développement de ses côtes, offrait sept cents lieues de terrein à conquérir & à garder ; que la plus courte distance entre l'Angleterre & l'Amérique est de plus de mille lieues ; que l'intérieur de ces contrées n'est resserré par aucunes autres bornes que les établissemens sauvages ; & que les peuples qui les habitent possèdent en abondance les choses qui servent aux besoins de la vie, & en font les douceurs ; que dans la belle saison, l'Océan atlantique peut être couvert de leurs corsaires ; & que leurs rivages sont, pendant l'autre moitié de l'année, le séjour des tempêtes ; que par conséquent toutes les armées navales de l'Europe ne suffiraient pas pour les bloquer dans leurs ports.

Sans doute l'imagination suppose facilement que le chevalier Howe aurait pu partir de New-York, & s'ouvrir une marche rapide à travers les Jerseys jusqu'à Philadelphie ; qu'à force de courage & de talens il aurait pu repousser & disperser les brigades détachées que Washington aurait envoyées pour l'arrêter dans sa marche ; on se plait à croire qu'il aurait pu forcer au combat l'armée de ce guerrier, au pied des murs qu'il voulait conquérir; mais, avancé dans des pays immenses sans s'être ménagé des asiles, la raison & l'expérience démontrent que le moindre revers l'aurait perdu sans ressources. Ne formant qu'un seul corps d'armée, fort en nombre, puissant en expérience & animé par l'exemple du chef & le desir de la victoire, il aurait fait peut-être de rapides progrès; mais tous les villages se seraient armés derrière lui pour lui fermer le passage, devant lui pour le combattre; & tous à trente lieues à la ronde se rassemblant contre lui, ce n'aurait plus été l'armée de Washington qu'il aurait fallu vaincre, c'eût été des guerriers sans nombre, toujours actifs, toujours renouvellés, souvent prêts à prendre la fuite, mais toujours lançant leur trait, en fuyant comme les Parthes, & bien plus sûrs d'atteindre & de tuer un ennemi.

On ne peut apprécier les ressources qu'un peuple attaqué dans ses foyers peut tirer de milices bien conduites, à qui l'on peut faire comprendre ce qu'un homme doit valoir contre un autre homme, à proportion de la différence des motifs qui les font agir. Howe avait été presque toujours victorieux depuis la prise de Long-Island, jusqu'à l'entrée de l'hiver; & cependant son armée avait été plus affaiblie par ces succès passagers, qu'elle ne l'aurait été dans un autre pays par des défaites.

Année 1777.

Ces considérations le portèrent à attaquer Philadelphie du côté de la mer. Il fit la revue générale de ses troupes, & partit de Staten-Island le 23 Juillet. Il débarqua à la baye de Chesapeack le 25 Août, après avoir été battu par les vents contraires pendant un mois entier. La mer qui jusqu'alors semblait protéger les Anglais, & les regarder comme son peuple, leur devenait contraire. Nulle autre nation n'avait cultivé comme eux son empire; c'est par eux qu'elle était devenue le lien de la société entre tous les peuples de la terre. Mais elle avait paru les abandonner du moment qu'ils avaient voulu rompre ce lien par des guerres injustes; elle lâchait la bride aux vents, & soule-

Howe se décide à attaquer Philadelphie du côté de la mer.

vait ſes flots. Depuis trois ans toutes les opérations maritimes avaient éprouvé des retards, les convois avaient été diſperſés, & les tempêtes avaient été ſur le point d'engloutir l'eſcadre du chevalier Parker. Elles l'avaient forcé de chercher un refuge dans une iſle éloignée de ſa deſtination. Il avait relâché à *Antigoa* l'une des petites antilles, ce qui avait retardé de deux mois le ſiège de Charles-Town, & était la principale cauſe du revers que les armes anglaiſes avaient éprouvé devant cette ville. Washington, inſtruit du départ de la flotte & de l'armée de l'amiral & du chevalier Howe, paſſa pluſieurs jours dans l'embarras & l'incertitude de découvrir la route qu'elles avaient priſes; ayant enfin appris l'arrivée de la flotte dans la baye de Cheſapeak, il eut le temps de pourvoir à la garde des Jerſeys, qu'il fallait garantir des incurſions des détachemens de l'armée de Clinton, & de ſe porter vers les lieux où l'ennemi devait faire ſon débarquement. William-Howe, qui projettait de ſurprendre Philadelphie, n'était pas encore arrivé, que déjà les troupes américaines bordaient les frontières du Maryland. Son armée était affaiblie par les neuf mille hommes qu'il avait été obligé de laisser dans la Nouvelle-York, & les quatre mille cinq cents qu'il avait envoyés à Rhod-Island; il ne lui restait pas beaucoup plus de douze mille hommes.

Tandis que cette armée languissait sur les vaisseaux qui luttaient contre les vents contraires, les sauvages des environs d'Albany apprenant la prise de Ticonderago, & sollicités par les émissaires de Burgoyne de prendre les armes pour lui, avaient envoyé vers ce Général, pour lui demander la paix & la neutralité; ceux qui furent chargés de la parole, lui apportèrent des présens. C'était des peaux de castors & d'ours blancs qu'ils avaient tués à la chasse, & des fruits du pays. Le général anglais les reçut dans sa tente, environné de gardes & d'artillerie, & avec tout l'appareil de la grandeur souveraine. Ils mirent leurs présens à ses pieds, &

Année 1777.

Les sauvages des environs d'Albany envoyent déclarer à Burgoyne qu'ils veulent garder la neutralité.

lui parlèrent ainsi. « Chef des guerriers du grand Roi, * tu vois dans nos mains les flèches & les roseaux. Choisis ou la paix, ou la guerre : nous desirons la paix. C'est pour l'amour d'elle que nous avons autrefois cédé à vos freres, la mer, nos filets, nos pirogues, & les terres fertiles qui bordent le rivage. La paix vaut mieux que les richesses ; c'est pour elle que nous nous sommes retirés dans des cantons couverts de neiges & de frimats. Nous avons horreur de cette cruauté qui, sous les noms de puissance & de gloire, ravage cette grande Isle, ** & va jusqu'à répandre le sang de ses propres frères. Si c'est cette cruauté qui t'a conduit jusqu'en ces lieux, nous ne voulons point la partager. Nous ne pouvons nous mettre en fureur contre des amis qui ne nous ont point offensé. Cesse

---

* C'est le nom que les Sauvages de ce canton donnent au Roi d'Angleterre.

** Les Sauvages de l'Amérique croyent que la terre est formée d'un nombre infini d'Isles qui flottent dans l'étendue des mers.

donc d'envoyer parmi nous des hommes méchans pour nous engager à lever la hache, & de l'or pour nous féduire; car nous prendrons tes agens pour ennemis & nous les tuerons; & fi l'ambition t'aveugle jufqu'à nous faire la guerre, tu apprendras, mais trop tard, que nous aimons la paix, mais que nous favons nous défendre ».

Année 1777.

Burgoyne leur répondit qu'ils feraient maîtres de garder la neutralité, & qu'il n'employerait contr'eux aucune violence s'ils ne prenaient point les armes contre les nations alliées du Roi : il leur fit donner des fabres, des fufils, de la poudre & de l'eau-de-vie, en échange de leurs préfens. Etrange fujet de réflexions pour le fage ! Les Sauvages apportent au Général anglais de quoi nourrir & conferver les hommes; & l'homme policé leur rend tout ce qui contribue à la deftruction de l'humanité.

Il avait compté fur leur affiftance, & il regrettait d'en être privé. Il pourfuivait fon entreprife avec courage;

ANNÉE 1777.

Débarquement de l'armée du général Howe en Pensilvanie; sa marche vers celle de Washington.

quoiqu'il commençât à en sentir vivement toutes les difficultés.

La navigation des Anglais fut plus heureuse dans la baie de Chesapeack qu'elle ne l'avait été dans la grande mer. La flotte remonta jusqu'à l'embouchure de la rivière d'Elck, beaucoup plus facilement qu'ils ne l'avaient espéré; aussi-tôt que les troupes eurent quitté les vaisseaux, elles trouvèrent en campagne l'armée de Washington. Le gouverneur provincial du Maryland faisait assembler les milices, & le général Lewis, averti dans la Virginie, se mit à la tête des troupes de cet Etat, & s'avançait sur le flanc gauche de l'armée anglaise.

La crainte d'être attaqué par ces corps détermina le chevalier Howe à hâter sa marche vers l'armée principale. Elle ne put être aussi prompte qu'il l'aurait desiré, parce qu'il manquait de caissons & de chevaux. Le Général américain avait eu le temps d'étudier les mouvemens de son ennemi, & de prendre ses mesures pour les traverser. A peine Howe eut-il tracé ses routes pour aller s'emparer des

des forts & des batteries sur les bords du Delawarre, pendant que la flotte aurait remonté ce fleuve, qu'aussi-tôt Washington avait fait arriver dans ces forts des canons de 18 & de 24, qui traversèrent d'une rive à l'autre sans que l'armée anglaise fût à portée de s'y opposer.

ANNÉE 1777.

On avait exhalté dans le parlement les avantages que l'on devait retirer de la prise de Philadelphie; cette entreprise était toujours regardée comme devant décider du sort de la guerre. Philadelphie, disait-on, est une ville enfoncée à cinquante lieues dans l'intérieur du pays, c'est le principal grenier de l'Amérique. Les trois comtés inférieurs du Delawarre, & la côte orientale du Maryland devaient tomber, avec cette ville, au pouvoir des Anglais. Une ligne tirée de Philadelphie au fond de la baie de Chesapeak, aurait été la base d'un triangle formé par ces trois comtés; une partie considérable de la Pensilvanie dont les côtes, sur la baie & sur le Delawarre, sont par-tout accessibles aux vaisseaux, eût subi le même sort; ainsi tout

Projets de la cour.

Tome II. Sec. Part. Q

ce pays était ouvert, & devait être couvert en entier par les forces réunies des freres Howe. Alors les provinces méridionales n'ayant plus de communication avec la Nouvelle-Angleterre, les frégates auraient établi des croisières dans la baie de Massachuset, devant Charles-Town, Savanah & le cap Fear, seuls asyles qui restassent aux Américains. Telles étaient les spéculations du ministère; mais le lord Howe, après avoir employé vingt jours pour venir du fond de la baie de Chesapeak jusqu'à l'entrée du fleuve, s'y trouvait arrêté par les batteries & les chevaux de frise. Il devait s'écouler bien du temps encore avant qu'il pût remonter jusqu'à Philadelphie, & il écrivait à la cour: « il me sera impossible de remonter la Delawarre, à cause de la grande quantité de forts & de batteries qui couvrent les deux rives. Elles sont placées très-avantageusement & bien défendues, & par-tout elles commandent la rivière : si l'armée pouvait les prendre du côté de la terre, je viendrais à bout de déranger les chevaux de frise, mais pas autrement. »

Il fallait avant tout s'emparer du poste de *Fort-Island*, & le moment de l'attaquer ne se présentait point encore. L'armée de Washington s'opposait à tous les projets ; il fallait l'éloigner. Avant cette époque, Washington avait été dans la position la plus allarmante où puisse se trouver un Général d'armée. Au nord, Burgoyne, après avoir pris Ticonderago, s'avançait vers Albany ; au sud, une armée de quinze mille hommes était embarquée, & pouvait se porter dans la baie de Chesapeack, ou rentrer dans la rivière d'Hudson, la remonter jusqu'à West-Point, & couper l'armée américaine, qui alors aurait été séparée des Etats de l'est & du nord : c'était ce que Washington craignait le plus ; aussi ne quitta-t-il le poste qu'il avait pris à Midlebrook, qu'après s'être assuré que la flotte anglaise avait doublé le cap May. Qu'on se représente la situation d'un Général obligé de comprendre dans son plan de défense un pays immense, & trois cent lieues de côtes, réduit à consulter les vents avant de former une résolution, & que l'on se fasse, si l'on peut, une idée des talens de Washington, opposant par-tout une égale résistance, & se trouvant à jour précis au devant de l'ennemi. Toujours plein de prévoyance, il avait pris, avant de quitter Midlebrook, des mesures sages pour arrêter les progrès du général Clinton sur la rivière d'Hudson. Ce dernier ne pouvait affaiblir la garnison de New-York & remonter vers Albany, sans risquer le sort de la province qui lui était confiée. Washington, pour tenir en même temps en échec les trois armées anglaises, avait ordonné une diversion sur les isles de la rivière d'Hudson, tandis que les troupes du nord contiendraient l'armée de Burgoyne, & que lui-même repousserait les efforts combinés des freres Howe. Il avait concerté une attaque contre les troupes détachées de New-York, pour la garde de *Staten-Island*, où les Anglais avaient formé une espèce d'arsenal & de magasin général. Le poste de Kingsbridge & les forts de Long-

Island furent attaqués en même temps le 22 Août, mais ces deux attaques étaient fausses ; la seule qui fut sérieuse, était celle qui se faisait à la même heure à Staten-Island. Deux mille hommes, sous les ordres du général Sullivan, y étant débarqués, enlevèrent à une lieue du camp, un lieutenant-colonel, un major & trente soldats; ils dirigèrent ensuite leur marche par le centre de l'isle, dans le dessein de surprendre une division de Torris qui renforçaient, au nombre d'environ quatre cens, la garnison, qui était de mille hommes. Le cinquante-deuxième régiment & celui de Waldeck furent envoyés contr'eux, mais ils s'égarèrent dans plusieurs fausses marches, & n'atteignirent que l'arrière-garde des Américains, au moment où ils se rembarquaient, emmenant avec eux tout le bétail qu'ils avaient trouvé, trois cens prisonniers, & la plupart des habitans de l'isle. Les deux régimens anglais chargèrent si vivement, au milieu de la confusion où se trouvaient les troupes américaines prêtes à se rembarquer, qu'ils tuèrent ou blessèrent cinquante hommes, firent soixante prisonniers & délivrèrent vingt-trois de ceux que les Américains avaient faits eux-mêmes. Pendant que ceci se passait à *Saten-Island*, le détachement envoyé à Kingsbridge enlevait un piquet anglais, avec le Capitaine-commandant.

Washington s'étant mis en marche à la tête d'environ douze mille hommes, parmi lesquels il y avait beaucoup de nouvelles levées, traversa en silence la ville de Philadelphie, où le Congrès, qui lui ordonnait de combattre, était occupé pour la seconde fois à faire transporter plus loin dans les terres les archives & les papiers publics. L'armée passa le Skuilkill, & vint camper près de Wilmington, sur le bord de la Delawarre. Les vaisseaux de guerre, après avoir conduit le général Howe jusqu'à la rivière d'Elk, avaient descendu la baie de Chesapeak, & remonté ensuite la Delawarre, dont ils travaillaient en vain à forcer les passages. Alors Washington s'appercevant que le flanc droit de son armée se trouvait exposé, &

LA BALLE A FRAPPÉ SON AMANTE.

qu'elle ne couvrait point assez le comté de Lancaster & Philadelphie, repassa la Creek de Brandiwine, & forma son camp sur la rive gauche de cette rivière. Cette position était la meilleure que l'on pût choisir, les rives de la Creek, également élevées des deux côtés, en rendent le passage difficile, & favorisent l'armée qui le défend. Le flanc gauche était appuyé à des bois épais, qui se prolongent jusqu'à l'endroit où la Creek se jette dans la Delawarre; mais vers la droite le terrein était si couvert, qu'il était impossible de juger les mouvemens de l'ennemi; ce qui obligea Washington de placer en échelon plusieurs brigades sous les ordres du général Sullivan pour veiller sur cette partie. Suspendons un moment ces récits militaires, pour donner quelques pleurs à deux amans, qui, dans ce temps de crise, & trop près du théâtre de la guerre, se jurèrent de s'aimer toute la vie, & dont le mariage ne dura qu'un seul jour.

Année 1777.

Dans les habitations situées sur les bords du Delawarre, il y avait une jeune

Histoire de Seymours & de Molly.

Q iv

fille d'une grande beauté, nommée Molly; elle aimait le jeune Seymours, & en était éperduement aimée : Harvey, père de Molly, était riche; il avait des champs fertiles & de nombreux troupeaux, & Seymours était pauvre, il ne voulait point consentir à lui donner sa fille. Les deux amans auraient pû se passer du consentement de leurs parens, & ils y étaient autorisés par les usages du pays, mais le respect était plus fort, ils n'osaient en venir à cette extrémité. Seymours, dans son chagrin, résolut d'aller faire la guerre; il partit pour la Caroline à la suite d'une troupe de Volontaires : l'amour fait aussi des héros. Jaloux de rapporter des lauriers aux pieds de sa maîtresse, il se distingua à la défense du fort Sullivan, & le commandement d'une compagnie devint bientôt sa récompense. Ayant rejoint depuis l'armée de Washington, il desirait revoir sa maîtresse, il demanda & obtint un congé de trois jours. Le père de Molly le voyant revenu capitaine, le reçut avec joie, & ne crut pas devoir refuser pour gendre un homme utile à la patrie. Le temps pressait, il fallait que Seymours retournât dans les camps, le mariage se fit dès le lendemain. Après la cérémonie, les parens du jeune homme & ceux de l'épousée se rassemblèrent sous de grands arbres environnés de treillages, à deux cens pas de la maison d'Harvey. Ils y faisaient un repas champêtre assaisonné par le plaisir, lorsque quelques soldats de l'infanterie légère du général Howe, qui parcouraient le pays pour y chercher des vivres, traversèrent l'habitation. Seymours & les témoins de son bonheur étaient en sécurité; l'armée anglaise était très-loin de-là, & le pays était couvert par les détachemens de Washington qui tenaient la campagne. Cependant deux des soldats appercevant de loin entre les arbres un uniforme américain, s'avancèrent en appellant leurs camarades. Ils surprennent Seymours au milieu de la joie & de l'yvresse du plaisir, & veulent l'emmener prisonnier. Il n'avait point ses armes, mais le courage & l'amour ajoutant à sa force, il saisit un de ses aggresseurs, s'empare de son fusil & le renverse d'un coup de bayonnette. L'autre soldat prend la fuite, Seymours le poursuit & lâche son coup après lui. Il regarde, il voit le piquet anglais retourner sur ses pas, & précipiter sa marche, craignant sans doute de s'engager au milieu de quelque parti américain. Alors il revole vers ses parens & ses amis. Il avance joyeux de sa victoire, & il n'entend que des gémissemens & des cris; il frémit; il approche. La balle a frappé son amante, il la trouve baignée dans son sang. La parque avait choisi pour la moissonner le jour même de son hyménée, & son sein est frappé d'un coup mortel. Ne pouvant supporter ce spectacle douloureux & terrible, ni la voix d'Harvey qui lui redemande sa fille, il retourne éperdu dans le camp pour se livrer tout entier à la fureur & au désespoir. Il ne tarda pas à trouver dans les combats la mort qu'il désirait, & à suivre dans la nuit du trépas celle qu'il avait tant aimée.

LE chevalier Howe, ne pouvant rester

plus long-temps dans le poste qu'il occupait aux sources de l'Elk, ne tarda pas à se porter vers l'armée de Washington. Ce Général avait eu dessein d'éviter toute affaire décisive; mais le Congrès allarmé de l'approche de l'armée anglaise, & comptant sur la supériorité, demandait une bataille, & lui envoya des ordres : Washington obéit. Le général Howe fit marcher le matin du 11 Septembre un corps d'environ trois mille hommes le long de la rivière, comme s'il eût voulu la passer à quelques milles au-dessus des troupes américaines vers le gué de Chadd. Dès le point du jour on avait commencé à se canonner de part & d'autre, & Washington, observant les mouvemens de son ennemi, se préparait à lui couper le passage; la plus grande partie du jour se passa en escarmouches entre les postes avancés des deux armées. A trois heures après-midi le général Maxwell reçut ordre de traverser le gué avec un renfort pour provoquer l'ennemi, & s'emparer d'une éminence située de l'autre côté de la

Année 1777.

rivière. Il repoussa d'abord les Anglais ; mais Howe ayant envoyé un détachement pour l'attaquer en flanc, il fut obligé de repasser la rivière. Cependant Howe faisait défiler par pelottons, derrière le corps qu'il avait mis en marche & qui couvrait le rivage, un autre corps qui, venant se former derrière les bois sur la droite de l'armée américaine, se disposait à la tourner. Washington avait pensé que les efforts des Anglais feraient dirigés contre l'aîle gauche de son armée, il en était d'autant mieux persuadé que Howe paraissait vouloir traverser le gué de Chadd ; néanmoins il avait ordonné au général Sullivan d'observer les mouvemens que l'ennemi pourrait faire vers la droite pour passer la rivière plus haut ; mais toutes les sages mesures qu'il avait prises furent déconcertées par des malheurs imprévus, par la méprise de quelques officiers & l'inexpérience des troupes. Il avait dirigé vers le gué de Chadd une batterie & un bon parapet ; & Howe en fit dresser une de l'autre côté. Washington voyant que le feu de l'artillerie se prolongeait, sans que les ennemis se disposassent à passer le gué, jugea qu'ils avaient un autre objet. Il détacha plusieurs officiers à cheval pour éclairer la marche du lord Cornwallis qui commandait la gauche de l'armée anglaise, mais malheureusement leurs rapports furent contradictoires, & l'on perdit du temps à les vérifier. Les uns assurèrent que Cornwallis marchait par sa droite pour rejoindre du côté de Chadd le général Kniphausen ; les autres que Cornwallis avait changé de direction, & qu'il s'avançait rapidement dans le chemin qui mène au gué de Jefferies à deux milles plus haut que Birmingham's Church ; ce dernier rapport prévalut, il était fidèle. Sullivan eut ordre d'y marcher avec toutes les troupes de la droite, il n'y avait point de chemins ouverts ; il eut beaucoup de peine à traverser les bois, & quand il en sortit pour gagner une hauteur qui est auprès de Birmingham, il trouva les Anglais qui montaient la même hauteur du côté opposé, il n'eut le temps, ni de choisir une position, ni de former sa ligne; les Anglais gagnèrent la hauteur, chassèrent les Américains dans les bois, les suivirent jusques hors de ces bois, & achevèrent de les disperser entièrement. Pendant cette déroute, deux brigades américaines s'étaient formées sur un terrein avantageux, & derrière ces deux brigades la ligne de Virginie était en bataille. La colonne de gauche des Anglais, qui n'avait point encore combattu, se déploya rapidement & marcha contre ces troupes qui firent un feu très-vif, mais les Anglais s'avançant, la bayonnette au bout du fusil, au milieu du feu continuel des Américains, forcèrent les deux brigades. Le marquis de la Fayette était venu combattre comme volontaire avec ce corps de troupes, dont le poste était le plus important, & où la résistance devait être opiniâtre. Il fit de vains efforts pour rallier les troupes qui s'ébranlaient, & voulut leur donner lui-même l'exemple de charger avec la bayonnette. « C'est contre des » ennemis, s'écriait-il, c'est pour votre » patrie : abandonnerons-nous la cause de la

SUR L'AMÉRIQUE SEPTENTRIONALE. 255

» liberté ? » Ils reprirent courage, & tinrent ferme pendant quelques inſtans; mais un coup de fuſil ayant bleſſé le marquis de la Fayette à la jambe, ils lâchèrent pied, & il ne fut plus poſſible de les ramener au combat. Le jeune marquis bouillant de courage, & irrité de ſa bleſſure, ne voulait point quitter le champ de bataille, & n'y conſentit qu'après que le chevalier de Gimat ſon aide-de-camp, ſe ſervant à propos de l'aſcendant qu'un ami brave & fidèle a ſur un héros de vingt-ans, dont il eſt eſtimé, lui eut montré le riſque qu'il courait d'être pris ſans gloire, & d'ajouter un nouveau trophée à la victoire des Anglais. La ligne de Virginie faiſait quelque réſiſtance, mais Cornwallis devenu maître du terrein, avait gagné une hauteur, d'où ſon artillerie prenait cette ligne en écharpe, & fit un feu ſi vif, qu'en 1781, lorſque le chevalier de Chatelux viſita le champ de bataille, les arbres portaient encore l'empreinte des boulets & des balles de cartouche. Les Virginiens plièrent à leur tour, & la droite de l'ar-

Année 1777.

mée américaine fut alors entièrement découverte.

Il y avait près d'une lieue de-là à Chadd'sfort, * où était le général Kniphausen; cependant au bruit lointain de l'artillerie, il jugea que le combat était engagé, & qu'il était temps d'attaquer la gauche des Américains. A cinq heures du soir il marcha sur deux colonnes, dont l'une vint déboucher au gué de Joh, & tourna la batterie des Américains, tandis que l'autre passant plus bas au gué de Chadd, marcha droit à la batterie & s'en empara. Le général Waine, dont la brigade était en bataille, se vit alors obligé de faire un changement de front, pour se replier vers les hauteurs qui étaient sur sa gauche ; ce qu'elle exécuta avec précision; mais pendant ce temps-là les différens corps de la droite, qui avaient été battus & dispersés, se précipitèrent pêle mêle dans le grand chemin de Chester. L'artillerie, les bagages & les troupes, tout ne

---

* *Chadd'sfort*, gué de Chadd.

formait

SUR L'AMÉRIQUE SEPTENTRIONALE. 257

ANNÉE 1777.

formait plus qu'un amas confus qui fuyait à grands pas. Le général Waine soutint avec courage le feu de l'ennemi, & garda sa position jusqu'à l'entrée de la nuit, mais alors il se vit réduit à gagner aussi le chemin de Chester, où il fit sa retraite en bon ordre & sans être poursuivi.

Malgré cette déroute on ne peut avancer que les troupes américaines manquassent absolument de courage, ni leurs officiers de conduite, mais l'événement prouve que Washington aurait compromis la liberté de l'Amérique septentrionale, s'il se fût laissé engager plutôt dans une affaire générale. Les Américains comme tous les peuples libres doivent combattre avec supériorité dans des forts, derrière des retranchemens, en partis détachés, par-tout où le courage & l'adresse personnelle assurent la victoire, mais ils seront ordinairement repoussés dans les conjonctures où l'obéissance aveugle, & l'extrême discipline remplacent la bravoure. Washington ne put tenter aucune opération mili-

Tome II. Sec. Part. R

taire pour fermer le passage à l'ennemi qui s'avançait vers Philadelphie, & qui n'avait plus à traverser qu'une seule rivière. Il passa la nuit à Chester, & campa les jours suivans sur les bords du Skuilkill. Le général Howe aurait pu le poursuivre à Chester, & le vaincre une seconde fois, mais il négligea le moment de disperser pour long-temps l'armée américaine.

La victoire de Brandiwine avait coûté beaucoup de soldats aux Anglais; chacun des fuyards avait tiré plusieurs coups de fusil avant de quitter la place, & presque toujours avec succès. Il y eut environ mille hommes tués dans l'armée anglaise, & un plus grand nombre de blessés; la perte des Américains ne monta pas à plus de douze cens tués ou blessés.

Le marquis de la Fayette & les officiers de sa suite n'étaient pas les seuls officiers français qui eussent partagé les dangers de cette journée. Thomas Conway, chevalier de Saint-Louis, y commandait une brigade : le comte de Pulosky, le chevalier du Plessis Mauduit,

& plusieurs autres y donnèrent des exemples de bravoure. Le chevalier de Fleury se distingua à la premiere attaque auprès de Birmingham, & le Congrès ordonna au général Miflin, alors quartier-maître général de l'armée, de lui faire présent d'un beau cheval pour remplacer le sien qui avait été tué sous lui dans le combat. Tronson du Coudray n'y était pas. Cet officier d'artillerie que le Congrès avait élevé au rang de major général, n'avait point encore rejoint l'armée : il était dit que ses talens ne serviraient point à la cause de la liberté, & qu'il mourrait avant de pouvoir combattre sur les rivages de l'Amérique septentrionale. Le 16 Septembre il entra, accompagné de plusieurs autres cavaliers français, dans un bateau plat pour traverser le Skuilkill & rejoindre l'armée de Washington. Ces bateaux sont des espèces de bacs assez larges pour transporter les chevaux & les voitures. Il montait une jeune jument très-vive, qui ayant parcouru le bateau sans vouloit s'arrêter, se jetta à l'eau. Il dégagea ses pieds des étriers, & Roger son aide-de-camp se précipita pour le secourir; mais ce dernier n'étant point secondé, se vit contraint de le laisser périr, & ne put le retrouver. Pendant que les officiers qui étaient venus avec lui d'Europe lui donnaient quelques regrets, le bac acheva son trajet, & d'autres événemens firent bientôt oublier ce malheur *.

* Ceci rappelle l'accident que le Spectateur Anglais raconte dans un de ses Discours. Deux jeunes cavaliers servaient, dit-il, dans le même escadron, & paraissaient liés d'une étroite amité. Un soir qu'ils devaient passer une rivière, l'un d'eux entra dans le bac avec plusieurs personnes, pendant que son camarade attendait sur l'autre bord. Bientôt après on entendit du bruit causé par un cheval qui venait de sauter dans l'eau avec son cavalier. Là-dessus celui qui se trouvait à terre, cria à haute voix, holà! ho, qui s'est noyé? On lui répondit aussi-tôt: votre ami, Henri Trompson. A quoi il répliqua fort gravement: le pauvre diable! il avait un cheval bien fougueux. Une si courte épitaphe prononcée d'un ton sec, & sans y ajouter le moindre mot, me donna, dit le Spectateur, une assez méchante opinion de l'amitié que se jurent la plupart des camarades d'armée. Uniquement occupés des périls qui les menacent eux-mêmes, ils deviennent insensibles à tout autre objet; le premier qu'ils rencontrent leur est aussi bon que celui avec qui ils auront passé la moitié de leur vie. C'est aux gens de ce caractère, ajoute-t-il, à qui la désolation des

Ce n'était point assez d'avoir gagné une bataille, il arrivait de tous côtés des renforts de milices à l'armée de Washington : Howe voulait éviter toute espece de combat. Le fleuve Skuilkill restait à traverser, & les Américains en gardaient les passages. Imitant la conduite que Washington avait tenue à Trenton, il parvint à traverser le Skuilkill pendant la nuit, & évita une seconde bataille. Il fit le soir une marche feinte sur les bords de ce fleuve, forçant ensuite le pas jusqu'à minuit, il le traversa à quatre lieues de l'endroit où Washington l'attendait sur la rive opposée, & ce ne fut qu'au point du jour que l'armée américaine fut informée de cet événement.

Les Anglais marcherent, sans s'arrêter, droit à Philadelphie, & ils y firent entrer

---

villes, des bourgs & des campagnes, la misère des habitans, les cris ou le morne silence des malheureux, ne font aucune peine. *The Spectator*, tom. 2, *Disc.* 33.

La ressemblance du nom, de l'accident, & même des circonstances, est fort singulière.

une brigade le 30 Septembre : la ville était abandonnée. Le Congrès en était sorti le 25, & avait transféré le lieu de ses assemblées à York-Town, d'où il continua ses délibérations. Tous les habitans qui prenaient part à la guerre s'étaient retirés ; il ne resta dans la ville qu'un grand nombre de Quakers, déterminés à tout souffrir plutôt que de prendre les armes, mais toujours amis de la liberté, toujours soutenant sa cause par l'argent & par les vœux. C'était un spectacle bien intèressant pour la Philosophie, qu'une ville remplie de guerriers farouches, vendus à la cruauté d'une cour corrompue ; de barbares, achetés dans le nord de l'Europe pour verser le sang des peuples ; & de sages paisibles, exerçant par habitude & par principe toutes les vertus cheres à l'humanité. J'ai cru qu'il était du devoir d'un historien fidele de prendre d'exactes informations sur la conduite des troupes de Howe dans Philadelphie, & lorsque j'interrogeais les témoins de l'invasion de cette ville, où le bonheur avait si long-temps régné, je craignais que la douceur, la patience des Quakers, n'eussent pas contenu l'insolence du vainqueur; je me félicite de pouvoir assurer aux nations, que la vertu obtint dans cette occasion l'hommage qu'elle doit recevoir en tous temps : elle fut respectée du soldat sanguinaire & de l'Allemand sans pitié. L'audace & l'orgueil se changerent en admiration, tant est grand le pouvoir de la sagesse & des mœurs, même sur les cœurs les moins accoutumés à leurs douces impressions.

Année 1777.

Howe était maître de la ville; Washington possédait le pays. Ce dernier plaça des corps de troupes considérables, de manière à augmenter la défense des forts, & des chevaux de frise qui empêchaient les vaisseaux de remonter le fleuve.

Situation respective des Anglais & des Américains.

Putnam, averti du mauvais succès des armes du Congrès à Brandiwine, s'était porté, par une marche prompte, à Elisabeth-Town. Ce Général, quoique déjà très-âgé, n'avait encore rien perdu de sa force; elle lui devint nécessaire en cette conjoncture; il y eut même un moment de découragement, tel que les jeunes gens eux-mêmes refusaient de retourner à l'armée. Putnam se rendit dans les villages, & leur remontrait avec toute la véhémence républicaine, la honte & le danger qu'il y avait dans leur défection. Naturellement simple & sans éloquence, on dit que sa colere patriotique l'élevait au-dessus de lui-même, & qu'il entraînait par la franchise de ses discours courageux, les cœurs les plus timides. Ce devait être une chose vraiment digne d'admiration, que de voir un vieillard plein de bravoure & couronné de lauriers, rendre le courage à des hommes foibles & fugitifs, & faire passer parmi eux les sentimens dont il étoit animé.

LIVRE ONZIEME.

BATAILLE *de Germantown. Le colonel Stark, à la tête des milices de New hampshire, combat & défait les Anglais au village de Bennington. Burgoyné attaque l'aîle gauche de l'armée américaine; il est vaincu par Arnold & Lincoln, qui s'emparent de ses lignes, & le forcent de se retirer au camp de Saratoga. Environné de tous côtés par les troupes américaines, il se rend prisonnier avec toute son armée.*

L'ANGLETERRE voyait avec déplaisir le séjour du docteur Franklin, de Deane, & d'Arthur Lée en France, & l'ordonnateur des bâtimens de Georges III, meilleur courtisan que Physicien, fit ôter de dessus le pavillon que le Roi habitait ordinairement l'été, les pointes électriques qui en détournaient le tonnerre. La considération dont le philosophe américain jouissait à

Année 1777. La Cour commence à prendre des inquiétudes sur les intentions de la France.

Paris; l'attention de cette capitale fixée depuis quelque temps sur la guerre de l'Amérique; les armemens qui se faisaient pour Boston dans les ports de la Virginie & de la Caroline, faisaient ombrage aux ministres de Londres, & tandis qu'ils affectaient dans le Parlement une grande sécurité sur les dispositions de la France & le rétablissement de sa marine, leur ambassadeur à Versailles témoignait fréquemment des inquiétudes. Tantôt il demandait avec fierté qu'on lui déclarât le motif des armemens que l'on préparait dans les ports du Roi. Tantôt il priait en suppliant que l'on ne donnât aucun secours à l'Amérique révoltée. Il ne parlait que de paix, & la cour de France pensait que le moment de la rompre n'était pas encore arrivé. Mais le ministère anglais craignait sérieusement qu'il ne se formât des liaisons étroites entre la Cour de France & le Congrès continental, & mettait une grande importance à n'en rien laisser pénétrer à la nation. Il aurait consenti volontiers à l'abaissement de la gloire du royaume & à la réduction du commerce national, pourvu qu'il eût été satisfait sur cette soumission absolue qui avait déjà coûté tant d'argent & de forfaits.

Délibération du Congrès sur la perfidie des Ecossais.

Le salut des Etats américains reposait au contraire sur des hommes enflammés de ce patriotisme, qui rarement s'éloigne de la vertu. Un des membres du Congrès général considérant la perfidie des Ecossais, leur correspondance & leur liaison avec les ennemis de l'Amérique ; enfin, l'abus qu'ils avaient fait de la neutralité qui leur avait été accordée dans les différentes Colonies au commencement de la guerre, proposa de traiter avec rigueur les hommes de cette nation, qui avaient été faits prisonniers depuis le commencement de la campagne. Ils se plaisent, disait-il, dans les calamités qui affligent les peuples. Ils y trouvent leur avantage, ils ont été dans la Virginie & la Caroline les plus cruels agens de Dunmore, de Campbell & de Martin. Un des députés de la Caroline répondit à cette motion. Il déclara que malheureusement pour l'humanité, les faits allégués contre le caractère & la conduite des Ecossais étaient vrais; que lui-même il représentait une colonie, dans laquelle ils avaient demandé la neutralité, & l'ayant obtenue, ils avaient pris les armes contre leurs concitoyens, aussi-tôt que l'ennemi avait paru. Que leurs mauvais desseins ayant avorté, on leur avait accordé une seconde fois clémence & pardon, & qu'ils en avaient encore abusé dans toutes les occasions; mais qu'on n'avait exercé contr'eux aucune autre rigueur, que de les obliger à quitter une colonie, contre laquelle ils avaient donné tant de preuves de haine. N'oublions pas, ajouta-t-il, que nous sommes engagés dans une guerre générale, non pas contre les Ecossais, mais contre les Etats britanniques. Le choix des victimes annoncerait plutôt des motifs de vengeance particulière que des raisons de justice publique. Nous combattons pour la cause la plus noble, la plus digne d'élever le cœur humain: que la grandeur de nos procédés réponde à la dignité de l'objet qui nous arme. La motion fut aussi-tôt rejettée.

La conduite des Anglais était bien différente : ils promettaient à ces mêmes Ecoffais de leur diftribuer les terres des Américains, pour prix de la perfidie & de la cruauté, & l'on en avait eu la preuve dans l'engagement anglais montré par un foldat Ecoffais, qui était fur un des bâtimens de tranfport, pris par les Américains.

Année 1777.

La faifon s'avançait : Washington était follicité par le Congrès & par les officiers étrangers qui fervaient dans fon armée d'engager une action. Ayant été informé que le général Howe avait détaché une partie de fes troupes dans le deffein d'attaquer les forts fur la Delawarre, il jugea cette occafion favorable pour déloger les corps qui étaient cantonnés à Germantown ou dans les environs. Il affembla fes officiers généraux le 3 Octobre, & il fut réfolu que l'attaque fe ferait le lendemain. Les divifions de Sullivan & de Waine foutenues par la brigade de Conway devaient entrer dans la ville, tandis que le général Armftrong, à la tête des milices de Pen-

Bataille de Germantown.

silvanie, se porterait sur l'aîle gauche & les derrières de l'ennemi. Les divisions de Green & de Stephens soutenues par la brigade de Mac Dougal devaient faire un circuit pour attaquer l'armée anglaise; & les milices du Maryland & de Jersey devaient tomber sur les derrières de l'aîle droite. Le lord Stirling commandait un corps de réserve.

Toutes ces dispositions au premier coup d'œil paraissent formidables, & la supériorité du nombre semblait assurer aux Américains une victoire décidée; mais le chevalier Howe, averti des mouvemens de l'armée américaine, accourut au secours de Germantown avec tout ce qui lui restait de troupes. C'était ce que Washington avait prévu : si son plan de bataille avait entièrement réussi, l'armée Anglaise aurait été perdue, & il ne lui serait resté d'autre parti que de mettre bas les armes. Au lieu que le plus mauvais succès ne pouvait produire rien de décisif, il hasardait peu de chose, & pouvait détruire son ennemi. Mais, quoique ce motif paraisse assez puissant pour l'avoir déterminé à adopter les projets d'attaques compliquées que je viens de retracer, il ne devait point oublier que de semblables projets n'étaient pas calculés sur le genre de capacité des troupes qu'il avait à conduire. Devait-il écouter des officiers dont rien n'avait signalé les noms en Amérique, & les croire sur leur parole plus éclairés que ceux qui avaient conduit les peuples de succès en succès, & protégé la révolution ? Tous ceux à qui l'on ne peut disputer le genre de mérite qui tient à la longue expérience & aux connoissances de la guerre, avaient senti que pour combattre avec avantage des troupes disciplinées, il ne fallait pas employer les peuples à des évolutions & des contremarches, qu'ils exécuteraient toujours moins bien que leurs ennemis. Ils avaient loué le Général Washington d'avoir, pour ainsi dire, réduit cette guerre à des combats particuliers, à des affaires de postes, dont le succès est toujours sûr contre un ennemi qui ne peut se recruter que par les renforts qui lui viennent de la mer. Dans ces combats sans nombre, où l'homme peut disposer de toutes ses facultés, & où l'intérêt personnel agissant presqu'autant que celui de la patrie, double pour ainsi dire ses forces. De jeunes gens, qui n'avaient point encore vû le feu, se comportaient en héros. Quand on conduit à la guerre des stipendiaires, tirés du limon de l'esclavage, il faut qu'ils soient maintenus par la disciplice & les combinaisons de la tactique; car en leur ôtant cet appui il ne resterait que de l'inertie; mais parmi des républicains armés pour la défense de leur pays, animés par la vengeance & les mouvemens d'une juste indignation, il restera toujours la force, la bravoure personnelles, & ces qualités leur assurent d'autant mieux la victoire, qu'ils attaquent leurs ennemis par le côté qui leur est le plus étranger.

L'armée américaine se mit en marche le 3 Octobre à 7 heures du soir, & le lendemain matin au levé du soleil un parti avancé de la brigade de Conway attaqua le piquet des Anglais campés à Germantown, qui plia sur le champ. Germantown est une espece

espece de bourg où il n'y a qu'une seule rue, qui se prolonge des deux côtés du grand chemin pendant près de trois quarts de lieue. Le corps qui y était campé était d'environ quatre mille hommes, & le camp était à l'extrêmité de la ville.

Le général Sullivan, qui commandait la colonne de droite, ayant attaqué l'infanterie légere & les autres troupes campées près du piquet, les chassa de leurs postes, où elles laisserent leurs bagages à l'abandon, & les tentes toutes dressées. Aucun Américain ne s'arrêta pour piller; ils traverserent le camp, laissant les maisons sur la gauche & pénétrerent dans la ville, où ils furent arrêtés par des troupes qui défendaient la place du marché. Le corps de réserve, qui attendait l'arrivée de la colonne de gauche, marchait par la grande rue; mais les Anglais avaient jetté des soldats dans une maison de pierres, que sa position rendait difficile à forcer. Ils pouvaient, en tirant par les fenêtres, incommoder les Américains; mais ils ne devaient pas espérer d'arrêter leurs progrès. Les

Américains auraient pu se dispenser d'attaquer cette maison & poursuivre plus loin, en bravant le feu de mousqueterie qu'on aurait fait sur eux ; ils auraient pu s'emparer d'une maison située de l'autre côté de la rue, à la vérité moins élevée d'un étage, mais d'où ils auraient du moins balancé l'avantage de la position, & détourné le feu qui s'opposait au passage des troupes; ils s'obstinerent à vouloir forcer les Anglais dans cette maison, & n'y réussirent point. En vain le chevalier du Plessis Mauduit & le jeune colonel Laurens s'emparerent d'une grange remplie de paille, & allerent sommer les Anglais de se rendre, en les menaçant de mettre le feu à la maison, déjà environnée par les troupes Américaines. Cet excès de témérité ne produisit aucun effet, on ne leur répondit que par une grêle de coups de fusil, auxquels ils échapperent par un hazard aussi rare que leur audace. Alors Washington envoya en parlementaire un officier américain avec un tambour, mais les Anglais, sans égard au signal de paix qu'ils avaient arboré, & dont on a inventé l'usage pour diminuer quelquefois les horreurs de la guerre, les tuerent tous deux à bout touchant. L'artillerie de campagne était d'un trop faible calibre pour faire brêche à cette maison; des boulets de quatre livres laissaient à peine une trace légere dans des murs de grès de trois pieds d'épaisseur; on essaya inutilement de l'incendier, les flammes ne pénétrerent point au delà des portes du rez-de-chaussée : il fallut y renoncer.

Pendant ce temps-là l'attaque de la colonne de la gauche, sous les ordres du général Green, avait été d'abord heureuse ; les Anglais avaient été attaqués, rompus & repoussés, mais l'armée anglaise qui avait quitté le camp du Skuylkill pour secourir Germantown, ne tarda pas à arriver, & fit tout changer de face. Un brouillard épais s'étant élevé, les différentes colonnes de l'armée américaine étaient restées dans l'ignorance de leurs mouvemens respectifs; elles ne purent ni se déployer, ni agir de concert. Les divisions trop multipliées qui devaient entourer Germantown & l'armée anglaise, se croiserent, & se prirent réciproquement pour des corps d'ennemis. Le Général Cornwallis arriva de Philadelphie avec les grenadiers & les chasseurs, sans rencontrer d'obstacles, & le chevalier Howe, qui s'apperçut promptement de la confusion de l'armée américaine, profita du désordre occasionné, tant par les méprises des troupes, que par le siége infructueux de la maison de pierres, pour rallier son armée & repousser les Américains, qui se retirerent à quatre milles de Germantown, dans une position avantageuse. C'est ainsi que fut renversé le grand projet de battre en un même jour le corps avancé des Anglais, ensuite leur armée, & de s'emparer de Philadelphie ; ainsi doivent échouer presque toujours les entreprises militaires auxquelles on veut donner trop d'étendue. Elles manqueront sur-tout dans un pays coupé de montagnes & de rivières, & lorsqu'on n'a pas des corps nombreux de cavalerie qui puissent se porter rapidement vers les aîles de l'armée, & fondre avec impétuosité sur les flancs de l'ennemi.

Cette affaire générale devint la cause d'un combat particulier entre deux officiers généraux de l'armée de Washington. Thomas Conway, chevalier de Saint-Louis, élevé depuis peu par le Congrès au grade de Général, ne s'était pas fait aimer dans l'armée. Des discours défavorables furent répandus contre lui; il crut que ces bruits étaient fomentés par le général Cadwallader, & dit publiquement qu'il lui donnerait des coups de bâton. Cette menace ne tarda pas à être rapportée à l'officier Américain, qui se borna à assurer que cela n'arriverait pas. Mais comme on lui représenta qu'en pareil cas l'usage des nations policées exigeait que l'on cassât la tête ou perçât les flancs de son ennemi, il se détermina à se rendre sur le pré avec le général Conway, & lui tira dans la tête une balle, qui ayant passé par la mâchoire droite, sortit derrière le col. Celui-ci n'en mourut pas, mais bien-tôt après il quitta l'armée américaine, & rentra au service de France, où il jouissait de la réputation d'un bon officier.

Après les combats de Germantown, il ne s'était trouvé du côté des Américains que sept cens hommes tués ou bleſſés. Le général Nash, de la Caroline septentrionale, avait été bleſſé mortellement, & expira peu de jours après. La perte des Anglais était plus conſidérable ; un officier général, deux colonels & le jeune fils du général de Heiſter, furent tués. Le baron de Kniphauſen, général des Heſſois, fut bleſſé à la main, & ils eurent plus de mille hommes tués ou bleſſés.

De ſemblables victoires annéantiſſaient l'armée de Howe, qui n'avait aucun moyen de ſe recruter. Auſſi les miniſtres de Londres employaient-ils d'autres démarches, & faiſaient parvenir au général Washington & au Congrès, des lettres qui ſuppoſaient des intelligences entre l'armée du Roi & ceux des chefs américains qui avaient les plus grands droits à la confiance de leurs compatriotes. La cour eſpérait ſe procurer à l'avenir, par les intrigues & les ruſes, plus de reſſources qu'elle n'en avait trouvé juſqu'alors dans la violence & la force.

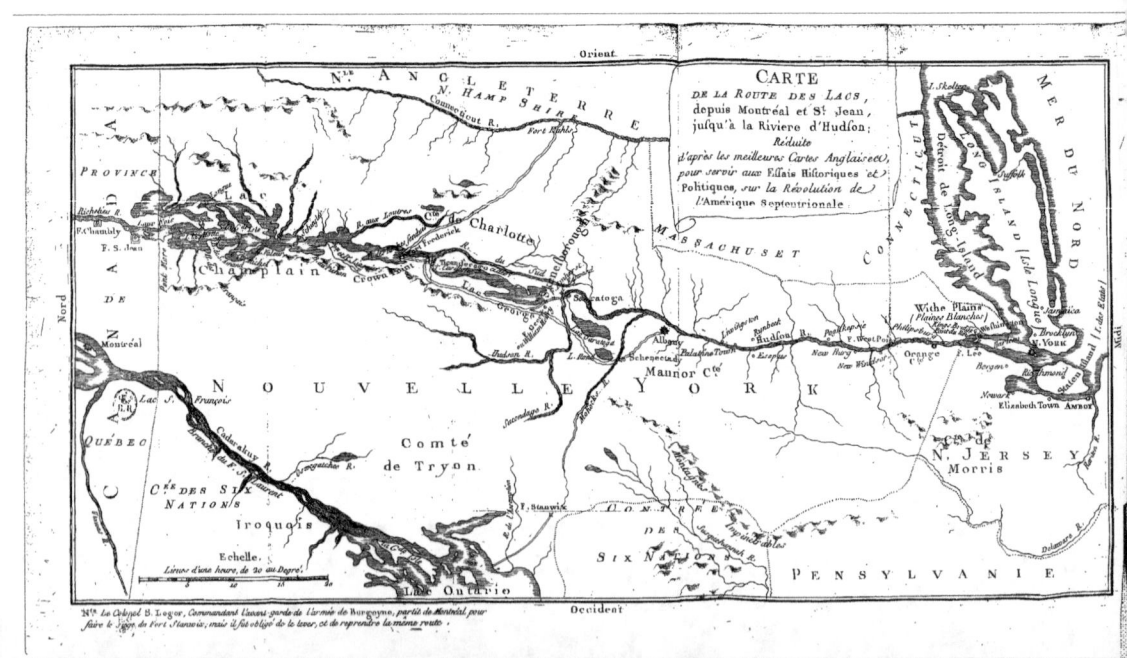

Elle cherchait à semer des divisions, des haînes parmi le peuple, dans les assemblées provinciales & dans le Congrès. Les généraux employaient les Torris les plus actifs à leur lever des recrues dans l'Amérique; mais le nombre de ceux qui s'enrôlaient était si petit, qu'il remplaçait une faible partie des soldats que la désertion enlevait aux troupes royales.

ANNÉE 1777.

Le général Arnold avait joint l'armée du nord avec cinq mille hommes & douze canons de fonte, & les soins que l'on avait employés pour rassembler les corps dispersés des garnisons de Ticonderago & du fort Edouard avaient réussi. L'armée, après l'arrivée d'Arnold, se trouva formée de treize mille hommes, dont six régimens de chasseurs. La réputation de ce guerrier avait rappellé sur ses pas un grand nombre de combattans, qui avaient laissé reposer leurs armes tant qu'il avait cessé de commander : sa cupidité, sa véhémence lui avaient suscité beaucoup d'ennemis, mais son courage intrépide lui avait acquis beaucoup de partisans. Il était l'idole de

Arnold tient la campagne à la tête de cinq mille hommes. Une division de l'armée anglaise, aux ordres du colonel Saint-Leger, est forcée de retourner à Montréal, après avoir été battue.

S iv

ceux qui l'avaient accompagné dans sa marche du Kennebeck, & dans ces jours de travail où périt Mongommery. Tous les corps étaient déterminés à s'opposer de tout leur pouvoir aux progrès de Burgoyne, & étaient en état de lui couper le passage. Ce général, enflé de ses premiers succès, ne s'arrêta point à s'assurer des postes circonvoisins, ni à combattre les détachemens de milice qui se rassemblaient aux environs. Pressé d'arriver à Albany, il pénétra dans l'intérieur du pays, malgré les obstacles naturels qui le retarderent & qui l'obligerent d'employer seize jours à faire six lieues.

Il avait fait prendre une route plus facile à l'aîle droite de son armée, commandée par le colonel Saint-Leger, qui, sous la conduite des sauvages, devait traverser le lac Ontario & le pays de Mowack, pour le venir joindre à Albany. Le fort Stanwix sur la rivière Mokawk, était le seul obstacle qui pût arrêter ce détachement, & Burgoyne était persuadé qu'il était facile de s'en emparer. Il ne calculait point les dangers qui pouvaient l'assaillir si quelques événemens empêchaient la jonction de ce détachement, ou le forçaient à la retraite ; mais il apprit bien-tôt qu'il ne fallait plus compter sur cette partie de son armée. Saint-Leger avait été abandonné des sauvages qui avaient commencé la campagne avec lui ; il avait été forcé de lever le siege de Stanwix, après avoir été battu par le colonel Alkerman, & s'était vu réduit à retourner sur ses pas jusqu'à Montréal.

{Année 1777.}

JOHN Burgoyne reconnut trop tard qu'il s'était imprudemment avancé dans le pays ennemi. Des corps de milice qui étaient survenus entre Ticonderago & son armée, s'emparaient de plusieurs postes voisins. Ils détruisaient les bateaux, enlevaient les prisonniers, & coupaient toute communication avec les magasins & les subsistances qu'il avait laissé derriere lui. En retournant sur ses pas, il perdait tout le fruit de ses rudes travaux & des dépenses de la cour ; il entreprit de forcer ses ennemis, en leur passant sur le ventre en rase campagne, & de risquer une action d'éclat.

{Burgoyne attaque, le 19 Septembre, le général Arnold ; il est repoussé & battu.}

Le 19 Septembre il attaqua les cinq mille hommes commandés par Arnold. Dans cette attaque dont il ne pouvait se promettre aucun avantage décisif, puisque l'armée de Gates était encore au-delà, il perdit trois cens hommes, & une grande partie de son artillerie. Il ne voulut point cependant retourner à Ticondérago, il ne fit même aucun effort pour rétablir la communication avec cette place, il aima mieux se porter en avant, & faire une tentative sur Benington, où il savoit que les Américains avaient rassemblé beaucoup d'approvisionnemens. En pénétrant vers Albany, il se rapprochait du général Clinton; qui, de son côté, remontait la riviere d'Hudson, & s'apprêtait à attaquer le fort Mongommery, dont la prise lui ouvrant tout le pays, pouvait réduire le général Gates à diviser ses forces, & assurer aux Anglais la supériorité & le succès d'une campagne qui leur avait coûté tant d'argent, de fatigue & de sang.

Il est abandonné des sauvages. Son nom était abhorré dans ce canton. Des Sauvages de son armée étaient venus, lors de la prise de Ticondérago, y faire des incursions, & avaient massacré, avant que les milices fussent rassemblées, tout ce qui s'était trouvé sur leur passage. Faut-il rappeller ici la fin déplorable de miss M.c Rea, la fleur de cette contrée; elle n'avait que seize ans, elle était fille unique d'un riche négociant de New-York, qui, après la prise de cette ville, s'était retiré sur ses habitations dans le comté de *Manor*, à environ dix lieues d'Albany; cette jeune demoiselle avait fait connaissance à New-York avec un officier Anglais, à qui elle avait donné son cœur. Cet officier était passé depuis dans l'armée de Burgoyne. Elle partit de l'habitation de son pere, accompagnée de ses domestiques, pour aller épouser son amant : elle approchait du camp de Burgoyne, elle se croyait heureuse; mais ce camp était gardé par des Sauvages impitoyables. Ils s'emparerent de la jeune victime, l'entraînerent dans les bois, la dépouillerent de ses habits. Après avoir exercé sur elle tout ce que la fureur & la brutalité peuvent suggérer, ils lui enleverent le peri-crâne, & furent montrer sa longue chevelure au milieu de l'armée anglaise, aux yeux même de son amant, qui ne se tua pas.

Glorieux de leurs exploits, ces barbares

allaient à Montréal recevoir la récompense promise pour chaque tête d'Américain, & se promenaient par les rues, portant en trophée de longues perches, où pendaient enfilés jusqu'à soixante crânes d'Américains. Ils s'arrêtaient devant les maisons, & demandaient que l'on payât de quelques vieux habits les preuves de leurs affreuses victoires. Le desir d'éloigner un spectacle si révoltant, & la crainte qu'inspirait le pouvoir qui armait les mains de ces hommes innocens & cruels, leur faisaient obtenir des habitans effrayés, tout ce qu'ils demandaient, & doublaient la gratification que le gouvernement leur donnait. Ils retournaient joyeux dans leurs nations ; & comme ils n'aimaient point la cruauté pour elle-même, mais seulement à cause des récompenses qu'on y attachait, Burgoyne en fut abandonné aussi-tôt qu'il voulut les assujettir à sa discipline. Non-seulement tous ceux qui étaient dans la division du colonel Saint-Leger, s'étaient enfuis devant le fort Stanwick, il n'en restait presque plus dans le gros de l'armée. Burgoyne fut tout-à-coup privé du secours de ceux du lac Ontario ; de ces Sauvages dont la vélocité, la vue perçante, l'habitude de parcourir les bois, de gravir les rochers, avaient fait pour ainsi dire les flambeaux de son armée. Ils se brouillerent même avec leur chef nommé Saint-Luc. Cet homme féroce était né en France, & avait servi dans les troupes employées au Canada. Après avoir passé sa jeunesse à faire massacrer les Anglais, il se piquait, disait-il, de réparer cette barbarie en exterminant les Américains. Mais, voyant que Burgoyne touchait au moment de sa perte, il fit offrir ses services au général Gates, qui les refusa avec indignation.

Burgoyne envoya contre Benington un détachement de quinze cens hommes ; ils furent attaqués & battus deux fois par le colonel Stark, vieux militaire du comté de New-Hampshire qui commandait une brigade de milice. Stark s'était distingué à Trenton & à Princetown. Il avait été oublié par une fatalité singuliere dans la distribution des grades. Schuyler lui avait ordonné d'évacuer Benington, mais il avait refusé de se conformer à ses ordres, &

Année 1777.

Victoire remportée sur les Anglais à Benington par le vieux colonel Stark.

s'était obstiné à vouloir défendre ce poste. Il avait même obtenu du Congrès une permission d'agir seul, & en chef avec sa brigade. Les troupes anglaises s'étaient retranchées, & crurent devoir ouvrir un siége régulier, mais Stark les attaqua dans leurs retranchemens & les en chassa. Les suites de la victoire qu'il remporta sur ce détachement devinrent funestes pour l'armée anglaise; il tua ou prit environ neuf cens hommes.

Burgoyne livre une bataille le 7 Octobre. Il réunit ses efforts contre l'aîle gauche de l'armée américaine, & est repoussé & vaincu par Arnold & Lincoln.

CETTE armée était diminuée de plus d'un tiers depuis son départ du Canada; mais sir Henry Clinton agissait de son côté, & remontait la riviere d'Hudson. Il s'empara le 6 Octobre du fort Mongommery. Le terrible Waughan marchait en avant à la tête de quatre mille hommes, & menaçait la ville d'Esopus. Il ne fallait plus qu'un effort pour achever la jonction si desirée entre l'armée septentrionale & celle de la Nouvelle-York. Burgoyne se résolut à une action décisive, & attaqua le 7 Octobre le camp du général Gates; il réunit tous ses efforts contre l'aîle gauche de cette armée. C'était là qu'Arnold combattait, soutenu par le brave Lincoln, de la province de Massachusett. Arnold voyant que ses troupes souffraient beaucoup du feu de cinq pieces de canon, que Burgoyne avait avantageusement placées, se mit à la tête de deux cens hommes de bonne volonté, qui, marchant droit à la batterie, l'emportèrent l'épée à la main. Le sixieme régiment d'infanterie anglaise qui défendait cette batterie fut taillé en pieces. Les deux officiers généraux américains furent blessés dans cette action, mais la blessure d'Arnold le rendait plus redoutable encore; il ne voulut point quitter le combat. Le fer & le plomb volaient de part & d'autre comme la grêle tombe dans la campagne pendant un orage. L'armée anglaise fut repoussée jusques dans ses lignes, & les Américains y entrèrent en vainqueurs; ils enleverent en entier le bagage d'un des régimens allemands: le général Frazer qui commandait sous Burgoyne fut tué; ils s'emparerent des malades & des blessés, & forcerent enfin les vaincus à se retirer dans une espece de camp fortifié auprès de Saratoga. Le colonel

ANNÉE 1777.

Morgan, secondé par le chevalier de Kermorvau, l'un des officiers français passés des premiers en Amérique, se distinguerent dans cette journée à la tête des Riflemen, en tournant la droite de l'ennemi par une marche prompte, & hâtant la victoire par un feu soutenu, qui tua beaucoup de soldats, & ne permit pas au général anglais d'exécuter une manœuvre habile qu'il avait préméditée pour rentrer dans les lignes & garder le terrein.

Il est poursuivi à Saratoga par l'armée victorieuse.

BURGOYNE arriva le 10 au camp de Saratoga; Gates le poursuivait en bon ordre; alors voyant que les chasseurs harcelaient continuellement l'arriere-garde & les flancs de son armée, & interceptaient ses provisions; que ses troupes harassées, & épuisées par le service le plus rude, étaient prêtes à succomber sous le fer de l'ennemi, & qu'il ne leur restait de vivres que pour environ douze jours, il assembla un conseil de guerre. Ses officiers, dont plusieurs lui avaient représenté depuis long-temps la témérité de ses projets, le déciderent à un mouvement *rétrograde*, devenu d'autant plus

plus nécessaire que la saison était fort avancée. Burgoyne dans les censures qu'il avait faites à la cour de la conduite des autres généraux, avait fait sentir combien les marches *rétrogrades* étaient fatales au pouvoir du Roi, parce qu'elles augmentaient, disait-il, l'audace des rebelles. Il se serait trouvé heureux dans ce moment de pouvoir dérober à son ennemi la connoissance de celle qu'il était pressé d'entreprendre pour regagner le lac George.

Année 1777.

Il avait écrit au général Clinton, & lui avait demandé des conseils; il n'en reçut point de réponse; elle tomba entre les mains des Américains. L'espion qui en était porteur ayant été arrêté & fouillé, on ne lui trouva d'abord aucune lettre, ni rien qui pût donner des éclaircissemens; mais comme on avait de fortes indices contre lui, on prit le parti de lui faire avaler de l'eau chaude, & il rendit une olive d'argent, dans laquelle était renfermé un billet du général Clinton. « Je ne puis, lui disait » ce général, prendre sur moi de donner » aucun avis, ni de rien ordonner : je

Le général Clinton ne peut lui donner de secours ni de conseils.

« souhaite que vous puissiez vous en tirer ».

Mais déjà l'armée anglaise était environnée : un corps d'Américains commandé par le colonel Brown, parut à la tête d'un défilé qu'il fallait passer pour sortir du camp de Saratoga. Ignorant la force de ce détachement, qui était de six mille hommes de milices, le général anglais n'osa faire aucun mouvement, & passa toute la journée du 13 dans l'incertitude & les délibérations. Le lendemain l'armée principale du général Gates parut de l'autre côté du camp ; alors il ne lui resta plus d'autre parti à prendre que de se rendre prisonnier de guerre avec toutes ses troupes. Il employa deux jours à dresser les articles de la capitulation. Elle fut intitulée, convention entre le général Burgoyne & le major-général Gates : elle fut signée le 16. Les troupes anglaises, au nombre de six mille quarante hommes, sortirent du camp le 17, à trois heures après-midi, avec les honneurs de la guerre & leur artillerie, & marchèrent jusqu'à l'endroit où était l'ancien fort de Saratoga, sur les bords de la rivière. Là elles laisserent trente-sept canons de campagne, qui compofaient leur artillerie, & les foldats mirent leurs armes en faifceaux. Les officiers garderent leurs chevaux ; on ne vifita point leurs bagages, on leur laiffa même leurs épées. Ils ne fe féparerent point de leurs foldats pendant la marche : les Canadiens, matelots, ouvriers & autres, eurent la permiffion de retourner au Canada. On donna des paffe-ports à trois officiers pour porter les dépêches du général Burgoyne au chevalier Howe, au gouverneur du Canada, & à la cour de Londres. Tout le refte de l'armée, fous une efcorte nombreufe, prit la route de Bofton, d'où les officiers & les foldats devaient être renvoyés à Londres, à condition de ne plus porter les armes contre les Colonies confédérées, tant que dureraient les hoftilités.

Le général Burgoyne demanda que fon nom ne fût point compris dans la capitulation. Les papiers publics ont attribué cette particularité à un excès d'orgueil, mais l'humilité de la priere d'un général vaincu, qui demande à fon ennemi qu'on ne le nomme point, doit lui faire pardonner le motif mal entendu d'une telle demande. Que John Burgoyne ait été nommé ou non dans la capitulation de Saratoga, l'avenir saura qu'il a mis bas les armes avec toute son armée, devant les troupes des Provinces confédérées de l'Amérique septentrionale, commandées par Horatio Gates. Ce général ne contesta point à son ennemi désarmé une satisfaction si frivole. Il écrivit seulement en apostille, que le général Burgoyne, quoiqu'il ne fût pas nommé dans la capitulation, n'en était pas moins tenu à l'exécution de tous les articles.

Gates envoie le vieux colonel Starck reprendre Ticonderago, & va lui-même délivrer les environs de l'Albany & de la Nouvelle-York des ravages du féroce Waughan.

HORATIO Gates était né en Angleterre, dans le comté de Derby; il avait servi en Amérique dans la guerre contre la France, en qualité d'aide-de-camp du général Monkton; & à la paix il s'était marié & fixé à New-York. Profitant de la victoire, il envoya le brave Starck avec un détachement de quatre mille hommes, reprendre Ticonderago, & lui-même, avec le reste de son armée, se porta vers les bords de la rivière d'Hudson, qui étaient désolés par un brigand anglais, appellé Robert Waughan. Le Congrès lui fit faire des remercimens publics, & fit frapper, en mémoire de cet évènement, une médaille d'or, qu'il lui fit présenter au nom des Etats-Unis; il arrêta pareillement qu'il ferait fait des remercimens publics à Arnold & à Lincoln de leurs braves & heureux efforts pour soutenir l'indépendance de ces Etats.

Ce fut à cette époque que John Hancock, après avoir travaillé sans relâche pour assurer la liberté de son pays, crut pouvoir prendre quelque repos avec sécurité; il quitta alors la place de président du Congrès, dans laquelle il avait succédé à Peyton Randolph, & fut remplacé par Henri Laurens, vice-président de la Caroline méridionale. Voici le discours qu'il adressa au Congrès, le 31 Octobre, en remettant le fauteuil à son successeur.

« Il y a eu, Messieurs, vendredi dernier
» deux ans & cinq mois que vous m'avez
» fait l'honneur de m'élire pour occuper
» cette chaire. Comme je n'ai jamais pen-

» fé que votre choix procédât de l'idée que
» vous aviez conçue de mon habileté,
» mais feulement de la connoiffance que
» vous aviez de mon attachement aux liber-
» tés de l'Amérique, je me fuis trouvé
» dans la plus forte obligation de remplir
» les devoirs de cet office, & je l'ai
» accepté avec la plus ferme réfolution d'en
» remplir toutes les fonctions, le mieux
» qu'il me ferait poffible. Tout a confpiré à
» me mettre dans un jour éclatant; & j'ai
» tâché, du moins par mon travail & mon
» attention, de remplacer ce qui me man-
» quait d'ailleurs. »

« Ce n'eft pas à moi de parler de ma
» conduite dans l'exécution des affaires
» publiques, au Congrès & hors de cette
» affemblée; vous en êtes les meilleurs
» juges : mais je crois que vous me pardon-
» nerez de dire que je n'ai épargné ni dé-
» penfes, ni peines, ni veilles, pour fatif-
» faire vos defirs & remplir les vues de
» mes concitoyens. »

« Ma fanté étant très-dérangée, il eft
» néceffaire que je prenne quelque relâche.

» après une application aussi constante, &
» j'implore votre indulgence pour me per-
» mettre de m'absenter pendant deux
» mois. »

» Je ne puis, Messieurs, m'éloigner de
» vous sans vous exprimer mes remerci-
» mens de tout ce que vous m'avez fait
» éprouver d'agrémens, & il m'est impossi-
» ble d'en faire mention sans que mon cœur
» tressaille de plaisir. Mais si dans un aussi
» long période que celui pendant lequel
» j'ai eu l'honneur de vous présider, il
» m'est échappé quelqu'expression qui ait
» pu offenser quelqu'un des membres de
» cette assemblée, je désire que sa candeur
» veuille bien me la pardonner, parce
» que ç'a été certainement contre mon
» intention. »

« Puisse toute sorte de félicité vous ré-
» compenser sans cesse, & comme membres
» de ce Congrès & comme particuliers !
» Je prie le ciel que l'unanimité & la per-
» sévérance puisse toujours aller de main
» en main dans cette assemblée ; & que
» tout ce qui pourrait tendre à distraire ou

» diviser vos conseils, soit banni pour ja-
» mais. »

Je me plais à rapporter ce discours, parce qu'il porte l'empreinte du caractere de John Hancock ; de ce caractere simple & bon, qui dit naïvement du bien de soi-même, devant les témoins de sa conduite, & qui, sans employer la politesse européenne, fait bien sentir la droiture & l'urbanité du cœur. Le Congrès voulut d'abord adresser des remercimens à John Hancock, pour son attention continuelle & l'impartialité constante dont il avait donné les preuves en remplissant les fonctions variées & difficiles de la place de président du Congrès ; ce fut Samuel Adams, son ami, qui s'y opposa. Républicain toujours inflexible, toujours réglant sa conduite sur les modeles éternels des grands personnages de la Grece & de Rome *, il repré-

___

* Le chevalier de Chatelux a peint dans son Journal le caractere de Samuel Adams, avec cette légereté & ces graces de l'esprit qui sont particulieres aux Français. « On » lui reproche, dit-il, de passer toujours par les Grecs & les » Romains, avant d'en venir aux Wighs & aux Torys. »

senta qu'il était déplacé de remercier aucun préfident d'avoir rempli les devoirs de fon office ; que ce ferait un ufage dangereux qui dégénérerait un jour en flatterie, & que fi l'on accordait cet hommage à ceux qui auraient bien mérité de la patrie, ceux qui feraient difpofés à s'en rendre moins dignes, feraient en même temps les plus empreffés à vouloir l'ufurper. Alors on fut aux voix, & la propofition d'Adams fut décidée à l'affirmative.

Le cruel Waughan, qui conduifait quatre mille Irlandais & Allemands, avait emporté plufieurs paffages fortifiés, & remonté la rivière d'Hudfon. Sir James Wallace, le même qui l'année précédente avait inutilement tenté d'incendier le bourg de Conanicut, l'accompagnait fur des galeres à rames armées de canons, & qui portaient les bagages. Ils parvinrent, dans la foirée du 15 Octobre, devant la ville d'Efopus, & tandis que Wallace mettait le feu aux navires & aux bateaux qui étaient à l'ancre, Waughan entrait dans la ville qui n'était pas fortifiée, & livrait tout au pillage. Les habitans surpris, coururent aux armes, & voulurent quelques momens défendre leurs foyers ; mais après s'être convaincus de leur impuissance, ils jetterent leurs armes & demanderent quartier ; ne pouvant l'obtenir, ils se réfugierent tumultueusement dans leurs maisons, qu'ils regardaient encore comme un asyle contre la férocité de leurs ennemis. Alors Waughan fit mettre le feu aux maisons, rien ne fut épargné, & lorsqu'il ne resta plus d'autres vestiges de la ville d'Esopus que ceux que le pillage avait mis entre les mains de ses soldats, il continua sa marche, enlevant les bestiaux, pillant les villages, égorgeant les habitans désarmés & dispersés dans la campagne, mettant le feu aux chaumieres & faisant la guerre aux fermiers, aux femmes, aux troupeaux. Il surpassait les sauvages eux-mêmes, par sa maniere féroce de traiter les prisonniers, les estropiant à coups de sabre après qu'ils s'étaient rendus à discrétion. Ses soldats s'abandonnaient à l'envi à tous les excès & à toutes les abominations dont l'histoire craint de se fouiller, & qu'elle rejette sur les temps fabuleux, pour que l'humanité ne conçoive pas une trop juste horreur d'elle-même*. A leur approche, les sombres asyles des forêts devenaient la retraite d'un sexe timide, que les bêtes farouches effrayaient moins que l'iniquité des hommes. Le nom de Waughan était devenu en peu de temps l'indignation & l'effroi de l'Amérique entiere; mais ses troupes se disperserent aussitôt qu'elles apprirent que Burgoyne avait mis bas les armes, & que Gates s'approchait.

Réjouissances des Américains; attaque du fort de Redbanck.

La joie fut universelle dans toute l'Amérique à la nouvelle de l'heureux évènement qui venait de précéder la fin de la campagne. Il y eut des illuminations à Boston, à Charles-Town, & dans plusieurs villes. On applaudissait sur-tout à la modération, avec laquelle le général Gates avait

---

* On dit qu'à la ferme de Lancev ils retirerent de la tombe le corps d'une jeune & belle personne nouvellement inhumée, & que pendant plusieurs jours le spectacle de ses appas flétris, amusa leur curiosité barbare.

usé des droits de la victoire, en faisant des conditions honorables à son ennemi. C'était la premiere fois qu'on voyait une armée entiere forcée de mettre bas les armes, & de se rendre à la merci des vainqueurs, sans pouvoir se délivrer, ou sauver du moins son honneur dans les hasards d'une bataille.

Le général Howe projettait depuis un mois l'attaque du fort de Redbanck, l'un des forts du Delawarre destiné à appuyer la gauche des chevaux de frise, & qui couvrait Fort-Island; le 22 Octobre fut le jour qu'il choisit pour mettre ce projet à exécution; l'armée américaine avait appris la veille l'évenement de Saratoga, & célébrait les victoires de Gates & d'Arnold par des réjouissances. Howe s'était persuadé que dans ce moment il surprendrait la garnison de Redbanck au milieu de l'yvresse & hors d'état de se défendre. Il envoya un détachement considérable de troupes Hessoises; mais le vin de la joie & de la liberté n'avait fait qu'ajouter au courage des Américains. Le colonel Gren commandait le fort, & il était accompagné du chevalier Duplessis Mauduit. Tout à la fois ingénieur & officier d'artillerie, ce jeune français s'était hâté de réduire les ouvrages trop étendus que la garnison n'aurait pu défendre, & y avait substitué un bon rempart en terre fraisé à la hauteur du cordon, un fossé, & un abatis en avant du fossé. Les Hessois parurent dès le matin à la portée du canon au nord de Redbanck; ils établirent de ce côté une batterie, & firent un feu très-vif, auquel l'artillerie du fort répondit constamment. A quatre heures après-midi ils marcherent au premier retranchement. Ignorant les changemens que le chevalier de Mauduit avait faits aux ouvrages, & trouvant ce retranchement abandonné, ils se crurent vainqueurs, & s'avancerent vers la redoute, en dedans de l'ancien retranchement, laissant la Delawarre sur la droite. Ils étaient déjà parvenus à l'abatis, mais comme une partie de la courtine de l'ancien retranchement subsistait encore, & formait un angle saillant, le chevalier de Mauduit imagina d'y jetter quelques fusilliers qui, prenant en flanc la gauche des ennemis, les tiraient pour ainsi dire à coup-sûr. Les officiers Hessois voulant rallier leurs soldats, & remarchant ensuite à l'abatis, tombaient morts avec eux au milieu des branches qu'ils s'efforçaient de couper. On vit bientôt le colonel Donop, remarquable par l'ordre dont il était revêtu, par la noblesse & la beauté de sa figure, & sur-tout par son courage, tomber comme les autres. Alors les Hessois consternés & repoussés essayerent de changer l'attaque, & se porterent sur la rivière du côté de l'escarpement ; mais le feu des galeres qui en défendaient l'approche leur tua beaucoup de monde, & à la fin du jour ils se retirerent en désordre. Le colonel Gren défendait le côté du sud qu'une autre colonne attaquait en même-temps. D'abord plus heureuse que la première elle passa l'abatis, & ne fut arrêtée que par la fraise, mais elle n'en fut pas moins repoussée & obligée de se retirer. Le chevalier de Mauduit sortant du fort après la retraite de l'ennemi pour visiter les endroits de l'abatis qui avaient besoin d'être réparés, découvrit une vingtaine de soldats Hessois qui, ayant eu le courage de parvenir jusqu'au parapet, n'avaient pu s'en retourner, & se tenaient cachés. Il les fit prisonniers. Bientôt contemplant, autant que le permettait l'obscurité de la nuit, l'horrible spectacle des morts & des mourans entassés les uns sur les autres, il entendit, au milieu des gémissemens, une voix s'écrier en anglais: *qui que vous soyez, tirez-moi d'ici!* c'était la voix du colonel Donop; il le fit transporter, & l'accompagna dans la maison d'un Quaker, qui demeurait à peu de distance du fort. Ce colonel allemand y mourut au bout de deux jours. Avant de mourir il voulut écrire une lettre à son ami le comte de Saint-Germain, alors ministre de la guerre en France, pour lui recommander son vainqueur. « Je suis content, lui écrivait-il, j'ai la consolation d'expirer entre les bras de l'honneur même. »

Le fort Miflin, voisin de celui de Redbanck, fut attaqué peu de jours après. Le lieutenant-colonel Smith y commandait; les assaillans furent repoussés comme à Redbanck, mais l'attaque & la défense furent moins opiniâtres, il y eut moins de sang répandu.

Tandis que les forts étaient attaqués du côté de la terre, la flotte s'efforçait de remonter la rivière pour pénétrer jusqu'à la ville. Mais les passages furent si bien défendus par les galeres, les batteries, & par les chevaux de frise, que pour y parvenir il en coûta à l'Angleterre deux vaisseaux de guerre qui furent entièrement détruits. Quatre autres furent contraints de se retirer, & toute la flotte fut désemparée.

Le Congrès arrêta qu'il serait présenté une épée au colonel Gren, une autre au lieutenant-colonel Smith, & une au commodore Hazlewood en récompense de leur bravoure. Le chevalier de Mauduit fut oublié, mais Washington, toujours juste, écrivit au Congrès. « La conduite brave de » ce jeune gentilhomme à Brandiwine, à Germantown, & ses services distingués au » fort Mercer, où il réunissait les fonctions d'ingénieur à celles de commandant » de

» de l'artillerie, lui donnent des titres parti-
» culiers au souvenir du Congrès : il a fait des
» changemens utiles dans les travaux du
» fort de Redbanck, & a montré une
» grande habileté dans la défense de ce
» fort ; & lorsque dans la suite on a été
» obligé de l'évacuer, il a trouvé les moyens
» de sauver la meilleure artillerie & des
» provisions, & a entrepris comme volon-
» taire l'opération périlleuse, de faire sauter
» les magasins sans aucun des appareils que
» l'on employe ordinairement dans de telles
» occasions. Mais ce qui ajoute à son éloge,
» c'est qu'il possede un degré de modestie
» qui se rencontre rarement parmi les
» hommes qui ont fait des actions aussi
» brillantes. » *Lettre de Washington au Congrès, datée du 13 Janvier 1778.*

Les promotions nombreuses des officiers français, qui avaient passé les
premiers en Amérique, & la maniere
peu satisfaisante dont la plupart avait
répondu à cet encouragement, avaient
excité, parmi les officiers américains, des
murmures qui empêchaient l'avancement

Tome II. Sec. Part.   V

de leurs compatriotes, & le chevalier de Mauduit n'obtint pour récompense que le rang de lieutenant-colonel.

APRÈS la capitulation de Saratoga, Schuyler se chargea de conduire lui-même John Burgoyne dans l'intérieur du pays, pour lui procurer des logemens, & voulut que les aides-de-camp de ce général le suivissent. Il avait fait bâtir, à peu de distance de Saratoga, une maison qui lui avait coûté dix mille livres sterlings. Burgoyne, alors dans sa prospérité, la détruisit, sous le prétexte que ne pouvant la faire occuper par ses troupes, elle aurait pu servir de retraite aux rebelles. Devenu prisonnier, il lui fit des excuses de la nécessité où il avait été de brûler sa maison. « Vous n'avez rien fait de blâmable, lui » dit Schuyler; en pareille circonstance j'en » aurais fait autant, & pour ce qui me » regarde, c'est un léger sacrifice en com- » paraison de ceux que je serai toujours » prêt de faire à la liberté de mon pays. » Ils partirent, & Burgoyne, suivi du général Philips, de ses aides-de-camp & de quelques autres officiers, s'étonnait de la longueur de la route. Schuyler s'excusait sur la difficulté de trouver dans ce canton reculé, des asyles convenables. Après une marche assez longue, le général anglais se trouva, à son grand étonnement, chez Schuyler lui-même, où la femme & les filles de cet Américain le reçurent avec tous les égards qu'il aurait pu prétendre dans sa plus haute fortune.

Comme ils s'entretenaient des affaires de l'Europe & des circonstances de la guerre : racontez-nous, lui dit Schuyler, les malheurs de l'Angleterre & les intrigues de la cour de Londres. Occupés du labourage & du soin de nos troupeaux, nous ignorons en ces lieux écartés ce qui se passe dans cette capitale, qui naguère régnait sur toutes les parties du monde & est devenue pour lui un sujet de pitié. Nous ignorons même les desseins qui ont fait armer contre nous la moitié de nos compatriotes, & ont causé la mort de tant de braves gens. Nous ne savons que les faits publiés dans les gazettes qui peuvent parvenir jusqu'à nous. Je n'ai point été à Londres depuis la fin de la guerre contre la France. Pitt était alors à la tête des affaires; je l'ai vu, ce grand ministre, j'ai été admis à ses audiences particulieres; il s'informait de la richesse & de la force de nos provinces, du nombre des hommes, de la fécondité des mariages & des différentes branches de commerce & d'industrie que l'on pouvait établir. Alors l'Angleterre faisait l'étonnement & l'admiration de tous les peuples : il suffisait d'être Anglais pour sentir la dignité des prérogatives de l'homme, & inspirer du respect aux nations.

Récit de Burgoyne chez le général Schuyler.

QUEL temps me rappellez-vous, lui répondit Burgoyne, je ne puis, sans qu'il m'échappe des larmes, comparer ces jours fortunés à ceux qui viennent éclairer ma défaite. Le gouvernement est devenu corrompu, & les sujets sont devenus rebelles au gouvernement. O Schuyler! deviez-vous céder à ce funeste exemple, & prendre les armes contre votre Roi ? S'il est injuste, ou s'il se laisse aller aux mauvais conseils de ses favoris, êtes-vous dispensé pour cela du serment que vous aviez fait de défendre sa couronne ? Pour moi, dans mes malheurs, il me reste du moins cette consolation, que je n'ai point suivi d'autre parti que celui de mon devoir. Le généreux Américain, qui connaissait les égards que l'on doit aux malheureux, garda le silence, & Burgoyne reprit ainsi.

Vous savez que le comte de Bute conserve l'ascendant qu'il a pris sur le Roi depuis la jeunesse de ce Prince. George III est attaché à ses amis comme à sa famille; on ne peut voir un Prince plus humain pour ceux qui l'environnent, plus reconnaissant envers ses domestiques, dont les mœurs soient plus douces & plus pures, qui soit meilleur mari, meilleur père; mais il est faible, il croit aisément ce qu'on lui dit; il est d'ailleurs d'une opiniâtreté invincible, & quand il se trouve engagé dans quelqu'opinion, rien ne saurait l'en faire revenir. La Princesse de Galles * s'était

---
* The Princess of Wales.

appliquée à lui persuader de donner aux Ecossais la préférence de tous les emplois à sa nomination. Ils sont fiers, lui disait-elle, mais obéissans; courageux, mais ils aiment le faste. Ils ont été de tout temps les favoris & les défenseurs des Rois; c'est eux que vous devez opposer sans cesse à la fluctuation des volontés britanniques, c'est eux qui affermiront votre trône : les moyens dont vos ancêtres se sont servis pour s'y placer, ne sont pas ceux qu'il faut choisir pour augmenter votre puissance. Elle lui représentait le parlement comme un vain appareil, qui ne sert qu'à conduire plus sûrement les peuples selon les vues de la cour, & les opposans comme une troupe mêlée d'ambitieux, qui attendent que les graces & les emplois viennent leur imposer silence, & de fanatiques, qui entraînent par des déclamations fausses & frivoles, une vaine multitude sans force & sans appui. Elle & le comte de Bute *

---

* Presque tous ceux qui sont au fait des affaires d'Angleterre, connoissaient les lettres de Bolinbroke à Caleb d'Anvers,

lui faisaient croire qu'il pouvait se rendre plus réellement monarque que les rois de France & d'Espagne, parce que dispensateur des graces & des emplois, il s'assurait par là le plus grand nombre des voix dans le parlement; mais ces graces étant devenues insuffisantes, la corruption a fait de rapides progrès, elle est maintenant à son dernier degré. Ce système de corruption exigeait des mains plus habiles que celles du comte de Bute; il se forma un conseil secret de ceux que l'on appellait les amis du Roi. Ils placerent & déplacerent les ministres, & dirigerent toutes les affaires. L'écossais Mansfield, chef-juge, & l'un de nos meilleurs orateurs, y jouait le premier rôle; il dictait les harangues des ministres, il provoquait la volonté du Roi, il rédigeait les bills &

---

dédiées au ministre Walpole, & les lettres fameuses de *Junius* au comte de Bute, au Roi, au chef de justice Mansfield, &c. On y trouve de grandes leçons sur le caractere des hommes & l'art de gouverner; c'est d'ailleurs ce qui a été écrit de plus éloquent depuis la destruction de l'Empire Romain.

les soutenait dans la chambre des pairs, par la force de son éloquence *. Né vain & voluptueux, tant d'occupations ne l'empêchaient point de se livrer au faste & aux plaisirs. Le duc de Richemond était son contradicteur ordinaire, & ce Seigneur ne dissimulait pas sa haine contre la junte ministérielle. C'était assez qu'il fît quelque proposition pour que tout le parti de la cour réunît ses efforts pour la faire rejetter.

---

* Lorsque William Pitt, rentré dans le ministere, se vit forcé de l'abdiquer, & qu'il annonça sa retraite au parlement, il dit en se tournant vers Mansfield & le désignant avec la main : « il est dans ce royaume un pouvoir supérieur à celui des ministres, à celui du Roi lui-même ; j'ai vu changer du soir au lendemain les résolutions prises avec moi dans le conseil, & cela par l'intervention d'un seul homme, d'un homme qui sacrifie tout à son ambition, à ses desirs secrets de renverser la constitution britannique. Dans de telles circonstances pourrais-je rester plus long-temps ministre ? Je vois chacun de vous déjà prêt à me reprocher des actes qui tôt ou tard tourneront au détriment public, que ma conscience désapprouve, & qui ne sont pas mon ouvrage. Le premier principe de notre constitution, est que les ministres sont comptables au peuple de tout ce qui se fait sous leur administration ; je ne puis plus l'être. »

Les actes les plus nécessaires à la prospérité de l'Angleterre ont été écartés de cette maniere, & le peuple, qui supportait ce malheur, ne pouvant concevoir ce qui faisait prendre à chaque instant des résolutions contre sa félicité, attribuait à l'aveuglement de la cour, ce qui était l'effet de l'inimitié, de l'esprit de discorde & de vengeance.

George III n'était encore que Prince Royal, lorsqu'il devint éperduement amoureux de la sœur du duc de Richemond. Malgré la loi, qui ne permet plus aux Rois d'Angleterre de choisir une épouse parmi leurs sujettes, il lui avait promis dans sa passion de l'épouser; il avait promis au duc de Richemond de résister à cette loi, qu'il appellait barbare, de placer la couronne sur la tête de celle qu'il aimait, & de vaincre tous les obstacles. Né dans la Grande-Bretagne, la nature semblait l'autoriser à choisir une femme de ce royaume. Des souverains nés dans d'autres pays avaient pu s'assujettir sans peine à épouser des Princesses étrangeres; mais George était depuis la révolution le premier Prince anglais destiné à porter la couronne dans le pays qui l'avait vu naître. Il jurait à son amante de ne jamais souffrir d'autre lien que celui que l'amour avait formé pour eux; cependant tous ses projets de résistance s'évanouirent à l'instant où il fut environné de l'éclat de la royauté. La raison d'Etat prévalut, il trahit ses sermens & plaça la couronne sur le front d'une Allemande. Le duc de Richemond ne pouvait renfermer le chagrin d'un pareil outrage. Ses talens & ses lumieres lui fournissaient les moyens de s'en venger, autant que le peut un sujet : il contrariait dans le parlement tous les desseins de la cour. Sa réputation venait d'éclorre, lorsque George fut entraîné à ces actes de rigueur, qui ont révolté l'Amérique. Alors on le vit paraître & s'élever tout-à-coup comme un nouveau Démosthenes; son éloquence, semblable à ces torrens rapides qui renversent tout ce qui s'oppose à leur passage, entraînait les opinions. Jamais le parti de l'opposition n'eut un plus grand nombre de voix, & si l'intérêt personnel n'avait pas enchaîné la majorité des membres du parlement dans le parti de la cour, il n'y aurait point eu de guerre en Amérique. Le destin en a autrement ordonné, il a permis que la discorde secouât ses flambeaux dans toute l'étendue de l'empire britannique.

ANNÉE 1777.

PARDONNEZ-MOI, lui dit Schuyler, de vous rappeller un souvenir importun, mais informez-nous par quelles fatigues inouies jusqu'à présent, vous avez osé parvenir dans l'intérieur du continent, à la tête de dix mille hommes, par la route pénible & dangereuse des lacs. Un des privilèges de l'homme libre, est de rendre justice à ses ennemis, & d'admirer leur courage. Hélas! dit Burgoyne, il n'est point d'entreprise militaire où le général ait fait de plus grands efforts, & qui ait été plus malheureuse. Tout ce que pouvaient la force, l'expérience & le courage des hommes, s'est anéanti devant les obstacles formés par la nature. *

Détails qu'il fait lui-même de sa marche par la route des lacs.

---

* Les détails qui suivent sont tirés des Lettres & des Mémoires du général Burgoyne, imprimés en Angleterre.

Année 1777.

Avant de partir d'Angleterre j'avais fait faire cent bateaux plats pour transporter par les rivieres, l'artillerie, les munitions & les bagages de l'armée; & l'on construisait au Canada trente bâtimens armés pour traverser les lacs. J'avais fait faire pour les soldats de doubles équipemens, afin qu'ils pussent supporter le froid. Les approvisionnemens étaient complets pour une campagne d'un an. J'emportais une provision immense d'armes, d'eau-de-vie, d'habits & de présens pour distribuer aux Sauvages, & les engager dans le parti du Roi; & l'on avait destiné une forte somme d'argent pour suppléer à tout ce qui pouvait rester imprévu. L'embarquement d'une armée de dix mille hommes, & de tous les sujets nécessaires à l'entretien du service, avait exigé l'armement de plusieurs bâtimens de guerre & de cinquante vaisseaux de transport. Parvenu après une longue & pénible navigation à l'embouchure du fleuve Saint-Laurent, j'ai été forcé d'attendre pour remonter ce fleuve, que les glaces laissassent aux vaisseaux un libre passage. Le débarquement des troupes, des chariots, des provisions, des bateaux nous a retardés plusieurs jours. Nous avons traversé le Canada par une marche pénible & lente, transportant une partie de nos bagages sur les chariots, tandis que l'autre remontait les rivieres. Parvenus sur les lacs, les soins continuels de charger & décharger les chaloupes, les transports & les bateaux ont accablé les troupes de fatigues, & ont causé des maladies qui, en affaiblissant l'armée, augmentaient nos embarras. La perte de chaque soldat qui mourait était inappréciable, à cause des sommes qu'il en avait coûté pour l'amener jusques-là, & de l'impossibilité de le remplacer. J'avais à la vérité un assez grand nombre de Canadiens à la suite des troupes, mais je ne pouvais compter sur eux, & je ne trouvais pas dans leur zèle les secours que j'en avais attendu. Les Sauvages accouraient vers nous par troupes, mais après avoir reçu de nous des armes, des habits, & avoir consommé nos vivres, ils désertaient presque tous, ils ne tardaient pas à être remplacés

& imités par d'autres, les difficultés augmentaient à mesure que j'avançais dans l'intérieur du pays. Je n'avais d'autre route à suivre que des rivieres bordées d'arbres élevés, qui se courbent & se joignent en forme de voûte, des pluies continuelles se répandent sur leurs branches, dont l'étendue & l'épaisseur interceptent la clarté du jour; nous ne voyions au-dessus de nous que des arbres qui percent les nuages, & au-dessous que des rochers, sur lesquels nos bateaux fragiles étaient prêts à se briser à chaque instant. Ces rivieres, dont le courant est très-rapide & difficile à remonter, n'avaient cependant point assez d'eau pour entretenir nos bateaux à flot. Interrompus dans notre marche par des rochers & des gués, notre armée s'avançait lentement; & souvent la crainte d'être attaqués dans une position si désavantageuse par des Sauvages ennemis, ou par des détachemens américains ajoutait à nos peines. Il fallait alors faire les plus grands efforts pour cacher mon inquiétude, & ranimer par mon exemple le courage des soldats. Je ne pro-

SUR L'AMÉRIQUE SEPTENTRIONALE. 319

nonçais que les noms pompeux de fêtes, de plaisirs, de triomphe, & de gloire, tandis que mon cœur était cruellement déchiré, & que je souffrais considérablement de la fatigue & de l'intempérie du climat. J'avais des troupes excellentes & remplies de bonne volonté. Au milieu des plus rudes travaux, si on leur donnait l'espoir de la licence & du pillage, tous leurs maux étaient oubliés. J'étais obligé de me faire rendre compte chaque jour de l'état où se trouvaient les approvisionnemens, les bagages, l'artillerie, les instrumens pour le service des ingénieurs & de la navigation. Un grand nombre d'ouvriers était sans cesse occupé à disposer, ou à réparer les choses nécessaires. Des accidens forçaient souvent une partie de l'armée de s'arrêter ; alors il fallait recommencer de nouveau les préparatifs de la marche; retirer les chaloupes, les mortiers, les canons & les affûts ensevelis sous les neiges. Malgré la légèreté des bateaux plats on était souvent obligé de tout débarquer, & de faire passer ces bateaux à force de bras par-dessus les rochers, les troncs d'arbres & les bancs de sable, en s'exposant à mille dangers. Les bateliers & les soldats, presque toujours dans l'eau jusqu'à la ceinture, tombaient malades. Ces difficultés n'étaient rien encore en comparaison de la nécessité de transporter souvent sur les chariots, non-seulement les munitions, les bagages, mais même les bateaux pour éviter la rapidité des écueils; alors il fallait abattre les arbres pour ouvrir un chemin aux chariots, & quelquefois l'inégalité du terrein obligeait de faire de grands circuits. Les Américains avaient encore augmenté nos embarras, en coulant dans plusieurs endroits des chaloupes défoncées, & croisant au milieu des passages des arbres abattus; il fallait aussi traverser des marais d'une grande étendue, & y établir des routes solides. Un siècle entier s'écoulera avant que les traces de mes travaux en ce genre soient entièrement effacées.

Tels sont les obstacles qui ne m'ont pas permis d'arriver avant le mois de Juillet à Ticonderago. Alors la campagne était trop avancée

avancée pour pouvoir espérer de m'emparer d'Albany, si le général Clinton ne venait point à mon secours. Les ennemis avaient eu le temps de se fortifier, & moi j'avais perdu un tiers de mon armée. Je voyais avec effroi approcher le moment où je manquerais de provisions, il fallait presser les instans ; enfin, après avoir fait tout ce qui devait paraître le plus difficile, & m'attirer l'estime des hommes de guerre, parvenu pour ainsi dire au terme désiré, tout m'a trompé, tout m'a manqué en même temps, tout a semblé concourir à ma perte. Il ne fallait plus qu'un effort, & il m'est devenu impossible. Quoique je n'aye aucun reproche à me faire, je ne puis me défendre d'un mouvement de désespoir, quand je réfléchis que l'Angleterre eût été victorieuse, si, de son côté, le général Clinton avait remonté jusqu'à Albany.

Lorsqu'il eut achevé, l'on avoua que malgré le mauvais succès, cette campagne était mémorable, & que la réputation du général en deviendrait plus brillante aux yeux de la postérité. Pendant qu'il avait parlé, les filles de Schuyler se regardaient, & disaient entr'elles : Europe ! pays de nos ancêtres ! Est-il possible que vous nourrissiez des hommes capables d'entreprendre de si grands travaux en haîne de la liberté ? Burgoyne de son côté ne pouvait s'empêcher de les contempler sans cesse, il ne pouvait s'empêcher de suivre des yeux les traces de leurs pas ; il passa plusieurs jours au milieu de cette aimable famille : il s'arrachait avec peine de ces heureuses campagnes, où la douce hospitalité lui offrait la paix, & les plaisirs dont il avait été privé si long-temps.

A peine fut-il arrivé à Boston, qu'il déclara qu'il ne se croyait pas obligé de tenir une capitulation faite avec des sujets en rébellion contre leur Souverain. Alors le Congrès résolut qu'il serait retenu en Amérique jusqu'à ce que la ratification du roi d'Angleterre y fût arrivée.

Traité pour le tabac de Virginie, entre les Améri- TANDIS que tous ces évènemens se passaient en Amérique, les députés américains faisaient toujours des progrès utiles à leur pays : ils firent à Paris, avec les fermiers-généraux, un traité pour le tabac de la Virginie ; & la durée en fut fixée à sept, quatorze & vingt-un ans, sous la clause expresse que l'Etat de Virginie ne fournirait point de tabac à d'autres acheteurs, avant d'avoir rempli chaque année son marché. Cet accord qui ne pouvait être fait sans l'agrément du ministre des finances, annonçait les dispositions du gouvernement, & devait naturellement précéder d'autres traités.

Année 1777. cains & les fermiers-généraux de France.

Le lord Howe faisait les plus grandes tentatives pour couper les chevaux de frise & remonter le fleuve Delawarre. Washington fut prendre ses quartiers d'hiver sur les bords du Skuylkill à Walley-Forge, & envoyait continuellement des partis qui enlevaient toutes les provisions destinées pour les troupes anglaises. Il détacha un corps de riflemen & de milices sous les ordres du général la Fayette, pour aller reconnaître les dispositions de l'ennemi dans le Jersey. Ce détachement ayant rencontré le 25 Octobre 1777 un corps de Hessois, &

Situation respective des armées aux environs de Philadelphie, dans l'hiver de 1777.

X ij

plusieurs piquets anglais sous le commandement du lord Cornwallis : le combat s'engagea avec la plus grande chaleur ; les Anglais avaient la supériorité du nombre & l'avantage de la discipline ; mais que ne peut pas le courage, quand il est excité par l'exemple du chef ? Les Anglais furent dispersés & défaits. Le marquis de la Fayette n'avait sous ses ordres dans ce combat d'autre colonel continental, que le marquis de la Rouërie, autrefois officier aux Gardes-Françaises, & connu en Amérique sous le nom du colonel Armand. Il seconda avec intelligence & valeur les efforts de son illustre compatriote, & prouva combien il serait à regretter qu'un désespoir amoureux l'eût retenu plus long-temps parmi les sectateurs pénitens de l'Abbé de Rancé. C'est à la gloire seule qu'il appartient de consoler les guerriers des chagrins de l'amour, & les Français la connaissent trop bien, pour ne pas la préférer à l'inutilité de la vie monastique.

Howe fit hiverner ses troupes à Philadelphie : les subsistances y parvenaient avec la plus grande difficulté : deux vaisseaux de transport s'étaient brisés sur les chevaux de frise, & la plupart des vivres & des provisions ne pouvaient passer que sur des bateaux plats. Des galères américaines qui avaient remonté la rivière au-dessus de la ville, empêchaient que rien ne pût arriver par eau, tandis que les troupes légères écartaient tout ce que l'armée anglaise entreprenait de se procurer par terre. Telle fut la position respective des deux partis pendant tout l'hiver, l'armée de Clinton dans la Nouvelle-York ne pouvait rien entreprendre, les troupes envoyées à Rhod-Island empêchaient le général Pigot de sortir de ses retranchemens, & la frégate la Sirène de trente-deux canons ayant échoué sur cette côte, avait été brûlée par les Américains.

Année 1777.

Depuis que le général Burgoyne s'était rendu prisonnier, il avait donné au Congrès plusieurs sujets de plainte. Cette assemblée eut bientôt à lui reprocher un manque de foi. Le général Gates lui avait accordé, par le dixième article de la capi-

Manque de foi, & perfidie de Burgoyne.

tulation, la permission d'envoyer trois officiers porter ses dépêches aux généraux Anglais en Amérique, & à la Cour de Londres, & lui avait promis sous la foi publique qu'elles ne seraient point ouvertes. Burgoyne abusa de cette promesse dans les lettres qu'il écrivit au général Howe & à l'amiral son frère. Les bâtimens de transport expédiés par ce dernier, pour embarquer les troupes prisonnières qui étaient cantonnées à Cambridge, vinrent mouiller à Boston, & déjà le Congrès avait donné des ordres pour qu'elles se missent en marche, lorsque l'on découvrit que ces bâtimens contenaient six mille fournimens cachés à fond de cale. Le projet concerté entre le général prisonnier & le général Howe, était d'armer les soldats aussi-tôt qu'ils seraient en mer, & de leur faire tenter, la nuit en rentrant dans la baye, un coup de main qui devait réussir à la faveur de la surprise. On se hâta de contremander les prisonniers, & de les renvoyer dans leurs cantonnemens. On enleva les fournimens, & les vaisseaux de transport s'en retournèrent à vuide.

On accorda néanmoins au général Burgoyne la permission de partir, pour remplir en Angleterre ses fonctions de représentant au parlement dans la session d'hiver, mais sous la condition qu'il repasserait en Amérique au premier ordre du Congrès qui le rappellerait. L'infâme Saint-Luc crut trouver un moyen de fortune en le suivant pour l'accuser, & fut bien accueilli des ministres qui firent refuser au général d'être admis dans la présence du Roi.

<small>Année 1777. Burgoyne retourne à Londres sous serment. Le Roi refuse de le voir.</small>

A là nouvelle de ce qui s'était passé dans le nord de l'Amérique, on proposa dans le parlement les plus vives résolutions. Le lord Chatam vint à la chambre des pairs, & s'opposa à la motion du duc de Richemond, qui tendait à ce que le parlement reconnût sans restriction l'indépendance de l'Amérique, il était si faible qu'on eût dit qu'il touchait à son dernier moment. La présence de ce grand homme d'état rappellait encore à la nation ses fautes, ses malheurs, mais il semblait ne plus exister que pour lui faire un éternel adieu, en disant comme un autre grand

<small>Dernier effort de William-Pitt en faveur de la patrie; il lui coûte la vie.</small>

homme : * *Dieux, sauvez mon pays, & que je meure.*

A peine eut-il commencé de parler qu'il fut obligé de s'arrêter pour prendre haleine, & tandis que le Duc de Richemond se préparait à lui répondre, on le vit s'évanouir ; les secours qu'on lui donna ne pouvant réussir à le rappeller à la vie, on l'emporta dans l'appartement du greffier de la chambre, d'où il ne put être transporté chez lui que le lendemain.

Grands honneurs qui accompagnent sa pompe funebre.

Il mourut quelques jours après : son grand âge avait préparé le peuple à cette perte, néanmoins sa mort causa une consternation générale. Il fut enterré à Westminster ; les plus grands honneurs furent rendus à sa mémoire, mais l'histoire de son siécle est le plus beau monument de sa gloire. Il avait donné à sa patrie une puissance jusqu'alors inconnue, la souveraineté de l'univers ; & jusqu'au dernier soupir il a défendu le vaisseau de l'Etat contre les

---

* Cobham.

flots ennemis qui s'élevaient pour le briser.

Il avait obligé son fils à quitter les armes, pour qu'il ne trempât point ses mains dans le sang des Américains.

CE grand homme, qui avait rendu tant de services à son pays par les plans les plus vastes & le choix des plus habiles officiers, qui avait ouvert des sources de commerce inconnues, & en avait dirigé les canaux vers l'Angleterre, qui avait enfin, par ses conseils, élevé la nation à un degré de gloire où elle n'était jamais parvenue, & dont elle n'avait point d'idée, mourut pauvre comme Aristides ; mais Aristides ne laissait qu'une fille, & le lord Chatam laissait une nombreuse famille sans aucun établissement. Son désintéressement avait été si grand qu'il avait négligé jusqu'au revenu de ses places, & cet argent, resté sans emploi, avait été dépensé pendant les ministères suivans, au service public. Les vertus du pere devinrent la richesse des enfans, & le parlement accorda à la famille du lord Chatam,

L'Etat assigne une pension perpétuelle à sa famille.

à titre d'annuité perpétuelle, les quatre mille livres sterlings dont il avait joui à titre de pension pendant sa vie. Marlborough avait été jusqu'alors le seul dont les services eussent obtenu une pareille récompense. La prééminence du mérite du lord Chatam, ministre d'état, éclata tellement dans le parallele qu'on en fit avec celui de Marlborough, négociateur & guerrier, que le Roi & ses courtisans se virent forcés de réunir leurs suffrages à ceux du parti de l'opposition, pour ne pas aliéner entièrement l'esprit de la nation.

Le peuple veut encore se charger de payer ses dettes, malgré la résistance des courtisans.

LA chambre des communes arrêta que le Roi serait supplié d'accorder en outre une somme de vingt mille livres sterlings pour payer les dettes du feu lord, & que la chambre allouerait cette somme; mais le chancelier, le duc de Chandos & l'archevêque d'York protestèrent contre cet acte glorieux de la reconnaissance publique, & les officiers de l'armée de Howe, dans l'yvresse de la fête écossaise le jour de la Saint André, renversèrent en Amérique la statue du lord Chatam, persuadés qu'ils faisaient la chose la plus agréable à la cour.

Dans le même temps, les négocians du Canada ayant présenté un mémoire au gouvernement pour obtenir la révocation de l'acte de Québec, les débats s'étaient renouvellés dans le parlement. Le parti de l'opposition demandait avec instance la révocation de l'acte, & faisait craindre de nouveaux soulevemens dans le Canada. Les ministres justifiaient cet acte, en disant que c'était la meilleure loi pour faire aimer des Français la domination anglaise, puisque c'était le gouvernement civil de France, uni au droit criminel d'Angleterre. L'acte de Québec n'en paraissait pas moins à tout Anglais une loi cruelle & tirannique, qui établissait le gourvernement arbitraire & militaire dans le Canada, & faisait craindre le même sort à toutes les autres provinces. La nation était dans l'agitation & le deuil ; les courtisans étaient incertains ; le peuple demandait qu'on rappellât les troupes de l'Amé-

Année 1777.

Débats au sujet de la révocation de l'acte de Québec.

rique : le parti de l'opposition s'écriait qu'il n'était plus temps d'espérer une heureuse réconciliation.

Année 1777.

La cour prend la résolution tardive de travailler à une réconciliation.

Dans ces circonstances le lord North promit d'offrir des conditions qui ne feraient point déroger l'Angleterre, & que l'Amérique serait contrainte d'accepter.

Les ministres faisaient tous leurs efforts pour rassurer le peuple sur les craintes d'une guerre contre la France & l'Espagne ; le premier commissaire de l'amirauté annonçait que la marine anglaise était en état de résister à ces deux puissances. Le lord North ne tarda pas à proposer un bill conciliatoire ; cependant le lord Shelburne ne cessait de faire envisager que tout donnait lieu de croire qu'il existait un traité entre la France & les Etats-Unis de l'Amérique. Le Duc de Richemond insistait pour que l'on reconnût l'indépendance.

Burgoyne ne peut parvenir à faire entendre la

Burgoyne, de retour à Londres, était pour le public un objet de curiosité : les uns le maudissaient, les autres le traitaient avec plus d'indulgence ; il ne put parvenir, ni à se faire donner un conseil de guerre, ni à forcer les ministres de mettre au jour les instructions qu'ils lui avaient données, ni à obtenir audience du Roi, ni à faire examiner sa conduite dans le parlement. Ses idées avaient bien changé depuis son malheur. Les moyens de défense à employer, si la France tentait une invasion, ayant été discutés dans la chambre des communes, il soutint que cette invasion n'était point à craindre, & que dût-elle se faire, il n'en fallait point être allarmé. « J'ai pris, » disait-il, la plus haute opinion du cou- » rage & de la force de la milice d'un » peuple libre, depuis que j'en ai vu & » éprouvé les effets. Comme je connais » actuellement tout ce que peut faire une » milice ardente, je ne suis point effrayé » des suites d'une descente, mais il est » nécessaire de ranimer l'ardeur de cette » milice, & je ne suis que trop persuadé, » s'il est permis d'en juger par le passé, » que la conduite du gouvernement ne sera » jamais propre à la tirer de léthargie. »

Année 1777. Justification de sa conduite dans le parlement ; changement de ses opinions militaires.

Cet aveu est bien instructif, venant d'un homme tel que Burgoyne, en qui tous les généraux de l'Europe reconnaissaient des connaissances militaires, qui avait fait la guerre pendant trente-cinq ans dans les différentes parties du monde avec quelque sorte d'éclat, & que le malheur ramenait à la vérité.

LIVRE DOUZIEME.

Dispositions de la France. Etat de l'Angleterre. Projets inutiles de réconciliation. La France reconnaît par un traité l'indépendance des Etats-Unis de l'Amérique. Considérations sur les suites de ce traité.

Après tant de succès, il ne manquait aux Américains que d'avoir en Europe des alliés puissans, pour aider la faiblesse de leur marine militaire, contre les flottes redoutables de l'Angleterre : tant que ces flottes ne seraient point détournées pour combattre des ennemis étrangers, elles pouvaient empêcher les Anglo-Américains d'étendre leur commerce dans les marchés européens, & les priver par conséquent de toute la prospérité qu'ils attendaient des suites d'une révolution entreprise avec tant de courage, & conduite avec tant de fermeté. Leurs agens auprès des Cours de

Année 1777.

Nécessité où se trouvaient les Américains, de contracter une alliance avec une Puissance maritime.

France & d'Espagne croissaient en crédit & en considération, à proportion des avantages remportés par leurs armées. L'agitation était générale dans toutes les Cours: on voulait abaisser l'Angleterre, & la réduire à n'être désormais qu'une puissance du second ordre dans la hiérarchie politique de l'Europe. Le peuple de France se rappellait tout ce qui avait précédé la paix de 1763 ; il se montrait ardent pour la guerre, & semblait être pressé du désir de la vengeance ; le même esprit fermentait à la Cour.

Ce qui s'était passé jusqu'alors relativement aux liaisons que les Américains desiraient contracter avec la France.

Le Roi avait d'abord refusé de reconnaître la qualité de commissaire, que le Congrès avait donnée à Silas Deane, & s'était borné à lui accorder la même protection, dont jouissent les étrangers qui habitent le royaume. Cette conduite toute modérée qu'elle était ne satisfaisait point la Cour de Londres; elle l'avait regardée comme une infraction des traités, & avait chargé le vicomte de Stormont, son ambassadeur en France, de réclamer Deane comme un sujet rébelle, ou d'insister au moins

moins sur son expulsion des Etats de Sa Majesté. Cette démarche orgueilleuse n'avait point eu de succès, la réponse du Roi avait justifié l'opinion que les peuples commençaient à prendre de son caractère & de son gouvernement.

Année 1777.

Bientôt la Cour de Londres multiplia ses plaintes, & demanda que le Roi défendît à ses sujets toute espèce de relation & de commerce avec les Américains ; qu'il défendît sur-tout de vendre à ces rébelles, des armes & des munitions de guerre ; qu'il empêchât les corsaires américains de vendre leurs prises, & que les traitant comme des pirates, il leur interdît l'entrée de ses ports. La plupart de ces demandes furent admises, & les corsaires américains n'obtinrent la permission de demeurer dans les ports du Royaume que le temps prescrit par le traité d'Utrecht. Les ordres du Roi furent exécutés avec tant d'exactitude, que plusieurs Américains qui avaient voulu les enfreindre, furent arrêtés & punis, malgré les représentations des divers agens que le Congrès

Tome II. Sec. Part. Y

entretenait en Europe. Ils porterent leur mécontentement en Amérique, où l'on désespérait assez généralement alors de voir s'établir aucune liaison avantageuse avec la France.

Les Anglais forcent la cour de France, par des hostilités, de se préparer à la guerre.

LE ministere avait doublé les garnisons de Saint-Domingue, & avait envoyé des troupes dans toutes les Antilles; mais cette précaution pouvant avoir un autre objet que les approches de la guerre, on ne se hâta point d'envoyer des vaisseaux dans les mers de l'Amérique; les ports de Saint-Domingue, d'où il sortait depuis quinze années plus de richesses que n'en a jamais produit le Potose, resterent sans gardes & tous ouverts à l'ennemi. Ils ne tarderent pas à être insultés par les chaloupes des frégates anglaises qui croisaient depuis Portorico jusqu'au canal de la Jamaïque. Les navires insurgens qui cherchaient un asyle contre des ennemis supérieurs, y furent poursuivis: on les brûla sur la côte.

Les frégates anglaises le *Maidstone* & le *Squirel* ayant fait échouer un bâtiment américain dans la baie de Jean Rabel, tirerent à boulet fur un corps-de-garde & fur des cafes de pêcheurs: trente hommes placés dans une chaloupe firent un feu continuel de moufqueterie fur le corps-de-garde. Voyant qu'on ne répondait point à leur feu, & certains de ne point rencontrer de réfiftance fur cette côte, où l'on vivait dans la paix & dans la fécurité, ils defcendirent à terre, renverferent les canons des batteries, s'avancerent dans les terres à la pourfuite des Américains, & ne fe rembarquerent qu'après avoir vû brûler entièrement le bâtiment échoué. Une femblable audace dans les circonftances où l'Angleterre fe trouvait, doit étonner tous ceux qui n'ont pas une jufte idée de l'arrogance anglaife.

Les mêmes excès fe commettaient aux ifles du Vent. Les frégates anglaifes venaient croifer jufques fous les forts, & il y avait prefque tous les jours des violations de territoire; dans le même temps où le Maidftone & le Squirel infultaient les batteries de Jean Rabel, une frégate chaffa & prit un bâtiment américain fur les atterrages de la Guadeloupe, & envoya des hommes à terre à la pourſuite d'une partie de l'équipage, qui s'était ſauvée dans la chaloupe. Un bâtiment français, armé à la Martinique, fut pourſuivi & canoné par une frégate angloiſe, juſques dans un des ports de Sainte-Lucie, où il fut pris par les Anglais, qui envoyerent des chaloupes couper les cables & l'enlever au mouillage. Enfin les officiers de la marine angloiſe n'agiſſaient pas avec plus de réſerve dans les mers de l'Europe. Vingt-deux navires américains furent pris à l'entrée de la rivière de Bordeaux : les vaiſſeaux français eux-mêmes étaient ſouvent arrêtés. Le Navire *la Providence*, ſortant du Cap Français, *le Traiteur*, ſortant de Jean Rabel, & vingt autres bâtimens furent pris & conduits à la Jamaïque, où ils furent confiſqués & vendus, ſous prétexte qu'ils étaient chargés de marchandiſes pour les Américains. Une multitude de navires, deſtinés pour les iſles françaiſes, furent arrêtés en pleine mer, par le ſeul motif qu'ils avaient des marchandiſes qui auraient pu convenir aux Américains.

Ces offenses, les examens & les visites injurieuses que l'Angleterre faisait subir aux bâtimens français, les forçant d'amener à coups de canons chargés à boulets, faisant enlever les capitaines à main armée, maltraitant & pillant les équipages *, devaient hâter une démarche que la raison d'état aurait seule justifiée, quand même l'Angleterre n'aurait pas été la premiere à violer la paix. Cependant le conseil du Roi balançait encore ; mais la cour de Londres avait plus d'un moyen de fixer son irrésolution ; elle accumulait ses plaintes sur les prétendus secours que les Français donnaient aux Américains, & accusait le gouvernement de France d'avoir souffert que les Américains eussent établi, dans le sein du Royaume, une place d'armes d'où leurs associés expédiaient des vaisseaux pour croiser jusques sur les côtes d'Angleterre : le lord Stormont renouvellait périodiquement

Année 1777.

---

* Il existe dans les amirautés, tant des ports de France que des Colonies, cent trois déclarations de Capitaines, qui constatent ces traitemens hostiles.

ces griefs. Le 8 Juillet 1777, il s'était exprimé avec une chaleur si peu convenable, que le comte de Vergennes avait été obligé de l'interrompre, en lui observant que si ce qu'il venait de dire était l'objet de sa mission, il allait en rendre compte au Roi, & que la cour de Londres devait être trop éclairée sur la dignité des Souverains, pour ne pas pressentir la réponse de Sa Majesté. Cette fermeté inattendue le frappa, & il pria le ministre de regarder comme non avenu ce qu'il venait de proférer. Il s'apperçut avec étonnement peut-être, que le temps n'était plus où les Anglais bravaient impunément les grandes puissances de l'Europe.

Le calme ne pouvait pas être de longue durée; & les plaintes ne tarderent pas à se renouveller de part & d'autre. L'Angleterre était toujours exigeante, & la modération de Louis XVI devait avoir un terme. Les ministres de Londres s'étaient flattés d'amener les choses au point que les Américains, convaincus qu'ils n'avaient rien à attendre de la France, & au contraire tout à redouter d'elle, croiraient ne pouvoir trouver leur falut que dans la clémence de George III. C'étoit pour remplir l'objet de cette politique infidieufe, qu'ils avaient fait inférer dans les papiers publics de la Nouvelle-York, avec autant d'affectation & d'exagération que d'éclat, toutes les contrariétés que les Américains éprouvaient en France, & les témoignages de complaifance & d'amitié du Roi de France envers la cour d'Angleterre. Nouvelles plaintes de l'Ambaffadeur de cette cour le 3 Novembre 1777; nouvelles demandes; mais il y fut répondu que Sa Majefté croyait avoir rempli à l'égard du Roi d'Angleterre, tout ce que fa juftice & fon amitié pouvaient lui permettre, & qu'elle attendait en retour que ce Prince donnât de fon côté des ordres précis pour prévenir & arrêter des excès qui devenaient trop fréquens de la part des officiers de fa marine.

Les chofes en étaient à ce point quand les nouvelles de la défaite du général Burgoyne vinrent changer tout-à-coup les difpofitions & les defleins de la cour d'Angleterre. Ne pouvant plus espérer de soumettre les Américains, elle désira se réconcilier avec eux pour déclarer la guerre à la France. Elle employa d'habiles agens pour rechercher & sonder les commissaires Américains qui résidaient à Paris, & leur proposer la paix, à condition que le Congrès réunirait ses efforts à ceux de l'Angleterre contre la maison de Bourbon. *Il faut*, leur disait-on, *cesser d'être dupes de la France, il faut se rallier avec la cour de Londres, pour tomber sur cette puissance, notre ancienne ennemie, & qui est la cause premiere de nos querelles.*

Alors il ne restait plus de temps à perdre pour garantir la France des projets de la cour de Saint-James; cette cour, résolue de faire la guerre, avait envoyé d'avance des ordres aux Indes orientales pour attaquer les établissemens Français. Il était temps que Louis XVI prévînt les desseins de ses ennemis; il s'agissait de l'intérêt de son peuple autant que de sa propre gloire : il n'en fallait pas moins pour le déterminer à prendre en considération les ouvertures qui lui étaient faites de la part du Congrès.

Il était naturel que les nations eussent plus de confiance dans les Américains que dans la vieille Angleterre. Toutes les comparaisons étaient en faveur des premiers, tant pour les facultés & le crédit que pour les emprunts intérieurs; ils réunissaient la solidité des fonds aux espérances d'un accroissement dans leurs biens; la prudence dans les affaires, à la bonne foi & l'exactitude dans l'acquittement des dettes; & depuis leur insurrection, ils avaient eu la probité de payer une grande partie de ce qu'ils devaient aux particuliers de l'Angleterre.

Année 1777. Raisons qui pouvaient engager les peuples de l'Europe à faire des traités avec les Américains.

Dès le 16 Décembre Conrad-Alexandre Gerard, secrétaire du conseil d'Etat, se rendit chez les plénipotentiaires du Congrès, & les informa par ordre du Roi, qu'après de longues & mûres délibérations dans le conseil sur leurs affaires & leurs propositions, il était décidé que Sa Majesté très-chrétienne pouvait regarder l'indépendance des Etats-Unis de l'Amérique comme existante, & conclure avec eux

Préliminaire du traité avec la France.

un traité d'amitié & de commerce; que dans ce traité, on ne tirerait point avantage de leur situation actuelle, pour obtenir d'eux des conditions qui, dans d'autres circonstances, pourraient ne point leur convenir; Sa Majesté désirant que le traité une fois conclu, fût durable, & que l'amitié respective des deux nations subsistât éternellement; ce qu'on ne pouvait espérer qu'autant que le même avantage qu'elles auraient trouvé l'une & l'autre à former cette alliance, les engagerait encore à la continuer; que l'intention de Sa Majesté était que les articles du traité fussent tels que les Etats-Unis pourraient les souhaiter, si depuis long-temps établis, ils jouissaient de toute la plénitude de leur force & de leur puissance, & qu'ils fussent de nature à les satisfaire également quand ce temps serait venu.

Que le Roi très-chrétien était bien déterminé, non-seulement à reconnaître l'indépendance des Etats-Unis, par tous les moyens qui seraient en son pouvoir; qu'en agissant ainsi, il ne se dissimulait point, que le royaume serait peut-être bientôt engagé dans une guerre, & dans toutes les dépenses, risques & pertes qui l'accompagnent ordinairement; que cependant Sa Majesté n'attendait de la part des Etats-Unis aucun dédommagement pour cet objet; qu'elle ne prétendait pas non plus faire entendre que ce fût uniquement leur intérêt qu'elle avait en vûe, puisque, indépendamment des avantages réels qu'elle procurerait à eux & à leur cause, il était notoirement de l'intérêt de la France que le pouvoir de l'Angleterre fût diminué par la séparation de l'Amérique d'avec cette puissance; que de plus Sa Majesté très-chrétienne, si elle s'engageait dans une guerre avec l'Angleterre à ce sujet, n'entendait pas même exiger que les Etats-Unis ne fissent point une paix séparée dans le cas où on leur ferait des propositions utiles & avantageuses; que la seule condition requise par Sa Majesté très-chrétienne, & sur laquelle elle comptait, était que dans aucun traité de paix avec l'Angleterre, les Etats-Unis ne renonceraient à leur indé-

ANNÉE 1777.

Conclusion du traité d'alliance; 6 Février 1778.

pendance pour retourner sous l'obéissance de ce gouvernement.

D'APRÈS ces propositions préliminaires Conrad Gerard, porteur des pouvoirs du Roi, datés du 30 Janvier 1778, & Benjamin Franklin, Silas Deane & Arthur Lée, signèrent à Paris, le 6 Février suivant, un traité d'amitié & de commerce entre la Couronne de France & les Etats-Unis de l'Amérique. Les députés du Congrès insistaient pour obtenir en même temps une alliance offensive & défensive, par laquelle le Roi s'engagerait, non-seulement à reconnaître purement & simplement l'indépendance des Etats-Unis, mais aussi à la garantir & à la défendre les armes à la main : ce traité fut refusé. Le Roi pouvait bien regarder l'indépendance des Colonies comme existante, mais il ne voulait point la juger ; il ne pouvait par conséquent la garantir, ni entreprendre une guerre pour la soutenir : néanmoins comme il paraissait que la Cour de Londres avait un dessein formé d'attaquer la France, le Roi crut devoir faire avec les Etats-Unis une al-

alliance éventuelle & purement défensive.

IL fut convenu par l'article premier que si la guerre se déclarait entre la France & la Grande-Bretagne pendant la présente guerre entre les Etats-Unis & l'Angleterre, Sa Majesté très-chrétienne & les Etats-Unis feraient cause commune, & s'aideraient mutuellement de leurs conseils & de leurs forces, selon la nécessité des circonstances, ainsi qu'il convient entre de bons & fidèles alliés. On déclarait par l'article second que l'objet essentiel & direct de l'alliance était de maintenir efficacement la liberté, la souveraineté & l'indépendance absolue & illimitée des Etats-Unis, tant en matière de gouvernement que pour l'objet du commerce. Enfin le Roi s'engageait, dans le cas où la guerre se déclarerait entre la France & l'Angleterre, à ne poser les armes qu'après que l'indépendance & la souveraineté des Etats-Unis de l'Amérique auraient été reconnues de la Grande-Bretagne.

ANNÉE 1778: Principales conventions d'un second traité conditionnel.

Ce traité n'était alors qu'un être de raison qui n'empêchait point les Colonies de traiter avec l'Angleterre sans le concours de la France, aussi long-temps que la guerre n'était engagée que vis-à-vis d'elles seules, & il laissait le Roi & le Parlement d'Angleterre maîtres absolus de la guerre ou de la paix. Il n'a acquis de réalité que par les hostilités commises de la part de l'Angleterre, qui faisait assiéger Pondichery avant même que ce traité fût conclu. Il demeura secret, parce qu'au moment de sa conclusion il n'avait encore aucune valeur, mais le traité de commerce fut notifié à la Cour de Londres par le comte de Noailles, ambassadeur de France, le 13 Mars 1778. Le jour même de cette notification, le lord North déclara au Parlement qu'il regardait la guerre contre la France comme inévitable.

Le docteur Franklin parut devant le Roi; il lui fut présenté dans la galerie par le comte de Vergennes, ministre des affaires étrangères; il était accompagné & suivi d'un nombreux cortège d'Américains & de particuliers de tous les états que la curiosité avait attirés. Son âge, son extérieur vénérable, la simplicité de ses habits en

SUR L'AMÉRIQUE SEPTENTRIONALE. 351

une telle cérémonie, tout ce qu'il y a d'heureux & de singulier dans la vie de cet Américain, augmentait l'attention publique. On battait des mains, & tout annonçait à l'entour cet enivrement d'imagination dont les Français sont plus susceptibles qu'aucun autre peuple, & dont leur politesse & leur douceur augmentent encore les charmes pour celui qui en est l'objet. Sa Majesté lui dit : « Assurez de mon amitié les Etats-Unis de l'Amérique, je suis très-satisfait en particulier de la conduite que vous avez tenue dans mon royaume. » Lorsque le nouvel ambassadeur traversa les cours pour se rendre chez le ministre des affaires étrangères, la multitude l'attendait au passage, les acclamations publiques le suivirent, & le même accueil dura quelques temps à Paris.

Le traité d'amitié & de commerce était le seul qui parût alors ; il fut notifié à la Cour de Londres par le Marquis de Noailles, ambassadeur de France : cette notification fut le signal des hostilités.

Au moment où toutes ces choses se

Année 1778.

Divisions

ANNÉE 1778.

en Amérique, & dispositions des peuples à l'égard de la France.

passaient en Europe, l'esprit de division s'était introduit parmi les chefs de la Nouvelle-Angleterre : on commençait déjà à reprocher au général Washington de ne s'être jamais montré victorieux dans les batailles rangées. La Cour de Londres entretenait des émissaires adroits qui, paraissant zèlés pour la cause de l'Amérique, travaillaient à la renverser, & fomentaient des dissentions entre les chefs des conseils & de l'armée. Des hommes secrètement ennemis de la France, cherchaient à inspirer de la défiance pour le gouvernement français, & de la haîne pour les particuliers. Quelques avanturiers qui se décoraient du titre d'officiers de France, avaient favorisé par leurs désordres & leurs dérèglemens tout ce que l'on disait de leurs compatriotes. On avait aussi cherché à répandre des doutes sur les succès du docteur Franklin; on refusait d'employer des sujets choisis parmi les meilleures troupes de France qu'il avait adressés au Congrès; on attendait même fort peu du commerce de la France, soit à cause des inexpériences passées

passées de l'administration dans cette partie, ou par d'autres raisons; car dans un pays dont le commerce est la vie, & qui tient au premier rang parmi les citoyens, ceux qui le font avec succès, la franchise & la droiture sont la base des négociations; au lieu que dans les pays où le commerce ne fixe pas principalement l'attention publique, le marchand est nécessairement rusé; s'il vend un tonneau d'huile, il triple la quantité du plâtre qui ne devrait servir qu'à empêcher le coulage, si c'est une barrique de vin il double l'épaisseur du jable; enfin il réduit en coupons les toiles & les draps qu'il doit vendre à la pièce. Ce n'est point le tarif de la consommation, ce n'est point la valeur primitive, ni la conséquence des retards & des frais qui fixent le prix des objets, c'est le besoin pressant de ceux qui achètent. Le commerce des monarchies se propage difficilement dans l'univers; qui au contraire s'est plû dans tous les temps à se voir tributaire des républiques, & même de celles à qui la nature de leur sol n'offrait presque rien qu'elles puffent échanger.

Troisieme départ précipité des commissaires de la cour de Londres.

CEPENDANT la Cour d'Angleterre se hâtait de faire partir des commissaires avec des pouvoirs étendus pour offrir la paix à l'Amérique, & rétablir l'union telle qu'elle existait en 1763. Le traité avec la France avait été conclu le 6 Février, les bills conciliatoires ne furent arrêtés au parlement que le 17 du même mois : mais on espérait qu'en faisant partir les commissaires sur le champ, ils arriveraient assez tôt pour faire dans les esprits une heureuse diversion, & empêcher que le Congrès ne ratifiât le traité fait à Paris avec ses députés. Le lord Carlile, homme d'un esprit doux & adroit, le gouverneur Johnstone, ci-devant gouverneur de la Floride, qui s'était fait aimer en Amérique par sa franchise, ses lumières, & son humanité, & William Eden, sous-sécrétaire d'Etat, auparavant gouverneur du Maryland, furent chargés de cette mission délicate.

Opinions de quelques Au-

PLUSIEURS Anglais se persuadaient que le Congrès avait usurpé l'autorité qu'il exerçait sur les peuples; ils savaient que la déclaration d'indépendance n'avait pas été résolue unanimement, & pensaient qu'il serait facile de gagner un assez grand nombre des membres de cette assemblée pour entraîner la pluralité.

<small>ANNÉE 1778.
glais sur l'autorité du Congrès.</small>

LA cour avait envoyé à Paris des négociateurs secrets pour tâcher de traiter avec le docteur Franklin, de le tromper ou de le compromettre. Il n'était plus temps. Silas Deane avait quitté Paris pour aller s'embarquer à Toulon sur la flotte du comte d'Estaing. M. Gerard partait sur la même flotte, en qualité de ministre plénipotentiaire auprès du Congrès.

<small>Départ d'un Ambassadeur de France auprès des États-Unis.</small>

LE lord Abingdon avait protesté avec raison contre les bills conciliatoires. La Cour de Londres n'ayant point rappellé ses armées, ayant au contraire continué les pouvoirs des freres Howe pour agir de concert avec les trois commissaires, qui n'étaient par conséquent que leurs adjoints, il y a lieu de croire que le Roi ni ses ministres n'avaient pas l'intention sérieuse de traiter de bonne foi avec les Américains,

<small>Raisons qui devaient empêcher le succès des bills conciliatoires.</small>

Z ij

mais seulement de les engager à rompre le traité qu'ils avaient conclu avec la France, de gagner, s'il était possible, une partie des membres du Congrès & les présidens des provinces. On se proposait de profiter du moment où ils auraient perdu leurs alliés pour les réduire au plus dur esclavage.

<small>Moyens de corruption employés inutilement en Amérique.</small> Toutes les vertus semblaient anéanties à la cour d'Angleterre, & sur-tout la bonne foi ; les commissaires firent tous leurs efforts pour séduire plusieurs membres du Congrès, & ensuite pour susciter des divisions entr'eux, en les faisant soupçonner de corruption. Le gouverneur Johnstone, qui avait été l'ami du célebre Hume, & à qui ce philosophe avait recommandé en expirant de défendre dans le parlement la cause des Américains ; le gouverneur Johnstone qui s'était distingué dans le parti de l'opposition, parut lui-même avoir changé de caractère aussi-tôt qu'il fut employé par le gouvernement. Mais n'attribuons pas sans examen ce changement rapide aux vices de son cœur ; il

écrivait à des amis respectables, qu'il ne pouvait s'empêcher de devenir l'ennemi des Américains ; du moment où ils s'alliaient avec la France, une haîne patriotique & héréditaire lui faisait oublier ses amis, & la recommandation d'un grand homme. Il disait que le traité avec la France lui paraissait être un cas imprévu, & qui devait briser tous ses premiers liens. Ainsi raisonnait son patriotisme, car les vertus elles-mêmes ont aussi leurs égaremens. Celui de Johnstone fut si grand qu'il devint le plus zélé des corrupteurs, & qu'il se compromit par des lettres particulieres, dans lesquelles il abaissait son caractère jusqu'à employer la séduction & la flatterie, & qui en lui faisant perdre l'estime de ses amis, enleverent à sa mission tous les avantages qu'il aurait pu retirer de la considération dont il jouissait, & du poids de son nom. Il oublia ce qu'il devait à lui-même & à l'amitié d'un sage, jusqu'à employer les intrigues d'une femme, pour faire proposer à un des principaux membres du

Congrès cent mille écus & les graces du Roi.

Quoique dans de telles circonstances les opinions fussent partagées, l'arrivée prochaine d'une flotte puissante & d'un ministre plénipotentiaire auprès du Congrès, devait fixer tous les esprits.

Le sentiment public de l'Europe sur les propositions conciliatoires du lord North était qu'elles ne réussiraient point en Amérique, & que la mission des commissaires serait inutile. En effet, Henry Laurens, président du Congrès, interrompit la lecture de la commission pour le rétablissement de la paix, parce qu'elle contenait des termes injurieux à la couronne de France. On l'accusait d'une *interposition insidieuse, & d'avoir fait des offres aux Américains sur la connoissance des projets d'accommodement concertés en Angleterre.* Accusation bien fausse puisque ce n'avait été que le 15 Février que les ministres avaient communiqué au Parlement quelques projets de réconciliation, & que dès le 6 du même mois le traité de l'Amérique septentrionale avec la France était effectué. La lecture de la commission ne fut point achevée ce jour-là, & si dans les séances postérieures elle fut prise en considération, le Congrès déclara par un arrêté que ce n'était dans aucune autre vue que d'épargner, s'il était possible, l'effusion du sang. Cette assemblée ne voulut donner aucune discussion publique aux propositions de la cour de Londres; mais aucun de ses membres ne se laissa tromper. Informés du peu de considération dont les représentans de l'Ecosse jouissent au Parlement, chacun prévoyait avec raison que les représentans américains y joueraient un rôle trop petit pour que leur pays pût retirer quelques avantages de cette représentation, & les agens que le Parlement se réservait d'envoyer aux assemblées continentales auraient été des surveillans dangereux. On n'offrait à l'Amérique qu'un commerce limité, & il était de l'intérêt de toutes les provinces que leur commerce fût illimité. D'ailleurs, de quelque chose que le Congrès & les commissaires fussent convenus, cette convention ne devait avoir aucun effet jusqu'à ce que le Parlement l'eût confirmée. C'était donner trop d'avantage à la métropole, en ce qu'elle aurait sçu ce qu'aurait fait le Congrès, & trop de désavantage au Congrès, puisqu'il ne pouvait pas savoir ce que le Parlement confirmerait : cette inégalité mettait un obstacle insurmontable à l'accommodement. D'ailleurs, l'Amérique septentrionale, trop grande pour ne pas constituer par elle-même un empire, ayant une fois joui de la liberté, aurait cherché sans cesse à en jouir de nouveau. Après avoir agrandi son pouvoir par les armes, elle n'aurait fait que croître en forces & & en moyens tendans à l'indépendance. Si d'un côté ses succès lui avaient inspiré plus de confiance & plus de desir d'être indépendante; d'un autre côté, l'expérience l'aurait rendue soupçonneuse sur les intentions de la Grande-Bretagne ; ainsi le plus petit évènement aurait rompu avant peu d'années, le faible fil par lequel on se serait proposé de tenir l'Amérique sous la domination anglaise. Qui pourrait ne pas s'appercevoir, disait Samuel Adams, que la cour d'Angleterre offrant aux Américains de leur accorder tout, excepté l'aveu de leur indépendance, une domination aussi vague ne paroîtrait pas (si cette offre était sincere) assez importante pour que le refus qui en serait fait, exigeât la continuation de la guerre & des dépenses qu'elle entraîne?

Les commissaires ne tarderent pas à recevoir une réponse définitive, & le Congrès leur déclara qu'il ne pouvait écouter aucune proposition avant le rappel des forces de terre & de mer, & la reconnaissance de la souveraineté des Etats-Unis?

L'alliance avec la France étant déjà publique, le général Washington prévoyait que les Anglais ne tarderaient pas à évacuer Philadelphie; il était campé à Walley-Forge. Comme il était important dans une telle occurrence de veiller sur les démarches des ennemis, il détacha de son camp le général la Fayette avec deux mille hommes d'infanterie; cinquante dragons & quelques Sauvages pour passer le

Skuylkill, & prendre poste sur une hauteur appellée Baren-Hill, à quatre lieues de Philadelphie; cette position était dangereuse, & trois chemins pouvaient y conduire. Le marquis ne confia qu'à lui-même la garde du chemin le plus direct, le second fut surveillé par un corps de milices, & le troisième qui était le plus détourné, était éclairé par des patrouilles. Le général Howe crut alors avoir trouvé une occasion facile de surprendre le jeune guerrier, & d'entourer sa faible armée. Il sortit de Philadelphie avec toutes ses troupes, & les divisa en trois colonnes. Il prit le commandement de la première, le général Grey conduisait la seconde, & le général Grant commandait la troisième. La première côtoyant le Skuylkill marchait droit à Baren-Hill; la seconde prit le grand chemin de Germanton, & devait se porter sur le flanc gauche du détachement de la Fayette; la troisième prenant le chemin de Francfort, & tournant ensuite sur Oxford, était destinée à s'emparer du seul gué que les Américains pussent traverser dans leur fuite,

& à leur ôter tout espoir de retraite. La perte du marquis de la Fayette paraissait assurée, & les colonnes anglaises parties de grand matin étaient avancées dans leurs marches respectives, lorsque deux officiers partis du camp pour se rendre dans les Jerseys, ayant rencontré successivement deux colonnes ennemies, prirent le parti de revenir promptement sur leurs pas, en traversant les bois : à peine avaient-ils prévenu le général américain du danger qui le menaçait, que déjà la colonne de Howe attaquait les postes avancés. La Fayette vit dès-lors qu'il était tourné, & conservant une prudence dont bien des anciens généraux se trouveraient dépourvus en pareil cas, il jugea que la colonne qui marchait à lui ne l'attaquerait pas la première, & qu'elle attendrait que l'autre fût arrivée. En conséquence il fit sur le champ un changement de front, & saisit la meilleure position qu'il put trouver vis-à-vis de la seconde colonne, ayant devant lui l'église de Baren-Hill, & derrière lui le débouché qui devait lui servir de retraite, mais à peine eut-il occupé cette nouvelle position, qu'il apprit que le général Grant marchait vers le gué du Skuylkill, & qu'il en était déjà plus près que lui. Il fallait donc se retirer, mais le seul chemin qu'on pouvait suivre rapprochait de la colonne du général Grant, & exposait à être attaqué en tête par cette colonne, tandis que celles de Grey & de Howe attaqueraient la queue : à cette nouvelle son sang froid ne l'abandonna point, il marcha dans un ordre si tranquille & si régulier qu'il trompa le général Grant, & lui fit croire qu'il était soutenu par toute l'armée de Washington. Six coups de canon d'allarme qu'il avait fait tirer à l'armée, sur la première nouvelle de cette attaque, confirmèrent le général Anglais dans cette erreur, & servirent à lui persuader que toute l'armée américaine avait marché. D'un autre côté Howe arrivant sur la hauteur de Baren-Hill, avait pris le change à la première manœuvre du marquis de la Fayette, ne rencontrant point son ennemi à l'endroit où il se croyait sûr de le trouver;

il crut que c'était le général Grey qui s'était emparé de cette position, & perdit les instans à envoyer le reconnaître, le général Grey en perdit aussi à attendre les colonnes de droite & de gauche : le marquis de la Fayette profitant de toutes ces méprises se retira, *& passa la rivière avec son artillerie sans avoir perdu un seul homme.* Je n'ai rien embelli, j'ai raconté les faits ; c'est d'après eux seuls que l'avenir jugera si le marquis de la Fayette à vingt-quatre ans était digne de sa réputation. Mais, après avoir servi nos alliés, que de devoirs il lui reste à remplir ! quelle dette immense il a contractée envers sa patrie ! quand on est homme de guerre dans l'âge, où les jeunes gens savent à peine réfléchir, il faut égaler Turenne à quarante ans. *

---

* Le Chevalier de Chatellux, dans le journal qu'il a fait de son voyage en Pensilvanie, dans la Nouvelle-York & dans le Nouveau-Jersey, raconte cette affaire d'une maniere agréable & plaisante. Il prétend que le général Howe croyant tenir le Marquis de la Fayette, avait invité des dames pour le lendemain, mais ses préparatifs ne servirent

Année 1778.
Evacuation de Philadelphie; bataille de Montmouth-Court-House.

Le général Howe partit pour Londres peu de jours après l'attaque de Baren-Hill, & le chevalier Clinton le remplaça. Washington attentif aux mouvemens que celui-ci pouvait projetter pour sortir de Philadelphie, résolut de lui livrer bataille, & d'empêcher sa retraite. L'armée anglaise apprenant la prochaine arrivée de la flotte française aux ordres du comte d'Estaing, sortit de Philadelphie le 18 Juin, & dès le lendemain les Américains étaient en marche: les milices du Jersey reçurent ordre de s'opposer au passage de l'ennemi, de détruire les ponts & d'encombrer les routes. Arrivé à la hauteur de Princetown le 23, il envoya un nouveau détachement sous les ordres du Marquis de la Fayette pour harceler l'ennemi dans sa marche, mais ce détachement étant trop faible, & ne pouvant entreprendre que de légères escar-

---

à rien. « Après avoir fait, dit-il, *buisson creux*, il revint à
» Philadelphie accablé de fatigue & honteux de n'avoir
» rien pris; les dames ne virent pas M. de la Fayette, &
» M. Howe arriva lui-même trop tard pour souper. »

PLAN de la Bataille de Montmouth où le G.l Washington Commandait l'Armée Américaine Et le G.l Clinton l'Armée Anglaise, le 28 Juin 1778.

Explication des Chifres

a. Position que les Anglais occupaient la veille de l'affaire.
1. Colonne Anglaise se déployant par sa gauche et d'où il a été détaché des dragons pour se porter sur la droite des colonnes Américaines qui débouchaient du bois.
2. Première batterie des Anglais qui faisait feu pendant qu'ils se déployaient.
3. Débouchement de la 1.ere brigade du détachement du G.l Lée qui s'est retirée dans le bois où le reste du détachement débouchait sur 4 Colonnes.
4. Débouchement des 4 Colonnes.
5. Seconde batterie des Anglais.
6. et 7. Première et Seconde batterie des Américaines.
8. Troupes formées à la droite des batteries 6 et 7 qui ont eu ordre de se retirer sans avoir fait feu.
9. Village de Mont-mouth où est Court-house.
10. Troupes formées en avant de Mont-mouth qui se sont retirées sans attendre l'ennemi.
11. Première position occupée par toutes les troupes aux ordres du G.l Lée, où l'on n'a pas attendu l'attaque, et d'où l'on s'est jetté dans le bois sur la gauche.
12. Attaque très vive des Anglais sur les troupes jettées dans le bois, pendant la retraite de la position 11.

13. Seconde position occupée par le reste des troupes et d'où elles se sont retirées étant chargées par les dragons Anglais, qui ont ensuite été dispersés par le Colonel Stuart.
14. Point où a débouché un corps d'Anglais qui a fait feu sur le reste des troupes qui occupaient encore la position 13.
15. Position que les troupes prirent en se retirant du point 13. et d'où le général Washington les fit passer en arrière de la ligne qu'il venait de former au point 16.
16. Position que le G.l Washington a fait occuper par les troupes qui arrivaient pour soutenir le détachement du Général Lée.
17. Colonne Anglaise qui s'avance pour attaquer la gauche et qui se retire après avoir reconnu.
18. Batterie de 6 pieces commandée par le Chev.er du Plessis-Mauduit et soutenue par 600 hommes.
19. Position occupée par les troupes Anglaises qui s'étaient retirées des point 14 et 17, et d'où elles ont été repoussées avec grande perte.
20. Terrein occupé par les Anglais après avoir été repoussés du point 19.
21. Nouvelle position prise par les Anglais lorsque Washington les a fait attaquer et d'où ils ont été également repoussés.
22. Dernière position des Anglais et où ils ont passé la nuit.

mouches, il fit partir un renfort considérable. Le marquis de la Fayette devait conserver le commandement de ces troupes réunies, qui étaient destinées à suivre les Anglais dans la marche qu'ils comptaient faire pour se rendre à Amboy, & à les arrêter jusqu'à ce que le général Washington fût arrivé lui-même avec le gros de l'armée; mais Charles Lée délivré depuis peu de sa prison, avait rejoint le camp, &, faisant valoir son ancienneté, réclama le droit qu'il avait au commandement. Au lieu de tourner l'armée anglaise afin de lui couper le passage, il se borna à faire un faible mouvement, pour se porter en avant de l'ennemi vers un petit bois situé un peu au dessous du village de Montmouth-Court-House, où l'armée anglaise avait passé la nuit du 27 au 28 Juin. Alors la colonne des Anglais se déployant par sa gauche, détacha un parti de dragons pour se porter sur la droite des Américains, qui débouchaient hors du bois, & fit feu de deux batteries de canon qu'elle avait placées avantageusement; aussi-tôt les troupes

ANNÉE 1778.

américaines commencerent à se retirer, & à s'enfoncer dans le bois, d'où ils déboucherent ensuite sur quatre colonnes, à douze cens pas au-dessus de leur premiere position. Ils établirent deux batteries à trois cens pas de celles de l'ennemi : deux corps de troupes se formerent à la droite de ces batteries ; mais des ordres timides les obligerent de se retirer avant de faire feu. Les autres brigades qui s'étaient portées en avant du village, se retirerent presqu'aussi-tôt, sans attendre l'ennemi, & s'arrêterent à trois cens pas plus loin, entre deux bois, dans une position qu'elles abandonnerent bientôt pour se jetter dans le bois sur la gauche. Elles y furent attaquées vivement par les Anglais, & se retirerent plus loin encore ; laissant derriere elles une position avantageuse, où les Anglais n'auraient pu les forcer sans traverser un ravin profond, dont deux pieces de canon suffisaient pour défendre le passage. On ne sait à quoi attribuer tant de retraites successives, tant de fautes multipliées. Une terreur panique semblait s'être emparée de tout le détachement

détachement du général Lée, ou plutôt de ce général lui-même : enfin Washington parut, & le courage commença de renaître. Les troupes se rallièrent dans une position moins bonne que la plupart de celles qu'elles avaient abandonnées, y soutinrent une décharge de l'infanterie anglaise, & le colonel Stuard, avec deux pièces de canon, dispersa les dragons qui venaient les charger.

Qu'on se représente le courroux de Washinton en apprenant le désordre qui avait précédé son arrivée. Etonné de tant de retraites précipitées, il se hâta de faire passer les troupes qui formaient le détachement du général Lée derrière les deux lignes qu'il venait de former sur une éminence voisine. Voyant que l'infanterie anglaise se préparait à l'attaquer vers sa gauche, commandée par le lord Stirling, il y fit placer une batterie qui tirait avec tant d'avantage, que l'ennemi fut obligé de se rallier à son tour. Le général Green conduisait la droite ; une batterie de six pièces de canon, commandée par le chevalier du Plessis-Mauduit, s'établit à cinq cens pas en avant sur la droite, & prenant les Anglais en flanc, les força, après deux heures de feu continuel, de rétrograder une seconde fois, tandis que des corps détachés par le général Washington, les attaquaient de front avec le plus grand succès. Trois fois ils se rallièrent, trois fois ils furent repoussés; enfin ils furent obligés de quitter le combat & de repasser en fuyant ce même ravin que le général Lée n'avait pas pu garder. Ils s'arrêtèrent à quelque distance, & présentèrent encore le front; Washington les poursuivait en bon ordre; il commanda à deux brigades d'avancer sur chacun de leurs flancs: cette dernière attaque réussit comme les précédentes, mais la nuit survint & interrompit la victoire. Clinton profita de l'obscurité, & n'attendit pas les hasards du lendemain; il précipita sa marche vers la route d'Amboy, laissant les Américains maîtres du champ de bataille, couvert de morts & de blessés. Les Allemands avaient été tellement excédés par la fatigue & la chaleur, que plusieurs de ceux qui furent trouvés morts n'avaient reçu aucune blessure. Le colonel Monkton fut tué. On dit que dans sa fuite Sir Henry Clinton laissa tomber un sac, dans lequel on trouva une lettre adressée au général Washington, pour recommander les blessés à son humanité. Le nombre des Anglais morts dans le combat s'élevait à trois cens, & cette perte était d'autant plus importante, que Clinton avait fait commencer ses attaques par ses grenadiers vétérans & son infanterie légere; mais loin que les projets de Washington fussent accomplis, sa victoire était incertaine. Il voulait empêcher Clinton de passer au-delà de Monmouth, & de se rembarquer; ses desseins étaient avortés, & quoique victorieux, il ne retirait aucun fruit de ses travaux; au lieu que Clinton, vaincu & fugitif, remplissait tout ce qu'il avait pu se promettre. Washington avait fait tout ce que l'on devait attendre de sa valeur & de son habileté; mais le sort de cette journée avait été compromis avant qu'il pût arriver sur le champ de bataille. De grands murmures s'élèverent contre le général

Lée ; on l'accusait même d'avoir contracté des liaisons avec les Anglais pendant qu'il était leur prisonnier ; sa conduite fut examinée par un conseil de guerre, dont la décision, confirmée depuis par un acte du Congrès, le réduisit à quitter le service.

Succès des Américains. Eloge de Washington.

Les Américains étaient enfin parvenus à anéantir peu-à-peu ce grand armement, devant lequel les Ministres de Londres avaient annoncé que toutes les troupes de l'Amérique jetteraient bas les armes. Washington avait su se tenir pendant trois ans en face d'ennemis redoutables & persuadés que rien ne pouvait leur résister, sans se laisser engager une seule fois dans une affaire décisive. Souvent vaincu, quelquefois vainqueur, mais toujours supérieur aux évènemens, habile à réparer les pertes, & sachant profiter de tous les avantages que lui donnaient la connoissance du terrein & le caractère, l'agilité, l'adresse de ses guerriers ; il avait tenu une conduite capable de déconcerter les plus grands généraux de l'Europe. Les quartiers qu'il avait choisis à Moristown & à Midle-Brook, les camps de Walley-Forge & de White-Marsh, attestent sa supériorité dans l'art de juger les positions militaires. Autant que la prudence est préférable à la colère, autant une valeur discrette & prévoyante surpasse un courage téméraire & farouche. Il a fait voir utilement à tous les guerriers, que si les mouvemens compliqués de la tactique moderne peuvent augmenter les moyens de celui qui attaque, celui qui défend ses propres foyers, peut s'en écarter quelquefois, & n'en est que plus à craindre.

Année 1778.

Les hostilités commençaient alors entre la France & l'Angleterre. L'homme sage aime sans doute à contempler les révolutions qui augmentent le bonheur de ses semblables, & leur font espérer enfin un asyle pour la justice & la liberté, mais il redoute les guerres & les adversités qu'elles entrainent: la politique se meut par d'autres considérations. En hâtant la séparation des colonies anglaises d'avec leur métropole, la France mettait pour toujours la marine

Avantages que la France peut retirer de son alliance avec l'Amérique.

anglaise dans la dépendance des autres peuples pour ses armemens. Cette séparation entrainera la chûte rapide des manufactures de clincaillerie établies en Angleterre, les forges de ce Royaume ne pouvant fournir la matière première, le fer, à un assez bas prix. Ces avantages doivent indiquer les précautions que la France doit prendre dans la guerre, & diriger utilement ses efforts.

Elle peut espérer de rétablir ses pêcheries, au moyen de son traité. Les productions de l'Amérique septentrionale, en matières crues qui sont nécessaires aux manufactures & au commerce de l'Europe, en grains & en provisions, augmenteront pendant long-tems encore dans la même progression qui a eu lieu jusqu'ici. On peut croire que les productions de l'Amérique suivront dans leur accroissement la mesure de la population, & qu'elles doubleront en vingt années de paix. Les charmes de la vie agricole & pastorale éloigneront encore long-temps les Américains des occupations sédentaires, & concourront à leur faire tirer du dehors toutes les marchandises manufacturées. Ils ne feront pas par eux-mêmes un grand commerce avant cinquante ans, parce que tout commerce étendu suppose la perfection des manufactures & de la navigation, & ils en sont encore éloignés. Le seul commerce actif qui leur convienne quant à présent, c'est l'importation des objets de consommation première, des grains, des salaisons, du bois à bâtir, dans les Antilles ou sur les côtes méridionales de l'Amérique. Ce commerce, loin de nuire à nos isles à sucre, les mettrait à portée d'augmenter leurs cultures ; il est possible qu'il produise un effet différent dans les colonies espagnoles ; mais quoiqu'il en soit, la France ne doit pas perdre de vue que les besoins des Anglo-Américains en marchandises d'Europe, montent plus haut que la valeur locale des objets qu'ils peuvent donner en échange. Ces besoins résultent des dépenses actuelles de la guerre qu'ils soutiennent, de l'augmentation de leur culture, de leur population & de leurs établissemens ; par conséquent il est nécessaire de leur faire un long crédit sur une partie des marchandises qu'ils consomment; mais l'on doit observer que le bénéfice qui se fait sur le retour des objets qu'ils livrent en payement à un prix très-modéré, compense une partie de ce crédit. Les avances qu'on peut leur faire sont d'ailleurs hypothéquées sur le travail d'un grand nombre d'hommes, & sur des propriétés fertiles, susceptibles d'accroissement dans leurs produits. Ils peuvent donner encore en payement une partie des métaux qui proviennent de leur commerce avec les colonies étrangères. Il faut aussi remarquer que quelques provinces peuvent fournir en exportations au-delà de ce qu'elles tireraient d'Europe, & que cet excédent pourrait se repartir sur les provinces moins abondantes, au moyen de la circulation établie entre tous les Etats, tant pour les dépenses communes du gouvernement & de la guerre, que pour leur commerce intérieur. Les importations de la Virginie & du Maryland doivent balancer les importations dont ces deux provinces ont besoin. Celles des deux Carolines excèdent de plusieurs millions la consommation qui se fait dans ces provinces. Le tabac, les munitions navales, les grains, denrées & autres marchandises que l'on peut exporter des treize Etats-Unis, n'excédaient pas en 1776, d'après le mémoire dressé par ordre du Congrès, pour servir au projet d'alliance avec les puissances européennes, la somme de quatre-vingt-deux millions tournois ; mais ce commerce offre des bénéfices réels, peut employer un grand nombre de vaisseaux, & fait espérer un accroissement considérable.

<small>Année 1778.</small>

Il serait par conséquent bien malheureux qu'au moment même d'un traité d'alliance & de commerce, la France laissât les denrées de ses alliés s'accumuler dans leurs magasins, & leur donnât des privations à supporter. On aurait pu instruire & encourager les négocians de nos ports au moment même du traité, mais la crainte & les approches de la guerre augmentaient la difficulté des armemens, & obligeaient le ministère à refuser des matelots dans le temps même où il aurait fallu donner aux

<small>Ce que la France aurait pu faire aussi-tôt après le traité, & ce que son gouvernement doit se proposer pour la suite.</small>

armateurs de grands encouragemens ; il ne s'eſt point fait d'expéditions proportionnées aux beſoins preſſans de l'Amérique. Il ſerait à déſirer que cette négligence fût enfin réparée, & que la France montrât à ces peuples ſon pouvoir & ſa proſpérité. Elle doit s'appliquer à augmenter ſa navigation ; car en conſervant ces nouveaux comptoirs, elle trouve l'occaſion d'augmenter par de nouvelles branches de commerce le nombre de ſes matelots, & c'eſt du nombre des navigateurs que dépend abſolument la puiſſance maritime. Si le gouvernement ſait profiter du commerce qui lui eſt ouvert avec l'Amérique ſeptentrionale, ce commerce doit occuper pendant pluſieurs générations un plus grand nombre de navires & de mariniers français qu'il n'en peut être employé par les puiſſances maritimes de l'Europe, dans tout autre commerce, ou dans telle autre liaiſon qu'elles puiſſent former. Ce ſerait ſur-tout pendant la guerre que ce commerce prendrait des racines profondes.

CES aſſertions paraîtront ſans doute bien

extraordinaires à ceux que les préjugés & l'habitude entraînent. Comment, diront-ils, fournir des matelots à ce commerce peu lucratif, tandis que nous ne pouvons pas même en accorder aux corsaires qui sont armés dans nos ports, que nous en refusons aux navires en chargement pour les Antilles, lorsqu'ils n'emportent pas dans ces isles des vivres ou des munitions pour le compte du Roi, & qu'enfin le commerce de ces riches colonies, qui intéresse tant de maisons du royaume, est languissant par le défaut de protection & de matelots?

Cessez d'enchaîner l'activité des particuliers par la servitude des classes, laissez subsister cet établissement à l'égard des matelots actuellement classés, & jusqu'à la fin de la guerre seulement, mais conservez la liberté aux nouveaux mariniers qui s'embarqueront pour le commerce de l'Amérique septentrionale, & accordez par chaque armement un ancien matelot classé sur dix novices. Donnez à chaque armateur le droit de patronage sur ses matelots,

Année 1778.
des Français.

Idées de l'Auteur.

à la charge d'en fournir le dénombrement chaque année ; obligez tout matelot d'avoir un patron, à peine de rester engagé sans terme pour le service du Roi. Demandez ensuite à chaque armateur le cinquième des matelots qui feront sous son patronage. Annoblissez tout négociant qui sera dix ans de suite patron de mille matelots, mais à condition de continuer son commerce. Laissez ensuite faire au peuple : il connaît mieux ses intérêts que vous. Vous aurez bientôt une marine formidable, & qui vous sera garantie par les plus riches particuliers du royaume ; ils sauront indemniser leurs matelots par un service lucratif de celui qu'ils auront été obligés de faire pour l'Etat ; ils feront servir chaque matelot à son tour. Après une campagne de deux ans, le même sujet ne sera pas forcé de se rembarquer pour une nouvelle campagne. Vous ne remplirez vos vaisseaux que d'hommes robustes & sains. Accordez une protection spéciale à tout fils ou petit-fils de négociant annobli qui entrera dans la marine royale. Loin que son origine lui cause une mauvaise honte, qu'il en tire un sujet de gloire & d'illustration ; avec quelle ardeur les matelots n'obéiront-ils pas à ceux dont les pères les auront nourris toute leur vie ? Votre marine sera bientôt remplie d'hommes valeureux qui défendront jusqu'à l'extrémité la plus héroïque, les fortunes de leurs parens & de leurs amis. — Eh ! que deviendra l'ancienne noblesse ? & bien elle se mêlera comme elle fait avec la nouvelle, mais d'une manière dont elle n'aura point à rougir, & tous les sujets n'auront qu'un point de ralliement & une seule ambition : l'utilité réciproque, la force de l'Etat. Alors quelques puissent être les évènemens politiques, la France conservera toujours la place qui lui est dûe parmi les puissances de l'univers, en raison de la situation de ses côtes, de la fertilité de son sol, de la variété & de l'excellence de ses productions, de sa grandeur territoriale, de la bravoure & de l'urbanité de ses habitans. Alors ces derniers acquéreraient bientôt les choses qui leur manquent, la connaissance

382 Essais hist. et polit.

ANNÉE 1778.

de leurs forces, la confiance dans la patrie, l'énergie, la liberté, les sentimens d'une véritable grandeur, enfin la prospérité qui serait la récompense de leurs vertus. Les vieillards béniraient auprès de leurs foyers l'heureuse révolution dont ils auraient été témoins, ils apprendraient à leurs enfans à jouir de leur bonheur; on n'entendrait plus les gémissemens s'élever de la cabane du pauvre, & accuser les cieux impuissans aux approches du collecteur. On ne verrait plus le courage & le génie réunis à la misère. Déjà les lumières pénètrent de toutes parts: un Roi juste saisit tous les moyens de réparer les anciennes playes du gouvernement, & une douce expérience nous avertit chaque jour que nous pouvons tout espérer de ses soins & de ses bienfaits.

Ce que la déclaration d'indépendance des colonies de l'Amérique fait perdre à l'Angleterre.

Les Anglais tiraient leurs munitions navales de l'Amérique septentrionale, leur fer, vingt-cinq millions de potain, le riz, une grande partie de leur biscuit pour les équipages, la moitié de leurs salaisons. L'Angleterre n'a plus d'objets d'exportation, il ne lui reste que quelques isles à sucre qui soutiendront difficilement la concurrence des Colonies françaises.

Année 1778.

Telles sont les vicissitudes de la gloire, de la puissance & des richesses. Il est possible que l'Angleterre périsse & qu'elle perde sa liberté. Rome, Lacédémone & Carthage ont bien péri ; & , s'il en faut croire les prédictions du président de Montesquieu, cet empire est près de sa ruine. « Il périra, dit-il, lorsque la puissance législative sera plus corrompue que l'exécutrice. * » Mais il reste à l'Angleterre des hommes éclairés & braves, un gouvernement à la vérité corrompu, mais à qui le malheur est utile, & dont l'excellente constitution peut régénérer toutes les parties en peu de temps ; ils possédaient encore dans l'Amérique en 1778, au nord : le Canada, l'Isle Royale, Terre-Neuve & la Nouvelle-Ecosse ; au sud : les deux Florides ; un établissement, qui pouvait devenir considérables près de l'embouchure du Mississipi ;

Réflexions sur tout ce qui précède.

---

* Esp. des L. liv. II. chap. 6.

plusieurs isles à sucre dans les Petites-Antilles; celles de la Grenade & de Tabago, qui leur ouvraient un commerce d'une grande ressource sur la côte espagnole, dans le golfe de Paria, & à l'embouchure de l'Orénoque; la riche colonie de la Jamaïque; une vaste étendue de pays à la côte des Mosquites, sur laquelle ils prétendent faire de grands établissemens. Ils avaient un commerce florissant dans l'Inde; le Bengale était pour eux une source intarissable de richesses; les directeurs de leur compagnie orientale donnaient des ordres à treize gouvernemens, & ils possédaient Gibraltar & Minorque, Jersey & Guernesey; ils avaient une navigation soutenue au Levant, dans la Baltique & dans tous les ports de l'Europe; enfin des flottes puissantes qui ont balancé jusqu'au moment où j'écris, les forces réunies, les armemens combinés de la France & de l'Espagne, & contenu les vaisseaux neutres de toutes les nations dans le respect & l'asservissement.

Les

Les récits & les faits que j'ai recueillis dans cette histoire prouvent eux-mêmes combien il reste de grandeur & d'activité dans cette nation : la vigueur & la force des Colonies qu'elle-même a formées ajoutent à sa gloire, en même temps qu'elles font hair les conseillers. de George III, mépriser de mauvais ministres, & de jeunes lords corrompus par seize années de paix avec la France. C'est ainsi que les jeunes patriciens de Rome changèrent leur courage & leur fermeté pour le luxe & la mollesse asiatiques. Nous avons affaibli nos ennemis par la contagion de nos plaisirs & de nos goûts, puissions-nous dans l'avenir les étonner par nos grands travaux & la supériorité de nos mœurs !

Etonnante énergie des sujets britanniques; leur éloquence politique.

Nous révoquons en doute la plupart des harangues que les historiens de Rome & de la Grèce ont placées dans la bouche de leurs héros ; nous les attribuons à l'éloquence des écrivains & au désir qu'ils avaient de faire briller leurs talens ; il n'en est pas ainsi dans cette histoire. Les mêmes discours que j'ai transcrits* ont été tenus par les Généraux à leurs soldats, dans les circonstances difficiles, faits dans le Congrès, ou prononcés au parlement de Londres : tels étaient les hommes en Angleterre à l'époque que j'ai voulu célébrer. La bravoure, les sciences & les talens étaient au plus haut degré dans cet empire ; mais la corruption était extrême, & avec elle les peuples perdent bientôt le souvenir du mérite & de la vertu. William Pitt passera peut-être un jour en Angleterre pour le héros fabuleux des écrivains politiques.

Traits de valeur. L'ANGLETERRE était remplie d'hommes courageux. J'ai loué l'héroïsme du capitaine Morris à l'attaque de Sullivan ; plus récemment un autre officier de marine a mieux aimé périr que de se rendre après un combat de quatre heures, à ce brave du Couedic, qui n'a pas recueilli les fruits de sa victoire, & qui est mort au milieu des éloges & des regrets de la France.

---

* Tous ces discours ne peuvent qu'avoir perdu de leur mérite dans mes traductions.

Les Américains, moins puissans sur les mers, donnaient les mêmes exemples de fermeté, & sans parler de la bonne conduite d'Hopkins, des prodiges de valeur & d'habileté de Paul Jones, de Cunningham & de tant d'autres, ils ont fourni encore des leçons de ce désespoir patriotique plus rare aujourd'hui parmi les hommes que la bravoure. Le capitaine Anderson voyant qu'il ne pouvait échapper au vaisseau le Roëbuck & à deux frégates qui le poursuivaient dans la rade de Lewistown, s'était fait sauter avec son vaisseau, après avoir envoyé à terre une malle dont il était chargé pour le Congrès général, & l'avoir confiée au jeune Armand, Marquis de la Rouërie, qui se trouvait passager sur son bord. Allez, lui dit-il, vous pouvez être utile à mon pays; ne demeurez pas témoin du dernier service que je puisse lui rendre.

ANNÉE 1778.

Patriotisme américain.

Des hommes d'un grand mérite s'étaient élevés parmi eux dans les conseils : Samuel & John Adams, Peyton Randolph, le Docteur Franklin, Henri Drayton, Henri

Grands hommes en Amérique.

Bb ij

Laurens, John Ruttlege, préfident de la Caroline, & un grand nombre d'autres. Dans la chaire, le fage Cooper & l'honnête Duché. * Dans l'armée, Washington, Mongommery, Gates, Putnam, Miflin & le général Sullivan.

Fermeté patriotique.

Un des commiffaires de la cour de Londres voulait engager un des plus riches habitans de Penfilvanie à fe fervir de fon crédit pour lui procurer des liaifons dans le pays; les promeffes & les flatteries ne pouvant rien obtenir, il employa les menaces, & lui dit que le général Clinton enverrait le lendemain un détachement d'Allemands & de Sauvages pour incendier fes habitations, enlever fes troupeaux, & que fon fils unique, alors prifonnier des Anglais, ferait envoyé en Angleterre pour y être jetté dans un cachot. Le ciel, lui répondit ce ferme républicain, peut permettre qu'une force fupérieure détruife

---

* C'eft ce dernier qui a prononcé devant le Congrès, dont il était le Chapelain, l'oraifon funebre de Mongommery.

nos villes, dévaste nos compagnes, que des barbares me privent de ma femme & de mon fils; mais ces violences n'effaceront jamais de mon cœur les sentimens que la nature elle-même y a gravés, l'amour de la liberté & le desir de la vengeance.

CES preuves de constance, de vertu, d'unanimité parmi les habitans de l'Amérique septentrionale, sont pour les Philosophes un grand sujet de réflexion, car les Anglo-Américains ne forment point un peuple, ni une nation, c'est un mélange de tous les peuples, qui ont même conservé jusqu'à leur langage originaire. Les écoles, les églises, les temples, sont les points de réunion où les enfans d'une même nation, les sectaires du même culte se rencontrent & se distinguent de ceux qui different, soit par leur origine, ou par leurs erreurs religieuses.

BEAUCOUP de personnes pensent encore que l'indépendance de ces peuples n'est pas assurée, & que la révolution ne pourra pas être regardée comme finie, tant que l'Angleterre persistera à y envoyer des

Année 1778.

La population de l'Amérique septentrionale s'est formée aux dépens de toutes les nations.

L'indépendance est assurée. Grande vérité politique.

troupes & à ne point reconnaître ces nouveaux gouvernemens. Pour moi je regarde l'indépendance des Américains comme assurée, & sans vouloir m'arrêter à ce qui peut résulter des secours que la France donne aux Etats-Unis, ni contester les moyens qui restent à une puissance dont je connais les ressources; je me fonde sur la grandeur du pays, sa fertilité, sa population, sa défense naturelle par les montagnes & les rivieres, la situation des villes, l'épaisseur des forêts; sur la forme des gouvernemens, qui n'attribuant à l'état militaire aucun pouvoir dans l'ordre civil, ne donne à l'effort des armes aucun effet dont puisse résulter la soumission du pays, & qui assure l'indépendance des peuples, tant qu'ils pourront conserver leurs loix. Or les loix ne sont point sujettes aux vicissitudes de la force ou de la faiblesse, elles ne dépendent que de l'opinion des hommes, & tant qu'ils les conservent, les guerres ne sont que des maladies politiques, qui ne changent rien à la liberté des peuples, ni à la nature du gouvernement.

Les efforts des Anglo-Américains seront lents, il s'écoulera cent ans peut-être avant qu'ils soient comptés parmi les nations puissantes; mais leur gouvernement sera durable, & leur constitution vigoureuse, parce qu'il n'est point d'homme, de quelque nation & de quelque caractère qu'il soit, qui n'adore en secret la liberté, & que les pouvoirs y sont en général trop divisés & les élections trop fréquentes, pour que les entreprises de la corruption ou de l'ambition ayent un grand effet parmi eux. Les passions qui engendrent la corruption dans les Etats, y feront peu de progrès, parce qu'il n'y a point d'hommes qui ne soient employés. Le plus grand nombre cultive les terres, les autres s'occupent à des métiers, à la navigation & au commerce. Rien n'est plus rare qu'un homme oisif. La nature libérale attend & provoque à tout instant la main de l'ouvrier. Ils n'ont point encore de temps à donner à l'oisiveté, à cette inutilité qui rend attentif à des différences insensibles pour les hommes laborieux, qui introduit & maintient les

Année 1778. Quel peut être l'état futur de l'Amérique septentrionale.

distinctions frivoles. On n'y voit point comme dans les villes de l'Europe, des hommes curieux, qui vont chercher des nouvelles dans les places publiques, ou s'amusent à contempler les étrangers qui arrivent sur le port. Tandis que les hommes & les jeunes gens se livrent à la culture, ou chargent & conduisent les vaisseaux, les femmes ne cessent point de filer les laines ou le lin, & de se livrer aux soins de leur ménage.

Si l'on doit compter sur la durée de l'alliance des Américains avec la France & l'Espagne.

Je ne pense pas que leurs alliés aient lieu d'attendre dans la suite des services bien actifs, de la part de ces peuples, qui ont trop de besoins pour eux-mêmes. D'ailleurs, on présume qu'il s'élevera entr'eux, dans leurs conseils, beaucoup de discussions sur l'objet de leurs alliances & de leur commerce, lorsqu'ils ne seront plus occupés de la grande affaire de la liberté générale. Quand même les assemblées provinciales & le Congrès général auraient des idées différentes de celles du peuple, il faudrait un grand nombre d'années pour faire passer ces idées parmi le commun des hommes; car ils n'ont abhorré le regne de George III qu'à cause des abus qu'ils se croyent en droit de nous reprocher. On dit enfin qu'il serait difficile & sans exemple qu'il subsistât une longue alliance entre des gouvernemens dont les principes différent entiérement. Un des hommes les plus célèbres a, dit-on, laissé pour maxime, que les républiques & les monarchies ne pouvaient former qu'une alliance monstrueuse & destructive de chaque côté. Cependant cette maxime, sans doute trop générale, peut être combattue par l'expérience & par le raisonnement; & l'alliance ancienne & durable de la France avec les ligues Suisses serait du moins une exception glorieuse.

ANNÉE 1778.

On aurait tort de prédire que les hommes en se multipliant dans ces climats, s'armeront bientôt les uns contre les autres. Tout fait espérer la paix. Quand la nature du gouvernement s'oppose au fanatisme, à l'ambition & à la tyrannie, il n'y a point d'occasions de prendre les armes. La terre ne se lasse jamais de dispenser ses

S'il est à croire que les Anglo-Américains se feront la guerre entr'eux.

biens à ceux qui la cultivent ; son sein fécond ne peut s'épuiser ; plus il y a d'hommes dans une contrée, plus elle devient abondante & heureuse, s'ils sont laborieux. S'ils ne laissent point languir le soc dans une oisiveté qui le rouille, quels sujets de discorde & de jalousie pourraient s'élever entr'eux ?

Cependant un Français très-renommé vient d'assurer à toute l'Europe, dans un livre fameux, que les provinces de l'Amérique septentrionale ne formeront jamais des Etats puissans, & que leur population ne s'élevera jamais à plus de sept ou huit millions d'hommes. « La population, dit-il, est proportionnée à la fertilité, & les terres de l'Amérique septentrionale ne tarderont pas à s'épuiser ; on remarque déjà de la diminution dans les récoltes. — Plusieurs marchands de Londres m'ont tenu de semblables discours. Ils trouvaient une espece de consolation à se tromper eux-mêmes. En décriant les possessions que l'Angleterre avait perdue, il leur semblait voir diminuer l'importance de cette perte ;

mais M. Raynal devait-il accorder une croyance aveugle à leurs affertions ? Il n'ignore pas que la plupart des moyens connus & pratiqués en Europe pour entretenir la fécondité des champs, n'ont pas encore été employés en Amérique; lui-même nous apprend que les terres de ces nouveaux climats produifent fans engrais. Il y a lieu de prévoir que ces terres dépouillées des grands arbres dont les feuillages formaient en fe pourriffant leur engrais naturel, & reftant à découvert, fe deffécheront avec le temps, & que les bitumes fe détruiront à force de fermenter & de produire; mais lorfque les cultivateurs s'appercevront de cette altération des fols primitifs, les travaux de l'agriculture fe perfectionneront, & les récoltes redeviendront abondantes. La charrue fera plus difficile à conduire, les beftiaux feront renfermés la nuit dans d'étroites clôtures, & les fumiers entaffés s'éléveront jufqu'au toît des étables; mais la population n'en fera que plus nombreufe & plus active. Telle eft la deftinée des hommes dans presque toutes les contrées de l'univers, que les champs qui les nourrissent ne sont jamais plus féconds que quand ils sont arrosés de sueurs.

Aussi-tôt que la ratification du traité par le Congrès général fut connue en Angleterre, & que le retour des commissaires eut constaté que l'Amérique ne voulait admettre aucun traité dans lequel la France ne serait point comprise, la plus grande unanimité régna dans le Parlement. Les membres de l'opposition devinrent eux-mêmes les partisans de la guerre. Nous avons été, disaient-ils, les amis des Américains, tant qu'ils ont combattu pour la défense de leurs libertés, mais du moment qu'ils agissent offensivement & s'allient avec la France, nous devenons leurs ennemis. S'ils peuvent oublier leur sang, leurs anciennes amitiés, la terre dont ils sont sortis, leur vieille & juste anthipathie contre les Français, s'ils peuvent se réjouir un jour dans le massacre des guerriers, parmi lesquels ils ont combattu, & dont les freres ont plaidé leur cause : alors, disait un orateur du parlement, alors si je me trouvais sur le champ de bataille, vis-à-vis d'un Américain & d'un Français, c'est l'Américain que je frapperais de préférence.

Si le destin, disaient des citoyens de toutes les classes, a fixé à cette époque la ruine de l'Angleterre, il vaut encore mieux qu'elle périsse par l'épée que par la plume. Consentir en ce moment à aucun traité, ce serait rendre la Grande-Bretagne un objet de pitié aux yeux de cette France qu'elle a autrefois conquise. Nous sommes malheureux dans nos négociations, même quand nous avons la victoire pour nous. La paix ne peut que nous abaisser, la guerre nous donne de l'espérance. Dès que la nation réunie sortira de son assoupissement, elle sera victorieuse, & l'Amérique recevra avec joie l'amitié qu'elle méprise aujourd'hui. Si le jour est arrivé où le soleil de l'Angleterre doit cesser d'éclairer l'horison, qu'il se couche du moins dans toute sa splendeur.

C'est par de telles pensées, c'est par de tels discours, que l'orgueil national excitait le peuple aux combats, & ranimait l'ardeur patriotique qui lui devenait plus que jamais nécessaire. Il s'était fait un changement inattendu dans le système politique de l'Europe. La France, en réunissant ses efforts à ceux des Américains, semblait vouloir relever avec splendeur le commerce & l'activité de ses peuples. Un ministre laborieux dans tous les temps, capable dans toutes les affaires, & qui, dans tous les emplois, avait eu le talent si rare de réunir l'estime & l'affection du public aux faveurs de la Cour, donnait aux ports & aux arsenaux de ce royaume une splendeur & une puissance jusqu'alors inconnues. Tous les regards étaient tournés vers la marine, mere du commerce & de l'aisance, amie de la liberté. Cet art tour-à-tour bienfaisant & terrible devenait l'objet principal de toutes les spéculations, mais combien de préjugés, de fausses épargnes, d'abus enracinés ne s'opposaient-ils pas à ses progrès ?

CEPENDANT le comte d'Estaing commençait cette campagne mémorable, où souvent malheureux & toujours infatigable, il força la fortune à le couvrir de gloire. La même énergie s'était communiquée d'un bout de l'univers à l'autre. Cinquante flibustiers * soutenus de quelques troupes sous les ordres du gouverneur de la Martinique, s'emparaient par un coup de main aussi hardi que bien concerté des fortifications de la Dominique, entrepôt des Anglais dans les isles du Vent, & dont l'importance avait déterminé la chambre des communes à octroyer, peu d'années auparavant, cent mille livres sterling pour la fortifier & y faire des routes. Le comte d'Estaing rendait au royaume une possession que nous avions trop peu regrettée, & dont la perte portait le coup le plus fatal à la richesse & au commerce des Anglais dans les Antilles. C'était à lui qu'il était réservé comme général de conquérir la Grenade, & comme

Année 1778. d'Estaing. Prise de la Dominique & de la Grenade.

---

* Ils avaient à leur tête ce brave *Vence*, qui s'est distingué depuis à la prise de la Grenade & à Savanah. L'audace de ces aventuriers si précieux dans la guerre, & par terre & par mer, est capable de tout entreprendre, il faut savoir les employer & les récompenser.

amiral d'empêcher qu'elle ne fût reprise. La Grenade, la plus fertile & l'une des plus petites des Antilles, & qui, depuis le moment de sa découverte, a été sans cesse le théâtre de toutes les injustices & de toutes les révolutions que peut causer la cupidité; l'une des isles les plus riches par ses productions, & la plus importante peut-être, tant par sa communication facile avec la côte Espagnole de l'Amérique méridionale que par le commerce interlope, mais intarissable & sûr qu'elle ouvre avec cette partie.

Je termine ici cette histoire, qui est celle de la révolution de l'Amérique septentrionale, devenue libre & indépendante; j'écrirai dans la suite l'histoire de la guerre des alliés. Mais les entraves qui s'opposent aux travaux de tout historien contemporain m'arrêteront encore long-temps. J'attendrai pour ordonner qu'on la publie, que quelques hommes ne soient plus, & l'instant où je serai près de mourir moi-même.

Faisons en ce moment des vœux ardens pour le retour de la paix. Victime de la guerre, je sais par une malheureuse expérience

SUR L'AMÉRIQUE SEPTENTRIONALE. 401

rience combien elle cause de maux particuliers. Les longues guerres entraînent après elles de terribles désordres & de grandes détresses. De quoi sert-il à un peuple que son Roi soit victorieux, s'il est beaucoup d'infortunés sous son règne ? « Lorsque la » guerre met tout en feu, les loix, l'agri- » culture, les arts languissent, a dit un » grand homme, * on tolère la licence, » & les méchans sont employés. On a besoin » de récompenser dans le tumulte des ar- » mes l'audace des scélérats qu'on punirait » pendant la paix. »

ANNÉE 1778.

---

* Fénelon.

TRADUCTION

LITTÉRALE.

Extrait des Actes du Congrès, le 15 Juin 1775.

LE Rapport du Comité ayant été lu & considéré : RÉSOLU qu'il sera nommé un Général pour commander toutes les forces continentales présentement sur pied, ou qui seront levées dans la suite pour la défense de la liberté américaine.

Alors le Congrès a procédé au choix du Général par scrutin, & GEORGES WASHINGTON, Ecuyer, a été élu unanimement.

Le 16 Juin.

En conséquence de l'ajournement,

Le Président a informé le Colonel Washington que hier le Congrès a fait unanimement choix de lui pour être Général & Commandant en chef des forces américaines, & l'a requis de déclarer s'il voulait accepter cet emploi. A quoi le Colonel Washington se tenant debout à sa place *, a répondu.

« Monsieur le Président,

« Je suis vraiment sensible au grand honneur qui m'est fait par cette commission, encore que j'éprouve une grande peine de la persuasion intérieure où je suis que mon habileté & mon expérience militaire ne répondent pas suffisamment à une confiance aussi importante & aussi étendue; mais puisque le Congrès le desire, je remplirai le devoir du moment, & j'emploierai tout ce qui est en mon pouvoir à son service, & pour soutenir la cause glorieuse de la liberté : je le supplie d'agréer mes sinceres remercimens du témoignage distingué qu'il me donne de son approbation. »

« Mais s'il arrive quelqu'évènement malheureux & défavorable à ma réputation, je prie chacun des membres de cette assem-

---

* Il était alors membre du Congrès.

blée de se ressouvenir qu'aujourd'hui je déclare avec la plus grande sincérité, que je ne crois point avoir des qualités égales à celles qu'exige le commandement dont je suis honoré. »

« Quant au payement, Monsieur, permettez moi d'assurer au Congrès qu'aucune considération pécuniaire ne pourrait me déterminer à accepter cet emploi difficile, & que je n'ai pas l'intention d'en appliquer le revenu à mon aisance & à mes jouissances domestiques, je ne veux en retirer aucun profit. Je tiendrai un compte exact de mes dépenses, je ne doute pas qu'elles ne soient remboursées, & c'est tout ce que je désire. »

Année 1775.

HONNEURS PUBLICS

Rendus à la mémoire des Généraux qui sont morts à la tête des armées, en combattant pour l'indépendance de l'Amérique.

EPITAPHE DE WARREN,

Gravée sur son tombeau, dans la ville de Boston.

In honour of
JOSEPH WARREN,
major general of Massachusett's-Bay.
He devoted his life to the liberties
of his country,
And, in bravely defending them, fell
an Early victim,
In the battle of Bunkers'hill,
June 17, 1775.
The Congress of the United-States,
as an Acknouledgement of his services,
and distinguished merit,
Have Erected this monument
to his memory.

A l'honneur de
JOSEPH WARREN,
Major général de Maſſachuſett's-Bay.
Il a dévoué ſa vie aux libertés
De ſon pays,
Et en les défendant bravement il eſt tombé
Victime prématurée
Dans la bataille de Bunkershill,
Le 17 Juin 1775.
Le Congrès des Etats-Unis,
En reconnaiſſance de ſes ſervices,
Et de ſon mérite diſtingué,
A érigé ce monument
A ſa mémoire.

RICHARD MONGOMMERY.

Acte du Congrès du 25 Janvier 1776.

« C'EST non-ſeulement un juſte tribut de la
» reconnoiſſance publique envers ceux qui ſe ſont
» ſignalés dans la défenſe glorieuſe de la liberté,
» que de perpétuer leurs noms par des monumens
» durables érigés en leur honneur, mais encore il
» eſt grandement utile d'inſpirer à la poſtérité le
» déſir d'égaler leurs actions. »

A LA MÉMOIRE DE RICHARD MONGOMMERY.

« Pour exprimer le souvenir que les Etats-Unis
» entretiennent des services importans & signalés
» de ce brave général, qui, après une suite de
» succès obtenus malgré les obstacles les plus diffi-
» ciles à surmonter, a succombé à l'assaut de Québec,
» capitale du Canada ; & pour transmettre aux
» âges futurs son patriotisme, sa conduite, la har-
» diesse de ses entreprises, son incomparable per-
» sévérance & son mépris des dangers & de la
» mort, comme des exemples vraiment dignes d'être
» imités, le Congrès a ordonné que ce monument
» serait érigé. » *

---

* Le tombeau de Mongommery a été fait à Paris, & transporté en Amérique par les ordres & aux frais des Etats-Unis, & sous la direction du docteur Benjamin Franklin; la décoration en est simple & noble; il en a été fait une estampe, gravée par Saint-Aubin, graveur de la bibliothèque du Roi.

EPITAPHE
DU GÉNÉRAL MERCER,

Gravée sur son tombeau, à Fredericksburg en Virginie, en exécution de l'acte du Congrès, du 8 Avril 1777.

Sacred to memory of
HUGH MERCER,
Brigadier général in the army of
The United-States.
He died on the 12 of January 1777, of the
Wounds he received on the 3 d. of the same month
Near Princetown in New-Jersey,
Bravely defending the liberties of
America.
The Congress of the United-States,
In testimony of his virtues, and their gratitude,
Have caused this monument to be erected.

Consacré à la mémoire de
HUGUES MERCER,
Brigadier général dans les armées
des Etats-Unis.
Il est mort le 12 Janvier 1777 des

Bleſſures qu'il avait reçues le 3 du même mois
Auprès de Princetown, dans le Nouveau Jerſey,
Et défendant bravement les libertés
De l'Amérique.
Le Congrès des Etats-Unis,
En témoignage de ſes vertus & de leur reconnaiſſance,
A ordonné que ce monument ſerait érigé.

EPITAPHE
DU GÉNÉRAL WOOSTER,

Gravée ſur ſon tombeau conformément à l'acte du Congrès du 17 Juin 1777.

In honour of
DAVID WOOSTER,
Brigadier général in the army of
The United-States.
In defending the liberties of America,
And Bravely repelling an inroad,
Of the british forces to Dambury,
In Connecticut.
He received a mortal wound,
On the 27 th day of April, 1777;
And died
On the 2 d day of May following.
The Congreſs of the United-States,
As an acknouledgement of his merit and ſervices,
Have cauſed this monument to te erected.

En l'honneur de
DAVID WOOSTER,
Brigadier général dans l'armée
Des Etats-Unis.
En défendant les libertés de l'Amérique,
Et repoussant bravement une invasion
Des forces britanniques à Dambury,
Dans le Connecticut.
Il a reçu une blessure mortelle,
Le 27 d'Avril 1777;
Et est mort
Le 2 de Mai suivant.
Le Congrès des Etats-Unis,
En reconnaissance de son mérite & de ses services,
A ordonné que ce monument serait érigé.

EPITAPHE
DU GÉNÉRAL NASH,

Gravée sur son tombeau dans la Caroline du sud, conformément à l'acte du Congrès du 4 Novembre 1775.

In honour of
The memory of brigadier général
FRANCIS NASH, who fell in the battle

ANNÉE 1777.

Of Germantown
On the 4 th of October 1777,
Bravely contending
For the independance of his country.

EN l'honneur de
La mémoire du brigadier général
FRANÇOIS NASH, qui est tombé à la bataille
De Germantown le 4 Octobre 1777,
En combattant bravement
Pour l'indépendance de son pays.

LISTE
DES OFFICIERS FRANÇAIS

Qui ont servi dans les armées américaines avec commission du Congrès, avant les traités faits entre la France & les treize Etats-Unis de l'Amérique.

27 Février 1776.

Messieurs,

.... Dugan, reçoit une gratification pour ses services dans la campagne du Canada, & est recommandé aux généraux de l'armée continentale pour être employé selon sa capacité.

19 Mars.

.... Arundel, appointé capitaine d'artillerie sous les ordres du général Lée.

21 Mars.

Le Chev. de Saint-Aulaire, employé capitaine d'une compagnie indépendante pour servir en Canada.

26 Juin.

Antoine-Felix Viebert, recommandé au général Washington, pour éprouver sa capacité comme ingénieur.

26 Juin.

Louis Dubois,........ nommé colonel d'un bataillon nouvellement levé pour l'armée du Canada.

16 Juillet.

Le Cheval. de Kermorvan, nommé ingénieur au service du Continent, avec soixante dollars ou piastres fortes d'appointemens par mois, & le rang de lieutenant-colonel, retiré avec rang de colonel le 5 Mars 1778, après avoir servi à l'armée de Gates, dans le corps des Rifflemen, commandé par Morgan.

20 Juillet.

Jacq.-Ant. de Franchessen, chevalier de Saint-Louis, volontaire avec rang de lieutenant-colonel.

23 Juillet.

.... Saint-Martin, nommé ingénieur avec rang de lieutenant-colonel.

29 Juillet.

Jean-Arthur de Vermonet, breveté capitaine, & le 18 Septembre suivant, breveté major en considération de ses services & de sa capacité, & sur la demande du général Washington.

29 Juillet.

FIDELE DORRÉ......, volontaire recommandé par le Congrès au général Washington, pour l'employer selon sa capacité.

Le même jour.

CHRISTOPHE PELLISSIER, nommé ingénieur, avec rang de lieutenant-colonel.

18 Septembre.

JACQUES-PAUL GOVERT, breveté capitaine-lieutenant d'artillerie.

19 Septembre.

MARQUIS DE MALMADY, breveté major.

Même jour.

CHEV. DU PLESSIS MAUDUIT, breveté capitaine d'artillerie, s'est signalé à Germantown & à Redbank, nommé lieutenant-colonel le 20 Novembre 1777, sur la demande de Washington; rentré au service de France en 1779.

JEAN-LOUIS IMBERT, employé ingénieur avec rang de capitaine.

CHRÉTIEN DE COLERUS, employé avec rang de major.

JEAN-LOUIS DE VIRNEJOUX, employé avec rang de capitaine.

7 Octobre.

PIERRE-FRANÇOIS DE BOYS, breveté major à la suite de l'armée.

5 Novembre.

Mat-Al. de la Rochefermoy, appointé brigadier général des armées continentales, a donné sa démission le 31 Janvier. Mort retiré du service.

21 Mars 1777.

Le Comte de Montfort, envoyé à Washington pour être employé lieutenant.

De la Neuville...., breveté colonel, nommé depuis brigadier général en considération de ses services. Retiré le 4 Décembre 1778.

24 Mars.

............De Faneuil, volontaire avec rang de colonel sans appointemens ni rations.

Arm. Marq. de la Rouerie, breveté colonel d'un corps indépendant.

12 Mai.

Louis Fleury......., nommé ingénieur, avec rang de colonel; le Congrès lui fait présent d'un cheval, pour récompense de sa conduite à Brandiwine, le 11 Septembre 1777, breveté lieutenant-colonel le 26 Novembre même année.

13 Mai.

Thomas Conway..., chevalier de Saint-Louis, appointé brigadier général,

ral, a commandé une division à Brandiwine & à Germantown; retiré major général en 1779.

26 Mai.

MOTTIN DE LA BALME, breveté lieutenant-colonel de cavalerie, avec appointemens, à compter du mois de Janvier précédent; le 18 Juillet suivant, nommé inspecteur de la cavalerie avec rang de colonel, a donné sa démission le 12 Octobre.

Même jour.

COPPIN DE LA GARDE, recommandé pour quelqu'emploi dans la division du général Sullivan.

16 Juillet.

MARQUIS DE LA FAYETTE, nommé major-général; nommé au commandement d'une division de l'armée continentale le 1ᵉʳ Décembre. Le Congrès lui fait faire des remercimens publics le 21 Octobre 1778, & lui fait présenter une épée, au nom des Etats-Unis, à son arrivée en France.

28 Juillet.

.... DE VALLENAYS, breveté capitaine de cavalerie avec appointemens.

Tome II. Sec. Part.   D d

Même jour.

Le Chevalier du Portail, nommé ingénieur en chef avec rang de colonel; nommé brigadier général le 17 Novembre, élu depuis major-général & chef du corps des ingénieurs des armées continentales.

...... De la Radiere, nommé ingénieur avec rang de lieut. colonel; nommé colonel le 17 Novembre. Est mort au service.

.... De Gouvion, ingénieur avec rang de major, breveté lieutenant-colonel le 17 Novembre.

29 Juillet.

Baron de Holzendorf, breveté lieutenant-colonel avec appointemens depuis le 17 Novembre précédent. A donné sa démission le 31 Janvier 1778.

Prudhomme de Borre, élu brigadier général. A donné sa démission le 14 Septembre 1777.

11 Août.

Tronson du Coudrai, nommé inspecteur général des manufactures militaires, avec rang de major-général; demande à joindre l'armée comme volontaire, avec le simple brevet de capitaine, le 16 du même mois. Se noye dans le Skigkill, le 17 Septembre. Le Congrès a fait inhumer son corps aux frais publics.

11 Août.

CHEVALIER DU FAILLY, breveté lieutenant-colonel, avec appointemens depuis le 1er Décembre 1776.

Même jour.

.... DES EPINIERES, neveu de M. Caron de Beaumarchais, breveté capitaine, nommé depuis major, parti pour revenir en France le 4 Décembre 1778, mort à Paris en 1782.

15 Septembre.

LE COMTE DE PULASKI, Polonais ayant servi en France, & depuis un an dans l'armée continentale, appointé commandant en chef de la cavalerie, avec rang de brigadier général. Tué à Savanah.

Même jour.

NICOLAS ROGER....., aide-de-camp du général du Coudray, breveté major, fait lieutenant-colonel le 10 Décembre 1778.

Même jour.

............DE BEDAUX, breveté capitaine avec appointemens, depuis le 10 Mai précédent. Nommé lieutenant-colonel de la légion de Paulaski le 10 Décembre 1778. Mort.

Même jour.

......BARON DE KALB, élu major général des armées continentales.

............DE VRIGNY, capitaine, a donné sa démission le 21 Octobre 1778.

4 Octobre.

CHEVALIER DU BUISSON, breveté major, retiré en 1781.

16 Novembre.

CHEVALIER DE LA COLOMBE, aide-de-camp de M. de la Fayette, breveté capitaine.

17 Novembre.

CHEVALIER DORSET, lieutenant dans les volontaires passés en Amérique à la suite de Tronson du Coudray. Le Congrès lui accorde une gratification pour s'en retourner.

17 Novembre.

DE LAUMOI, ... breveté colonel en considération de ses services comme ingénieur.

Même jour.

DE GIMAT, ... aide-de-camp de M. de la Fayette, obtient le rang de lieutenant-colonel en considération de ses services; promu l'année suivante au rang de colonel, obtient le commandement d'un régiment de Rifflemen.

1er Janvier 1778.

CHEVAL. DE VILLEFRANCHE, ingénieur avec rang de major sous les ordres du général du Portail.

2 Janvier.

DENIS DU BONCHET, est breveté major en considération de ses services dans l'armée du nord, & le Congrès lui accorde une gratification pour retourner en France à cause de sa santé.

21 Janvier.

FERDINAND DE BRAHM, ayant servi comme ingénieur dans la Caroline du sud, est breveté ingénieur avec rang de major au service des Etats-Unis.

18 Février.

.... DE PONTHIERE, breveté capitaine de cavalerie.

Même jour.

.... DE PONCEAUX, breveté capitaine.

16 Avril.

Capitaine breveté ingénieur à compter du 1er Décembre 1776, breveté major le 5 Novembre.

13 Juin.

.... DU CAMBRAY, attaché au corps des ingénieurs commandés par le général du Portail avec le rang de lieutenant-colonel.

15 Juin.

MARQUIS DE VIENNE, major dans les troupes de France, breveté colonel après avoir servi comme volontaire pendant une campagne, prend congé le 27 Octobre pour revenir en France.

18 Septembre.

BECHET DE ROCHEFONTAINE, breveté ingénieur avec rang de capitaine.

23 Octobre.

.... DE L'ECLISE, employé dans l'armée du nord avec rang de lieutenant-colonel.

27 Octobre.

.... TOUZAR, capitaine d'artillerie au régiment de la Fere, & servant comme volontaire en Amérique, ayant eu le bras emporté en démontant une batterie & en enlevant un canon des ennemis. Le Congrès lui donne le rang de colonel & une pension viagère de 30 dollars par mois.

Le même jour.

.... BRICE, aide-de-camp de M. de la Fayette, breveté lieutenant-colonel.

Le même jour.

.... DE NEVILLE, aide-de-camp de M. de la Fayette, breveté lieutenant-colonel.

5 Novembre.

.... DE POUGIBEAN, volontaire, reçoit une gratification pour son retour en France.

7 Novembre.

CHEVALIER DE CREMIS, breveté lieutenant-colonel, retiré en 1779.

AVERTISSEMENT.

Beaucoup d'officiers français ou américains qui ont servi avec M. le marquis de la Fayette, m'ont envoyé des mémoires qui prouvent la reconnaissance des uns & l'estime des autres pour ce jeune général. Parmi ceux qui sont relatifs à son premier voyage en Amérique, j'ai trouvé toujours des preuves de son courage & de son savoir militaire, & sur-tout de cette conduite étonnante & profonde qui le rendra remarquable à la postérité. Mais presque tous ces mémoires manquent de précision, & contiennent des détails partiels, qui font bien voir que les officiers particuliers ne sont pas toujours à portée de saisir l'ensemble des évènemens auxquels ils assistent. Je n'ai trouvé que celui-ci qui fût digne du public par la clarté, la brièveté & la facilité du style.

M. de la Fayette ayant accordé sa bienveillance à mon ouvrage, j'ai eu quelquefois l'occasion de lui parler des combats ou des affaires politiques, où il s'était distingué, mais l'excès de sa modestie m'a privé de tout éclaircissement de sa part sur les actions qui lui étaient personnelles; il m'a toujours parlé avec plaisir du mérite des autres, en gardant un silence obstiné sur le sien. Il ne faudrait donc

AVERTISSEMENT.

pas être surpris, si la partie de l'histoire qui concerne ce jeune seigneur était la moins bien traitée dans mon ouvrage, c'est pour y suppléer que j'ai fait imprimer ce qu'on va lire.

Hilliard d'Auberteuil.

PRÉCIS HISTORIQUE

Du premier voyage de M. le Marquis DE LA FAYETTE, à l'Amérique septentrionale.

Les efforts des Américains pour leur liberté étaient à peine connus en Europe, lorsque M. de la Fayette * éprouva le

---

* M. de la Fayette, né le 6 Septembre 1757, est aujourd'hui le dernier d'un nom depuis long-temps redoutable aux Anglais.

En 1421, Gilbert de la Fayette ayant joint le corps qu'il commandait à un corps d'Ecossais, à la tête duquel était le comte de Bukan, résolut de lever le siége d'Angers que faisait le duc de Clarence, frere de Henri IV, roi d'Angleterre.

Il s'avança jusqu'à Beaugé, entre la Loire & le Loir, où se donna une bataille, dans laquelle les Français comme les Anglais firent des prodiges de valeur.

2500 hommes des ennemis restèrent sur le champ de bataille. Le duc de Clarence fut tué de la main même du comte de Bukan. Le siège d'Angers fut levé. La Fayette

désir de partager leur fortune ; il communiqua ses dispositions aux agens que cette nouvelle république venait d'envoyer en France, & tout se prépara dans le silence pour le voyage qu'il projettait.

Dans cet intervalle on apprit les désastres de la campagne de 1776. Le général Howe se trouvait à la tête de 27000 hommes. Washington fuyait avec 2000, & comme un autre Atlas, semblait soutenir seul le nouveau monde ; les Américains ne trouvaient plus en Europe ni crédit, ni protection : il devint impossible d'avoir

---

& Bukan entrèrent en Normandie, investirent Alençon, & furent au-devant de Salisbury, qui accourait au secours de la place, & le forcèrent de se retirer.

Le succès de la bataille de Beaugé prépara l'expulsion des Anglais du royaume de France : cette expulsion fut définitive en 1450 & 1458.

Le comte de Bukan reçut en 1421 l'épée de connétable, & la Fayette fut élevé à la dignité de maréchal de France. C'étoit alors le quarante-huitième.

Le maréchal de la Fayette avait épousé Jeanne de Joyeuse. Il continua de servir le roi dans ses armées & dans ses conseils. Il fut appelé à la fameuse conférence tenue à Arras en 1435. Il est mort en 1463.

un bâtiment pour transporter les officiers qu'envoyaient les agens du Congrès.

Une cause plus florissante eût moins excité l'enthousiasme de M. de la Fayette; il acheta un vaisseau à ses dépens, & relevant par-là le crédit des Américains, il se chargea seul des frais de l'entreprise.

Il est inutile de répéter & les obstacles sans nombre qu'il eut à combattre, & les hazards heureux qui soutinrent son secret.

Les efforts du gouvernement français n'empêcherent pas qu'il ne partît, & le grand nombre des vaissaux anglais qui croisaient devant tous les ports américains, n'empêcherent pas que par le plus grand bonheur, il n'arrivât au mois d'Avril 1777 dans le port de Charles-Town, d'où il partit sur le champ pour Philadelphie.

Arrivé au Congrès, il ne demanda que deux graces, l'une de commencer à servir en la simple qualité de volontaire, l'autre de ne recevoir aucuns appointemens; il reçut le brevet de major-général, & joignit la grande armée quelques semaines avant l'affaire de Brandiwine.

Il n'est pas inutile d'obferver que dès le premier jour M. de la Fayette fut accueilli par le général Washington avec cette politeffe franche & affectueufe qui caractérife ce grand homme ; il y répondit avec la même candeur, & depuis cet inftant il regarda le quartier général comme fa propre maifon. C'eſt là que fe formèrent cette union tendre, cette confiance fans bornes, qui pendant cette révolution ont attaché ces deux amis, qui les ont fi étroitement unis pendant toutes les viciffitudes particulières & publiques.

A la bataille de Brandiwine, M. de la Fayette fut bleffé en ralliant une partie des troupes & les ramenant à la charge ; il arrêta les fuyards au pont de *Chefter*, & à l'arrivée du général Washington, il fe laiffa tranfporter à Philadelphie, d'où il fut bientôt forcé de partir pour un lieu plus sûr, dans les montagnes.

Après fix femaines de repos forcé par la bleffure qu'il avait reçue, M. de la Fayette s'empreffa de retourner au quartier général : la playe était encore ouverte ;

mais ayant defiré de fuivre le général Green dans un commandement qu'il eut dans le Jerfey, il trouva l'occafion favorable pour attaquer un pofte du lord Cornwallis, à nombre inégal ; il eut le bonheur de le battre, & le fuccès de cette heureufe témérité fut d'autant mieux reçu, que pendant cette campagne l'armée du général Washington n'était pas accoutumée aux triomphes.

En rendant compte au Congrès de cette affaire, le général Washington lui mande qu'il va donner au Marquis le commandement d'une divifion. C'eft à la tête de cette divifion qu'il attendit les ennemis à Wite-Marsh, & qu'il fuivit l'armée dans fon camp de Valley-Forge.

Cet hiver eft peut-être l'époque la plus dangereufe où fe foient trouvés les Américains ; elle l'était d'autant plus qu'eux-mêmes ignoraient leur mal, & qu'il eût été ruineux de les en avertir. Dans ce moment auffi le Congrès a été divifé par des cabales ; il s'était formé un parti contre le général Washington, c'eft alors que ce général, aidé de quelques amis, foit dans l'armée, soit dans le Congrès, dût réunir aux talens de la guerre, ceux des négociations.

Les généraux Green & Knox, M. de la Fayette, le colonel Hamilton, son aide-de-camp, & dans le Congrès le président Laurens & quelques autres, avaient sa plus intime confiance. L'inſtant d'une criſe approchait, lorſque M. de la Fayette se rendit à York-Town, pour recevoir des inſtructions relatives à l'expédition du Canada.

Il faut avoir été dans les ſecrets du Congrès & des principaux de l'armée, pour rendre compte de tout ce qui s'eſt paſſé à cette époque : il ſuffira de dire que le peuple en général n'a pas un inſtant ceſſé d'être attaché à Washington, & que s'il l'eût perdu, la déſolation, quoique trop tardive, aurait été générale ; mais peu de perſonnes avaient aſſez de force pour s'opposer à l'intrigue, & aſſez d'adreſſe pour frapper dans le vif ſans ébranler les fondemens de la révolution.

L'expédition de M. de la Fayette en Canada

Canada, ayant été peu connue, nous en donnerons ici les détails. Elle confiftait à paffer fur les glaces du lac Champlain, à s'emparer de Saint-Jean, de l'ifle aux Noix & de Montréal ; mais comme il n'arrive que trop fouvent, on s'était occupé du plan fans trop fonger aux moyens. A fon arrivée à Albany, M. de la Fayette ne trouva ni le nombre d'hommes, ni la quantité de vaiffeaux & de munitions qu'on lui avait annoncé. Le temps preffait, & le dégel alloit arriver dans quelques femaines : il prit le parti d'abandonner le projet, & le Congrès reconnut depuis que ce parti pouvait feul lui éviter le funefte fort du général Burgoyne.

Il eft impoffible de ne pas arrêter un inftant fon idée fur la pofition préfente où les Américains fe trouvaient alors ; les frontieres du Canada & l'immenfe département du nord, défendu par huit ou neuf mille hommes, obligés de fe multiplier pour en impofer aux troupes réglées & aux milices des ennemis, ainfi qu'aux incurfions toujours renaiffantes des fauvages, & d'un autre côté le général Washington à la tête de quatre mille hommes, dont la moitié avait la petite vérole, faifant face à dix-huit mille hommes de troupes réglées qu'il confine dans Philadelphie, & auxquelles il ôte jufqu'à l'idée de marcher à Valley-Forge.

Vers la fin de l'hiver les recrues arriverent à l'armée, & vers le mois de Mai elle fut en état de fe préfenter à l'ennemi. M. de la Fayette étant revenu de la grande armée fut chargé d'un corps féparé, fur la rive gauche du Schuylkill. L'inexactitude des milices placées fur la gauche, le fit entourer par toute l'armée anglaife commandée par les généraux Howe, Clinton & Grant ; il avait avec lui la fleur de l'armée américaine, dont la perte eût entraîné une ruine générale : il fe retira du milieu des ennemis fans avoir perdu un feul homme.

Quelques temps après les ennemis évacuerent Philadelphie, & fe retirerent à New-York à travers les Jerfeys.

Tout le monde connaît les détails de la

bataille de Montmouth, gagnée par les Américains. M. de la Fayette y commanda succeffivement l'avant-garde en fecond, fous le général Lée, enfuite les troupes ralliées par le général Washington, & placées pour arrêter l'effort de l'armée anglaife, enfin lorfque celle des Américains fut en bataille, le général Washington en donna la feconde ligne à M. de la Fayette.

L'armée victorieufe s'étant portée à Whiteplains, devant New-York, on en détacha deux mille hommes pour coopérer avec M. d'Eftaing dans l'expédition de Rhod-Ifland; M. de la Fayette en eut le commandement, & vint fe mettre fous les ordres du général Sullivan, qui commandait dans cette partie. Il revint en France après cette expédition. Le Congrès configna dans fes actes le témoignage des fervices qu'il avait reçus de ce jeune Seigneur, & lui fit préfenter, en reconnaiffance, par le docteur Franklin, fon ambaffadeur à Paris, une épée magnifiquement travaillée.

Son fecond voyage en Amérique n'eft

qu'une suite de travaux & de succès encore plus importans que les premiers ; & il va se dérober une troisieme fois à l'empressement de ses amis, & aux louanges de ses compatriotes, pour braver de nouveaux dangers.

www.ingramcontent.com/pod-product-compliance
Lightning Source LLC
Chambersburg PA
CBHW060220230426
43664CB00011B/1497